다락원
TSC
발음부터 4급까지

1
발음부터
2급까지

최정화 지음

다락원

다락원
TSC
발음부터 4급까지

1 발음부터 2급까지

저자 최정화

- 이화여자대학교 외국어교육특수대학원 국제중국어교육학과 석사
- 前 KCC중앙연구소, 삼성반도체, 삼성디스플레이, 삼성SDS, 삼성웰스토리 중국어 회화 및 TSC 강의
- 現 삼성전자, 삼성종합기술원, 넥슨지티 중국어 회화 및 TSC 강의

논문

「피동문의 용법 및 오류 분석」 공동 집필 외

다락원
TSC
발음부터 4급까지

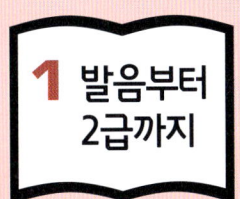
1 발음부터 2급까지

저자의 말

저자는 중국어를 모국어로 하지 않는 학습자, 특히 한국인을 대상으로 한 중국어 교수법을 오랜 기간 동안 연구하고, 기업체 내에서 수년간 TSC 및 회화 강의를 해 왔습니다. 강의를 하면서 느낀 점은 학습자들이 TSC 시험을 준비하기 위해 오랜 시간을 투자하지만, 발음 및 어법 체계가 부족하여 표현력의 한계에 부딪힌다는 것입니다.

이에 저자는 첫째, 중국어의 기초를 더욱 체계적으로 쌓을 수는 없을까? 둘째, 어법과 TSC를 동시에 공부함으로 시험 준비 기간을 단축시킬 수는 없을까? 셋째, 말하기 실력 향상을 위해서는 발음, 어법, 어휘, 듣기, 독해, 작문 영역이 고루 뒷받침이 되어야 하는데, TSC 교재 한 권으로 다 해결할 수는 없을까?를 고민하게 되었습니다. 이 고민들에서부터 시작하여 중국어를 처음 접하는 학습자, 최단 기간에 TSC 3, 4급 취득을 목표로 하는 학습자, 중국어를 배웠으나 기초를 다시 공고히 쌓고자 하는 학습자들에게 가장 적합한 교재를 집필하게 되었습니다.

『다락원 TSC 발음부터 4급까지』는 '발음부터 2급까지'와 '3급부터 4급까지'로 나누어 구성되어 있습니다. 기존 교재와는 달리 TSC에 꼭 필요한 어법들을 난이도에 따라 순차적으로 학습하는 동시에, 다년간 TSC에 출제되었던 내용들을 종합하여, 질문 유형 및 답변을 마스터할 수 있도록 하였습니다.

'발음부터 2급까지' 중 1, 2과에서는 발음과 성조를 체계적으로 다루었고, 3과~15과까지는 초급 어법, 빈출 어휘, TSC 빈출 회화, 연습 문제, TSC 실전 문제(TSC 제2부분에 자주 출제되는 영역과 관련된 과에만 해당)로 구성되어 있습니다. '3급부터 4급까지'에서는 중급 어법, TSC 빈출 표현, TSC 실전 문제(TSC 제3부분~제7부분 중심으로 출제), 마지막으로 앞서 배운 모든 지식을 테스트해 볼 수 있는 실전 모의고사를 마련하였습니다.

또한, TSC에 자주 등장하는 표현 공식을 총망라함으로써 TSC에서 요구되는 유창성을 더할 수 있도록 하였고, 품사별로 단어를 정리하여 어법 및 표현 공식에 다양한 어휘를 넣어봄으로써 표현력을 풍부히 할 수 있도록 하였습니다.

본 교재는 반드시 여러분들에게 중국어 기초 다지기와 TSC 급수 따기에 양 날개를 달아드릴 것입니다.

마지막으로 본 교재가 나오기까지 많은 도움을 주신 다락원 출판사와 편집자 이지연 님, 최숙영 님, 한효람 선생님, 하안나 님, 김영조 님, 그리고 가족들께 깊은 감사를 드립니다.

저자 최정화

TSC 소개

TSC란?

TSC는 'Test of Spoken Chinese'의 약자로 '중국어 말하기 시험'이다. 기존의 읽고 이해하는 독해 위주의 이론적 지식이 아니라 일상 생활이나 실무 현장 등 각종 상황 속에서 실제로 의사소통할 수 있는지의 능력을 평가하는 시험이다.

TSC의 시험 구성

TSC는 모두 7개 부분, 총 26문항으로 구성되어 있으며, 평가 시간은 총 50분(오리엔테이션: 20분, 시험: 30분)이다.

부분	시험 내용	문항 수	준비 시간(초)	답변 시간(초)
제1부분	自我介绍 간단한 자기 소개	4	0	10
제2부분	看图回答 제시되는 그림을 보고 답하기	4	3	6
제3부분	快速回答 일상생활과 관련된 화제에 대해 대화 완성하기	5	2	15
제4부분	简短回答 일상적인 화제에 대해 간단하게 설명하기	5	15	25
제5부분	拓展回答 의견과 생각을 묻는 질문에 논리적으로 답하기	4	30	50
제6부분	情景应对 주어진 상황에 적절히 대응하여 답하기	3	30	40
제7부분	看图说话 4개의 연속된 그림을 보고 스토리 구성하기	1	30	90

TSC 등급 및 레벨별 수준

레벨	등급	수준
上级	10급	모든 질문에 풍부한 어휘와 복잡한 문형을 사용해 조리 있게, 자유자재로 답변할 수 있다. 고급 수준의 화제에 대해서도 논리적으로 유창하게 말할 수 있다. 풍부한 어휘력을 갖추고 있는 것은 물론 대체적으로 어법에서도 실수가 없는 편이다.
	9급	대부분의 일반적인 화제에 적극적으로 대처하고 참여할 수 있으며 자세하게 설명할 수 있는 능력을 갖추고 있다. 고급 수준의 화제에 대해 자신의 의견을 논리적으로 전개할 수 있지만, 이런 경우 어법이나 단어 사용에서 약간의 실수가 나타나기도 한다.
	8급	대부분의 일반적인 문제에 비교적 분명하고 명료하게, 어느 정도의 설득력을 갖추고 자신의 의견을 표현해 낸다. 그러나 논리적으로 의견을 제시할 때는 말하는 속도가 떨어지고 어법 상의 실수를 하기도 한다.

레벨	등급	수준
中級	7급	일반적인 화제에 대해 적극적으로 자신감을 갖고 대응할 수 있다. 익숙하지 않은 화제나 분야에 대해서도 어느 정도 답변이 가능하지만 실수가 눈에 띄게 늘어나고 유창함이 떨어진다.
	6급	일반적인 화제에 대해 적절히 대응할 수 있고 그중 익숙한 내용에 대해서는 구체적으로 답할 수 있으며 내용도 충실한 편이다. 그러나 고급 수준의 어법 구조는 충분히 파악하지 못하고 있기 때문에 말을 머뭇거리고 중간에 멈춰버리기도 한다.
	5급	자신의 관심 분야 등과 같은 일반적인 화제에 대해 구체적으로 답변할 수 있고 기본적인 사회 활동을 하는 데 큰 문제가 없다. 기본적인 어법과 자신과 관련된 어휘들은 잘 알고 있지만 사용 상의 실수가 약간 보이고 여전히 중간에 머뭇거린다.
	4급	자신과 관련된 화제와 말하기에 익숙한 내용에 대해 의사소통이 가능하며 기초적인 사회 활동에 필요한 대화를 할 수 있다. 자주 쓰는 단어와 기본적인 어법을 사용할 수 있지만 종종 실수를 하고 말하는 속도도 약간 느리다.
	3급	자기 자신과 관련된 화제 중에서도 자주 접하는 질문에 간단하게 대답할 수 있고 제한된 일상적인 화제에 대해서 아주 간단한 단어와 기초적인 어법에 맞춰 구성한 간단한 문장으로 대화할 수 있다. 발음과 성조가 부정확하고 어휘가 부족하며 모국어의 영향도 강하다.
初級	2급	자신과 밀접하게 관련된 화제 중에서도 자주 접하는 질문에 대해서는 간단하게 대답할 수 있다. 아주 간단한 문장을 만들어 내기도 하지만 이 수준을 꾸준히 유지하지 못하며 어법 지식과 어휘도 상당히 부족하다.
	1급	이름, 나이 등 자신과 밀접하게 관련된 질문과 간단한 인사말만 겨우 말할 수 있으며, 암기한 단어와 짧은 구 등 극히 한정된 표현으로만 아주 간단하게 대답할 수 있는 정도의 수준이다.

시험 활용 현황

대학교	학업 능력 측정, 학점 반영, 교환학생 선발 시 활용
일반 기업 및 공기관	인사고과 기준 마련, 직원 평가 및 신입 선발 자료, 해외 파견자 선발, 인재 육성 시 활용
항공사	임직원 인사고과 및 평가, 국제선 승무원 선발 평가 기준, 승무원 신입 선발 시 가점

접수 및 시험 당일 준비물

❶ **인터넷 접수**: YBM홈페이지(www.ybmtsc.co.kr)에서 접수, 방문 접수는 불가
❷ **준비물**: 주민등록증, 운전면허증, 기간 만료 이전의 여권 등 규정 신분증 반드시 지참

시험 성적 결과

성적 결과는 응시일로부터 3주 후에 홈페이지 '성적 확인' 메뉴에서 개별 조회가 가능하고, 이 성적은 시험 시행일로부터 2년 뒤 해당 시험일자까지 유효하다.

TSC 시험 화면 구성

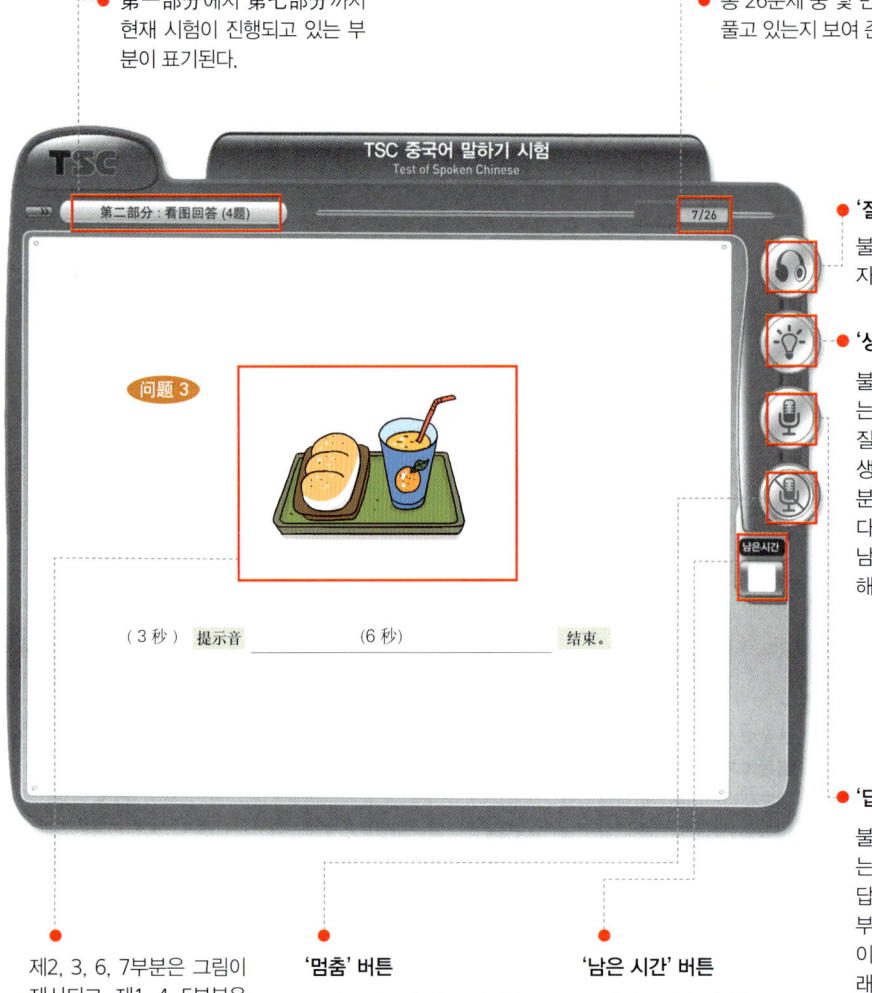

- 第一部分에서 第七部分까지 현재 시험이 진행되고 있는 부분이 표기된다.

- 총 26문제 중 몇 번째 문제를 풀고 있는지 보여 준다.

- '질문 듣기' 버튼
  불이 들어오면 문제가 자동으로 재생된다.

- '생각하기' 버튼
  불이 들어오고 '삐'하는 알림음이 들리면 질문에 대한 답변을 생각해야 한다. 각 부분별로 정해진 시간이 다르므로 화면 아래 남은 시간을 잘 확인해야 한다.

- '답변하기' 버튼
  불이 들어오고 '삐'하는 알림음이 들리면 답변을 하면 된다. 각 부분별로 정해진 시간이 다르므로 화면 아래 남은 시간을 잘 확인해야 한다.

- 제2, 3, 6, 7부분은 그림이 제시되고, 제1, 4, 5부분은 질문만 제시된다. (이 중 제6부분은 그림과 질문이 함께 제시된다.)

- '멈춤' 버튼
  불이 들어오면 답변 시간이 끝났다는 것을 의미한다. 불이 들어온 후에는 녹음이 자동으로 멈춘다.

- '남은 시간' 버튼
  문제별로 남은 시간을 초 단위로 보여 준다. 시간이 끝나면 답변을 해도 더 이상 녹음이 되지 않으므로, 반드시 시간을 잘 체크해서 답변해야 한다.

TSC 유형 소개 및 공략법

제1부분 | 자기 소개하기

문제 수	4문제
준비 시간	0초
답변 시간	10초

1. 출제 유형
이름, 생년월일, 가족 수, 소속기관을 묻는 문제가 출제된다.

2. 질문 및 화면 구성
이 부분에서는 4개의 간단한 질문을 듣게 됩니다. 제시음을 듣고 나서 답변을 시작해 주세요.
각 문제의 답변 시간은 10초입니다.
다음 질문을 시작하겠습니다.

TSC 중국어 말하기 시험
Test of Spoken Chinese

第一部分 : 自我介绍 (4题)　　　　　　　　　　　1-4/26

在这部分考试中，你将听到四个简单的问句。请听到提示音之后开始回答。每道题的回答时间是10秒。
下面开始提问。

问题 1　你叫什么名字?
　　　提示音　　(10 秒)　　结束。

问题 2　请说出你的出生年月日。
　　　提示音　　(10 秒)　　结束。

问题 3　你家有几口人?
　　　提示音　　(10 秒)　　结束。

问题 4　你在什么地方工作？或者你在哪个学校上学？
　　　提示音　　(10 秒)　　结束。

3. 공략법

① 미리 자신에 맞는 답변을 암기하자!

제1부분은 매번 고정된 문제가 출제되기 때문에 미리 답변을 준비하여 암기하고, 암기한 문장을 정확한 발음과 성조로 말할 수 있도록 반복해서 연습하도록 한다.

[고정 질문]

질문 1 당신의 이름은 무엇인가요?

질문 2 당신의 생년월일을 말해 주세요.

질문 3 당신의 가족은 몇 명인가요?

질문 4 당신은 어디에서 일하나요? 혹은 어느 학교에 다니나요?

② 제1부분은 답변 준비 시간이 따로 주어지지 않는다는 것에 유의하자!

준비 시간은 없지만 답변 시간이 10초로 부족하지 않으니, 서두르지 말고 한두 문장 정도로 간결하면서도 정확하게 답할 수 있도록 한다.

4. 답변 요령

첫 부분이므로 긴장하지 말고, 미리 준비해 두었던 답변을 천천히 또박또박 대답하도록 한다.

제2부분 | 그림 보고 답하기

문제 수	4문제
준비 시간	3초
답변 시간	6초

1. 출제 유형

존재·위치, 단위·번호, 날짜·요일·시간·날씨·가격, 동작의 진행, 비교 등과 관련된 문제가 주로 출제된다.

2. 질문 및 화면 구성

이 부분에서는 제시된 그림을 보게 됩니다. 그림을 보고 다음 질문에 답해 주세요.
제시음을 듣고 나서 정확하게 답해 주세요. 각 문제의 답변 시간은 6초입니다.
다음 질문을 시작하겠습니다.

3. 공략법

❶ 사물명, 형용사, 단위 등 다양한 어휘들을 두루 익혀 두자!

제2부분에서는 존재, 단위, 시간, 동작 등 주어지는 상황의 범위가 넓기 때문에 필수 어휘에 해당하는 단어는 반드시 암기해서 질문에 대비하도록 한다.

❷ 제시된 그림을 보고 질문을 빠르게 파악하자!

그림에 나타난 정보를 보고 질문을 유추해 볼 수 있다. 질문을 집중해서 잘 듣고, 제시음이 울리고 나면 순발력 있게 답변해야 한다.

❸ 간결하면서도 정확하게 답변하자!

답변 시간이 6초로 매우 짧기 때문에 길고 자세히 답변하려다 오히려 제한 시간을 초과하기 쉽다. 한 마디라도 정확하게 답변하는 것이 중요하다. 평소 시간을 재면서 답변하는 연습을 하자.

❹ 질문의 구조를 이용해서 답변하자!

제한된 시간 안에 완전한 문장을 구성하는 것은 쉽지 않다. 따라서 질문의 구조를 이용하여 그대로 답변하는 것이 좋다. 예를 들면, 질문이 '书包里有什么?'라면 의문대명사 위치에 구체적인 답안을 넣어 '书包里有○○。'이라고 답변하면 된다.

4. 답변 요령

그림을 보고 질문을 예상해 본다.

질문을 잘 듣고 의미를 파악한다.

완전한 문장으로 답변한다.

제3부분 | 빠르게 답하기

문제 수	5문제
준비 시간	2초
답변 시간	15초

1. 출제 유형
제안·초대, 쇼핑, 계획·경험, 학습, 취미·기호·선택, 건강, 교통 등 일상생활과 관련된 문제가 주로 출제된다.

2. 질문 및 화면 구성
이 부분에서는 다섯 단락의 간단한 대화를 완성해야 합니다. 이 대화들은 서로 다른 일상생활의 상황입니다. 각 단락의 대화 전에 제시된 그림을 보고 최대한 완전한 문장으로 답해 주세요. 문장의 길이와 사용된 단어는 점수에 영향을 미칩니다. 제시음을 듣고 나서 답해 주세요. 각 문제의 답변 시간은 15초입니다. 다음 질문을 시작하겠습니다.

3. 공략법

① 고정 표현을 익혀 두자!

제3부분은 일상생활과 관련하여 취미, 기호, 생각 등을 묻는 문제가 자주 출제된다. 따라서 이와 관련된 어휘 및 고정 표현들을 미리 암기해 두어 질문에 대비하도록 한다.

② 그림보다는 질문에 집중하자!

그림대로 설명하는 것이 아니라, 그림을 보면서 질문을 듣고 응시자가 어떤 입장에서 대답해야 하는지 파악한 후, 그 입장에서 대화를 완성해야 한다. 따라서 그림은 참고만 하고, 질문을 더 집중해서 듣도록 한다.

③ 두 세 문장 정도로 상대방과 대화하듯이 자연스럽게 답변하자!

답변 시간이 15초이기 때문에 한 문장으로는 부족하다. 제시음이 울리고 나면 간단히 한 문장으로 답변한 후, 그에 따른 이유 및 설명을 한두 문장 덧붙인다. 예를 들어 상대방이 제안을 했다면 동의 및 반대를 표하고 이유를 간단히 설명한다. 또한 제3부분은 질문자가 물어보는 말을 이어 대화를 완성하는 형식이기 때문에 상대방과 대화하듯 답변하는 것이 중요하다.

4. 답변 요령

그림을 보고 상황을 예상해 본다.

↓

질문을 듣고 상황을 파악한다.

↓

상황에 맞게 두세 문장 정도로 답변한다.

제4부분 | 간단하게 답하기

문제 수	5문제
준비 시간	15초
답변 시간	25초

1. 출제 유형
여가 생활·습관·취미, 쇼핑, 인물·성격·관계, 여행·경험·스트레스 등과 관련된 문제가 주로 출제된다.

2. 화면 구성 및 설명
이 부분에서는 5개의 문제를 듣게 됩니다. 최대한 완전한 문장으로 답해 주세요. 문장의 길이와 사용된 단어는 점수에 영향을 미칩니다. 제시음을 듣고 나서 답해 주세요. 각 문제마다 15초간 생각하고, 답변 시간은 25초입니다. 다음 질문을 시작하겠습니다.

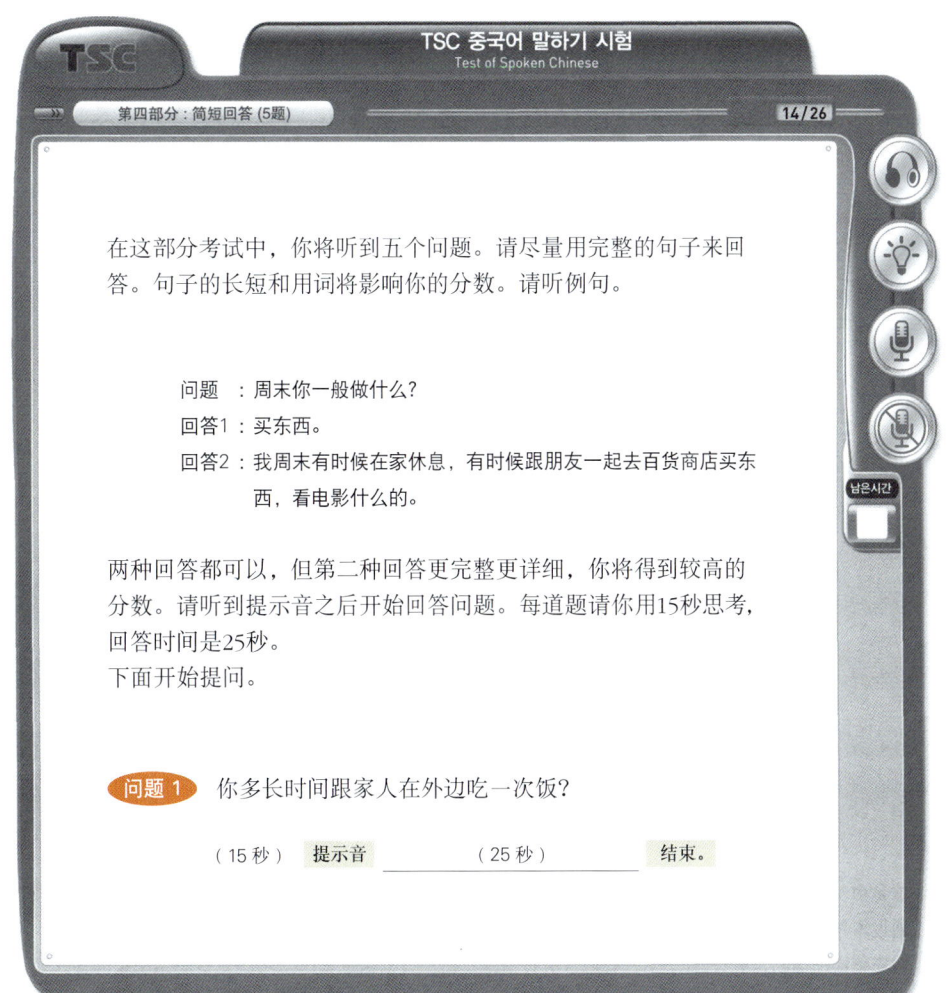

3. 공략법

❶ 화면에 질문이 제시되어 있다는 것을 잊지 말자!

화면에 질문이 제시되어 있기 때문에 질문을 제대로 듣지 못했더라도 당황하지 말고 화면의 문제를 보고 풀도록 한다.

❷ 논리적이고 조리 있게 답변하자!

제4부분은 준비 시간이 상대적으로 여유 있으므로, 준비 시간을 활용해 답변 전략을 머릿속으로 짜둔다. 자신의 의견을 간단하게 말한 후, '比如……'나 '有时……, 有时……' 등과 같은 표현을 사용하여 자신의 의견을 뒷받침해 줄 이유나 예를 한두 문장 정도로 덧붙이고, 마지막으로 자신의 결론을 짓는 구조로 논리적이고 조리 있게 답변한다.

❸ 여러 가지 관련사어로 여러 문장을 알맞게 연결하자!

문장을 연결할 때는 여러 가지 관련사어를 사용해 매끄럽게 완성한다. 자주 출제되는 내용과 관련하여 많이 쓰이는 표현 공식들과 접속사 등 여러 가지 관련사어들을 익혀 둔다.

4. 답변 요령

화면에 제시된 질문의 중심 내용과 유형을 빠르게 파악한다.

답변 전략을 준비한다.

'자신의 의견 전달 → 의견을 뒷받침할 이유나 예시로 보충 → 결론' 구조로 답변한다.

제5부분 | 논리적으로 답하기

문제 수	4문제
준비 시간	30초
답변 시간	50초

1. 출제 유형
사회 이슈, 환경·교통, 교육·직업, 일상생활·건강 등과 관련하여 의견을 묻는 문제가 주로 출제된다.

2. 질문 및 화면 구성
이 부분에서는 4개의 문제를 듣게 됩니다. 당신의 견해와 관점을 발표해 주세요. 최대한 완전한 문장으로 답해 주세요. 문장의 길이와 사용된 단어는 점수에 영향을 미칩니다. 제시음을 듣고 나서 답해 주세요. 각 문제마다 30초간 생각하고, 답변 시간은 50초입니다.
다음 질문을 시작하겠습니다.

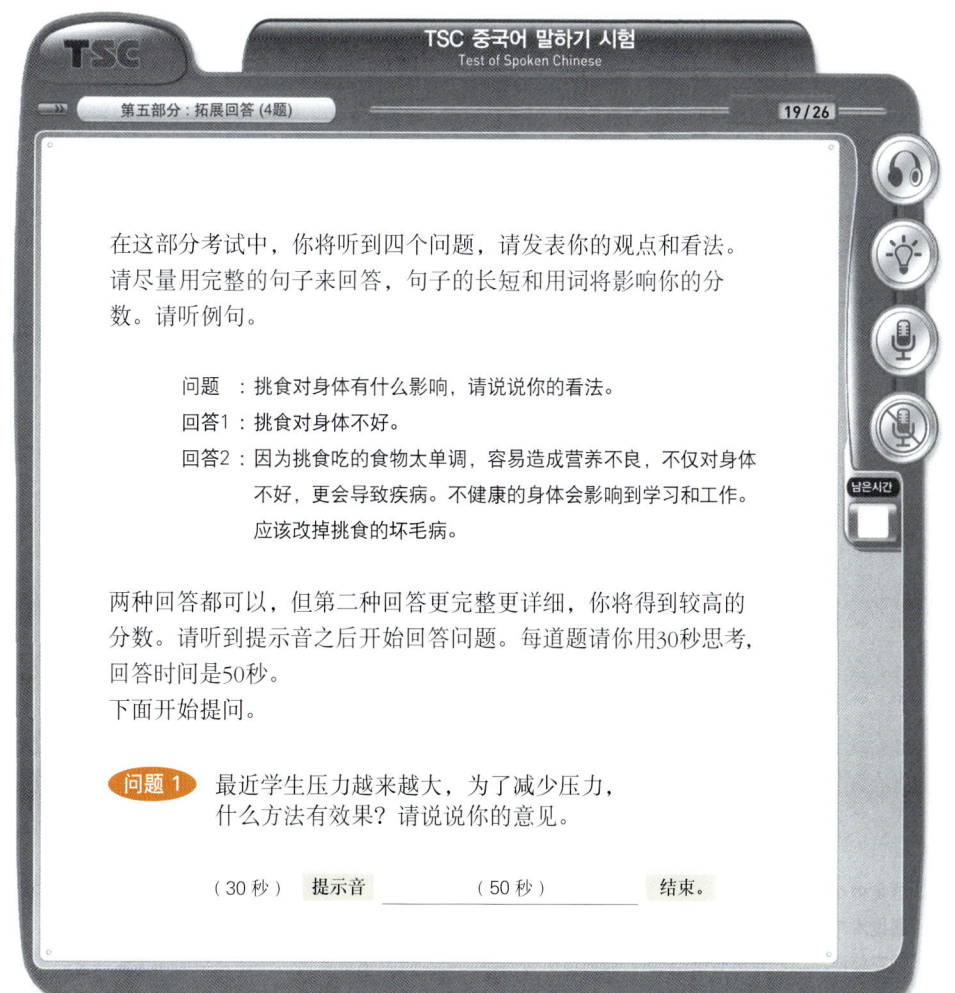

3. 공략법

❶ 논리적으로 생각을 정리하고 답변하는 훈련을 하자!

제5부분은 사회 이슈, 교육 등 주제의 난이도가 높기 때문에 평소에 관련 내용에 대한 자신의 생각을 논리적으로 정리하고 답변하는 연습이 필요하다.

❷ 서론, 본론, 결론의 구조로 짜임새 있게 답변하자!

준비 시간에 먼저 어떤 방향으로 답변을 할 것인지 결정하고, 이에 따라 서론, 본론, 결론의 구조로 답변한다. 서론에서는 '我认为/觉得'를 사용해서 자신의 의견을 명확하게 밝히고, 본론에서는 '第一, 第二, 第三……', '首先, 其次, 再次……'나 '比如……', '有时……'有时……' 등과 같은 표현을 사용하여 부연 설명을 한 후, 결론에서는 '所以'로 자신의 견해를 재차 강조하면서 마무리한다.

❸ 답변을 풍성하게 채울 부사, 관련사어, 표현 공식을 익혀 두자!

문장을 논리적으로 답변할 때는 난이도 있는 어휘들을 적절히 사용해야 한다. 주제별로 자주 출제되는 핵심 어휘 및 표현을 익혀 답변의 수준을 높이는 동시에 어법에 틀리지 않도록 특히 주의한다.

4. 답변요령

화면에 제시된 질문의 주제와 유형을 빠르게 파악한다.

⬇

답변 전략을 준비한다.

⬇

'자신의 의견 수립 → 이유나 근거 1, 2로 보충 → 자신의 의견 재차 강조' 구조로 답변한다.

제6부분 | 상황에 맞게 답하기

문제 수	3문제
준비 시간	30초
답변 시간	40초

1. 출제 유형
부탁·거절, 제안·설득, 제품 배송·교환·환불, 분실, 위로·충고 등과 관련된 문제가 주로 출제된다.

2. 질문 및 화면 구성
이 부분에서는 제시되는 그림을 보고 동시에 중국어로 상황에 대한 서술을 듣게 됩니다. 당신이 이런 상황에 처해있다는 가정 하에 어떻게 대응할 것인지 최대한 완전한 문장으로 답해 주세요. 문장의 길이와 사용된 단어는 당신의 점수에 영향을 미칩니다. 제시음을 듣고 나서 답해 주세요. 각 문제마다 30초간 생각하고, 답변 시간은 40초입니다.
다음 질문을 시작하겠습니다.

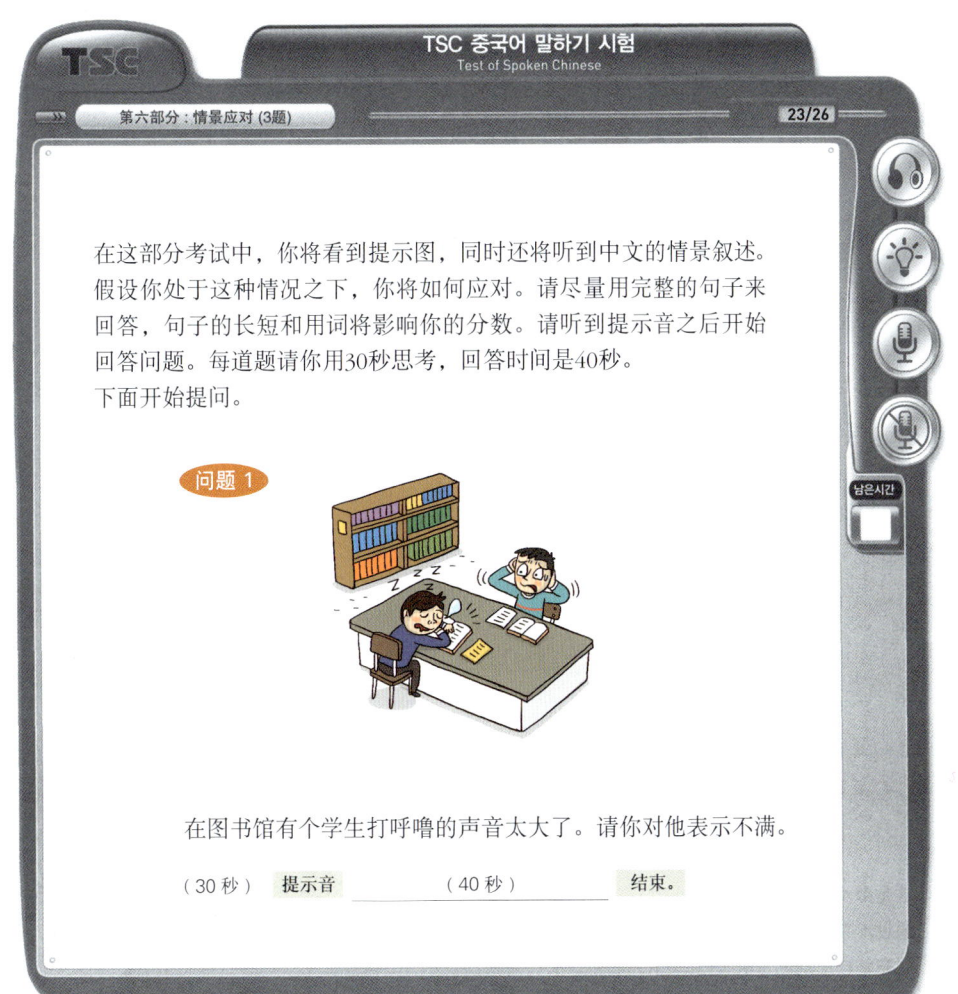

3. 공략법

① 질문에 언급되는 해결 과제를 정확히 파악하자!

제6부분은 자신이 어떤 상황에 처해있다는 가정 하에 어떻게 대응할 것인지 해결하도록 요구하는 문제이다. 따라서 질문을 정확히 듣고 상황 및 과제를 파악하는 것이 중요하다.

② 회화체로 자연스럽게 답변하자!

우선 간단한 인사 및 상대방 확인으로 자연스럽게 상대방과 대화를 하듯 답변을 시작한다. 그 다음으로는 질문에서 언급되었던 상황과 그림을 충분히 활용하여 상황 및 문제점을 설명하고, 질문에서 제시한 요구에 맞도록 해결 방법을 제시한 후, 마지막 인사로 끝맺음을 한다. 단, 상황 설명이 너무 길어져서 과제 해결에 대한 답변 시간이 부족하지 않도록 주의한다.

③ 가능보어 및 '把'자문을 활용해 보자!

제6부분 전 영역에 걸쳐 가능보어가 많이 사용되며, '~을 ~해주세요'라는 표현을 할 때 '把'자문을 이용하여 상대방에게 부탁하는 표현을 할 수 있다. 또한 교환 및 환불, 충고, 요구 관련 문제에서도 '把'자문을 활용할 수 있다.

4. 답변요령

> 화면에 제시된 그림과 질문을 통해 상황과 해결 과제를 빠르게 파악한다.

⬇

> 답변 전략을 준비한다.

⬇

> '간단한 인사 → 상황 설명 → 해결책 제시 → 간단한 끝인사' 구조로 답변한다.

제7부분 | 그림 보고 이야기 만들기

문제 수	1문제
준비 시간	30초
답변 시간	90초

1. **출제 유형**

   당황·놀람·실망·상심·감동·기쁨·오해 등과 관련된 문제가 주로 출제된다.

2. **질문 및 화면 구성**

   이 부분에서는 4장의 연속된 그림을 보게 되는데, 그림의 내용을 바탕으로 한 편의 완전한 이야기를 서술해 주세요. 다음 4장의 그림을 자세히 보세요. (30초)

   지금부터 그림의 내용에 근거하여 이야기를 서술해 주세요. 최대한 완전하고 상세하게 이야기해 주세요. 서술 시간은 90초입니다. 제시음을 듣고 나서 답해 주세요.

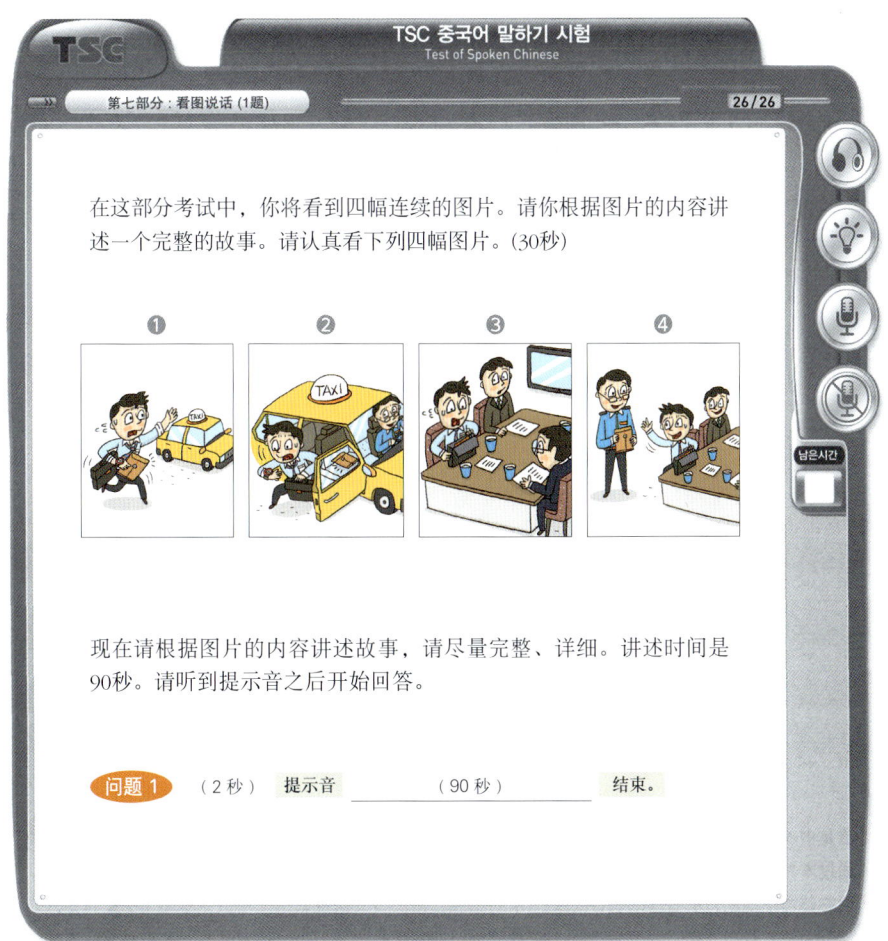

3. 공략법

❶ 상황이 유기적으로 연결될 수 있도록 이야기를 만들자!

준비 시간에 네 장의 연속된 그림을 통해 전체적인 스토리를 파악하고, 제시음이 울리고 나면 그림의 상황을 빠짐없이 순서대로 조리 있게 스토리를 구성하여 서술하도록 한다. 첫 번째 그림에서는 배경이 되는 시간, 장소, 인물 등을 언급하고, 두 번째 그림에서는 어떤 상황인지에 대해 중점을 두어 이야기를 전개한다. 세 번째 그림에서는 상황의 변화나 돌발 상황 등 핵심 내용으로 전환한 후, 네 번째 그림에서는 이에 대한 놀라움을 묘사하고, 깨달음, 반성, 감동 등 감정 묘사로 마무리를 해주면 좋다.

❷ 제3자의 입장에서 이야기하자!

제7부분은 제3자의 입장에서 이야기해야 한다. 이름을 지어 말하여도 좋다. 단, 이야기 중 주어 및 호칭을 통일되게 이야기하여, 듣는 사람이 헷갈리지 않도록 해야 한다.

❸ 조사 '着', 겸어문, '被'자문을 활용해 보자!

동작이나 상황을 구체적으로 묘사하고자 할 때, 방향보어나 조사 '着'를 사용하여 말할 수 있고, 겸어문을 사용하여 이유나 감정 등을 더욱 풍부하게 표현할 수 있다. 또한 '깨졌다, 젖었다' 등 피해 상황을 말하고자 할 때 '被'자문을 이용하여 말할 수 있다.

4. 답변 요령

> 화면에 제시된 그림을 보고 전체적인 내용을 파악한다.

> 답변 전략을 준비한다.

> '배경 설명 → 스토리 전개 → 스토리 전환 → 마무리'로 매끄럽게 전개한다.

이 책의 구성 및 활용

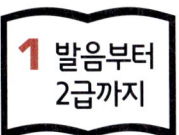
1 발음부터 2급까지

01~02과

중국어의 발음, 성조 등 중국어의 기본이 되는 내용들을 정리하였습니다. 본격적인 학습에 앞서 기초를 튼튼히 해 보세요!

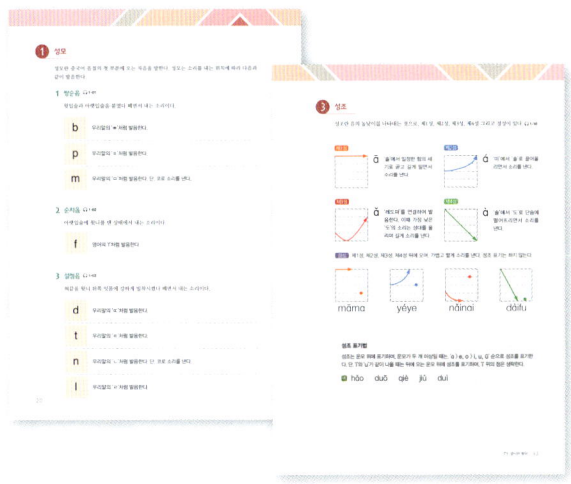

03~15과

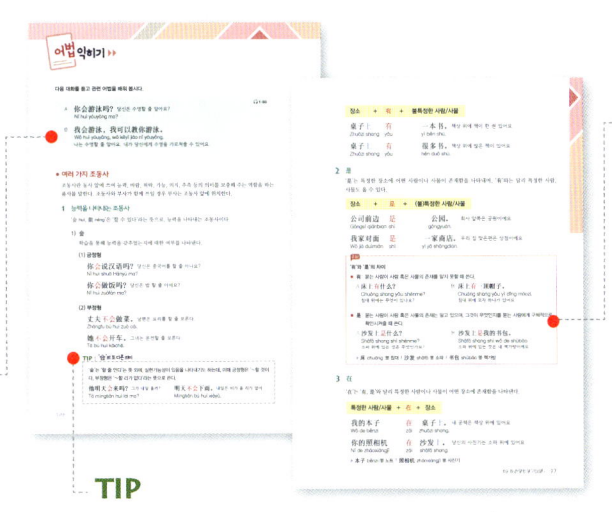

STEP 1
어법 익히기

TSC 핵심 어법과 TSC에서 출제 가능성이 높은 예시들을 일목요연하게 정리하였습니다. 어법을 반드시 숙지하여 중국어 말하기의 기반을 완벽하게 다져 보세요!

대화

각 과에서 배우게 될 어법을 압축적으로 상단에 제시하였습니다. 대화로 듣고 학습할 어법 내용이 무엇인지 미리 파악해 보세요!

TIP

궁금증이 유발될 수 있는 부분들을 보충 설명하였습니다.

주의!

혼동될 수 있는 주요 내용을 한눈에 볼 수 있게 정리하였습니다.

21

STEP 2
필수 어휘 다지기

각 과의 핵심 단어를 소 주제별로 정리하였습니다. 필수 어휘를 암기해 실제 시험에서도 충분히 활용해 보세요!

STEP 3
TSC 속 표현 다루기

TSC에서 자주 출제되는 문답들을 제시하였습니다. 따라 읽어 보며 문답 패턴을 익혀 보세요!

| 보충 |

알아두면 유익한 지식들을 제공하였습니다.

STEP 4
TSC 맛보기

각 과에서 학습한 내용을 점검해 볼 수 있습니다. 실전 문제를 접하기 전에 작문 연습으로 실력을 차근차근 쌓아 보세요!

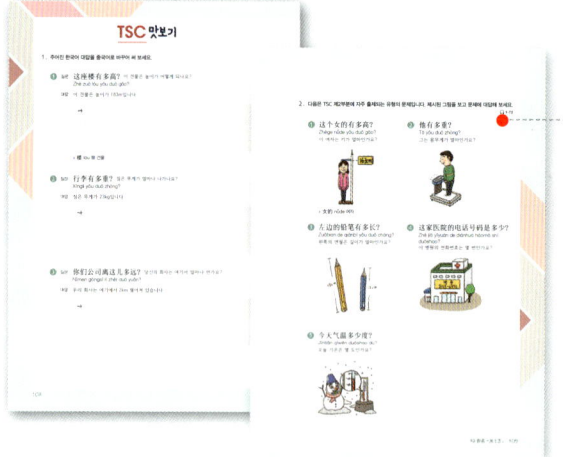

TSC 제2부분에서 자주 출제되는 영역과 관련된 어법을 다루는 9, 10, 11, 13과에서는 실제 TSC 제2부분 시험과 유사한 형태로 문제를 수록하였습니다. 질문과 그림을 보고 실제 시험처럼 연습해 보며 실전 감각을 높여 보세요!

부록

TSC 말하기 업그레이드 표현 공식 1

TSC에 자주 나오는 표현들을 모아 다양한 예문과 함께 알기 쉽게 구성하였습니다.

MP3 음성 파일

- 원어민의 발음을 최대한 많이 듣고 따라할 수 있도록 어법 익히기의 대화 문장, 어휘, 연습 문제 및 모범 답안을 녹음하였습니다. MP3 음성 파일을 활용해 꾸준히 말하기 연습을 해 보세요.

- 해당되는 부분에 MP3 트랙 번호가 기재되어 있습니다. 🎧 1-01

- MP3 음성 파일은 '**다락원 홈페이지 (www.darakwon.co.kr)**'를 통해서 무료로 다운로드 받을 수 있습니다. 스마트폰으로 QR코드를 스캔하면 MP3 다운로드 및 실시간 재생 가능한 페이지로 바로 연결됩니다.

✏️ 이 책의 표기법

① 이 책에 나오는 인명은 중국어 발음을 한국어로 표기하였습니다.

　　예 小明 → 샤오밍　　　小李 → 샤오리

② 이 책에 나오는 지명은 중국어 발음을 한국어로 표기하였습니다.

　　예 北京 → 베이징　　　上海 → 상하이

③ 품사는 다음과 같은 약어로 표기하였습니다.

품사	약자	품사	약자	품사	약자
명사	명	부사	부	감탄사	감
고유명사	고유	수사	수	조사	조
대명사	대	양사	양	동사	동
성어	성	조동사	조동	개사	개
형용사	형	접속사	접	수량사	수량

차례

저자의 말 03
TSC 소개 04
TSC 시험 화면 구성 06
TSC 유형 소개 및 공략법 07
이 책의 구성 및 활용 21
중국어 개요 25

01 중국어 발음 27
02 중국어 성조 변화 39
03 我很好。 나는 잘 지내요. 45
04 我工作很忙。 나는 일이 바빠요. 53
05 我吃米饭。 나는 밥을 먹어요. 61
06 我是韩国人。 나는 한국 사람이에요. 69
07 我有一个姐姐。 나는 언니가 한 명 있어요. 77
08 我在学校学习汉语。 나는 학교에서 중국어를 공부해요. 87
09 桌子上有一本书。 책상 위에 책이 한 권 있어요. 95
10 我有一米七五。 나는 키가 1m 75cm입니다. 103
11 现在三点。 지금은 3시예요. 111
12 我吃过北京烤鸭，有点儿腻。
     나는 북경 오리구이를 먹어본 적이 있어요. 조금 느끼해요. 121
13 男的正在看报纸。 남자는 신문을 보고 있어요. 129
14 我是坐公共汽车来的。 나는 버스를 타고 왔어요. 137
15 我会游泳，我可以教你游泳。
     나는 수영할 줄 알아요. 내가 당신에게 수영을 가르쳐 줄 수 있어요. ... 145

부록 TSC 말하기 업그레이드 표현 공식 1 155

중국어 개요

중국어란?

중국에서는 인구의 대다수를 차지하는 한족이 쓰는 언어인 중국어를 표준어로 삼고 있으며, 한족이 사용하는 언어, 즉 '**한어**(汉语 Hànyǔ)'라고 한다. 중국에서는 한자의 복잡한 획수를 간단히 줄여서 만든 '**간체자**(简体字 jiǎntǐzì)'를 사용한다.

漢語 → 汉语
번체자   간체자

한어병음과 음절 구조

중국어는 알파벳을 이용하여 발음을 표기하는데, 이와 같은 발음 표기 방법을 '**한어병음**(汉语拼音 Hànyǔ Pīnyīn)'이라고 한다. 중국어의 음절은 크게 '**성모, 운모, 성조**'로 나누어 볼 수 있다. 성모는 중국어 음절의 첫 부분에 오는 자음을 말하고, 운모는 성모를 제외한 나머지 부분이며, 성조는 음의 높낮이를 나타낸다.

중국어의 품사

품사란 한 단어가 가지는 문법적인 특징에 따라 분류한 것을 말한다.

명사(名词)	사람이나 사물 등의 명칭을 나타내는 단어 예 学生 학생 ǀ 老师 선생님
대명사(代词)	사람이나 사물을 대신 지칭하여 나타내는 단어 예 他 그 ǀ 这 이(것)
수사(数词)	수를 나타내는 단어 예 一 일 ǀ 二 이
양사(量词)	사물의 수량 또는 동작의 횟수를 나타내는 단어 예 个 개 ǀ 次 번, 차례
동사(动词)	동작의 행위, 존재 등을 나타내는 단어 예 看 보다 ǀ 买 사다
조동사(能源动词)	동사 앞에 놓여 가능, 바람, 능력, 당위를 나타내는 단어 예 想 ~하고 싶다 ǀ 能 ~할 수 있다

형용사(形容词)	사물의 성질, 상태를 나타내는 단어 예 漂亮 예쁘다 | 帅 잘생기다
부사(副词)	동사와 형용사를 수식하여 동작, 상태의 범위, 시간, 정도를 나타내는 단어 예 很 매우 | 经常 자주
조사(助词)	단어 혹은 구, 문장 끝에 붙어 다양한 부가적 의미를 나타내는 단어 예 的 ~의 | 吗 ~입니까?
개사(介词)	주로 명사(구)의 앞에 놓여 명사(구)의 역할을 나타내는 단어 예 给 ~에게 | 在 ~에서
접속사(连词)	단어, 구, 절, 문장의 연결을 나타내는 단어 예 但是 그러나 | 如果 만약
의성사(象声词)	소리를 나타내는 단어 예 哈哈 하하 | 汪汪 왕왕(개 짖는 소리)
감탄사(叹词)	감탄, 응답, 부름을 나타내는 단어 예 啊! 아! | 呀! 야!

중국어의 문장 성분

문장성분이란 문장을 구성하는 성분을 말한다.

주어(主语)	술어가 나타내는 동작이나 상태의 주체가 되는 성분
부사어(状语)	술어 앞에 놓여 술어를 수식하는 성분
술어(谓语)	주어를 서술, 설명하는 성분
보어(补语)	술어 뒤에 위치하여 술어를 보충 설명하는 성분
관형어(定语)	주어나 목적어 앞에서, 주로 명사나 대명사를 수식 또는 제한하는 성분
목적어(宾语)	술어 뒤에 놓여 동작이나 행위의 대상이 되는 성분

중국어의 문장 구조

중국어 문장의 기본 구조는 다음과 같다.

주어 부사어 술어 보어 관형어 목적어
我 已经 看 完 这本 书 了。

나는 이미 이 책을 다 봤다.

'了'는 스스로 문장 성분이 될 수 없는 조사임

01

중국어 발음

성모
운모
성조
한어병음 표기법
한어병음 발음 규칙

1 성모

성모란 중국어 음절의 첫 부분에 오는 자음을 말한다. 성모는 소리를 내는 위치에 따라 다음과 같이 발음한다.

1 쌍순음 🎧 1-01

윗입술과 아랫입술을 붙였다 떼면서 내는 소리이다.

b	우리말의 'ㅃ'처럼 발음한다.
p	우리말의 'ㅍ'처럼 발음한다.
m	우리말의 'ㅁ'처럼 발음한다. 단, 코로 소리를 낸다.

2 순치음 🎧 1-02

아랫입술에 윗니를 댄 상태에서 내는 소리이다.

f	영어의 'f'처럼 발음한다.

3 설첨음 🎧 1-03

혀끝을 윗니 뒤쪽 잇몸에 강하게 밀착시켰다 떼면서 내는 소리이다.

d	우리말의 'ㄸ'처럼 발음한다.
t	우리말의 'ㅌ'처럼 발음한다.
n	우리말의 'ㄴ'처럼 발음한다. 단, 코로 소리를 낸다.
l	우리말의 'ㄹ'처럼 발음한다.

4 설근음 🎧 1-04

혀뿌리를 들어 올려 입천장에 붙였다 떼면서 내는 소리이다.

g	우리말의 'ㄲ'처럼 발음한다.
k	우리말의 'ㅋ'처럼 발음한다.
h	우리말의 'ㅎ'처럼 발음한다. 단, 혀뿌리를 입천장에 대지는 않고, 약간만 떼고 그 틈으로 공기를 마찰시키며 소리를 낸다.

5 설면음 🎧 1-05

혀의 중간 부분을 입천장에 가볍게 붙였다 떼면서 내는 소리이다.

j	우리말의 'ㅈ'과 'ㅉ'의 중간 정도 소리로 발음한다.
q	우리말의 'ㅊ'처럼 발음한다.
x	우리말의 'ㅅ'처럼 발음한다. 단, 혀를 입천장에 대지는 않고, 약간만 떼고 그 틈으로 공기를 내뿜으면서 소리를 낸다.

6 설치음 🎧 1-06

혀끝을 윗니 뒤쪽에 살짝 대었다 떼면서 동시에 공기를 강하게 밖으로 내뿜으며 내는 소리이다.

z	우리말의 'ㅉ'처럼 발음한다.
c	우리말의 'ㅊ'처럼 발음한다.
s	우리말의 'ㅆ'처럼 발음한다. 단, 혀끝을 윗니 뒤쪽에 닿을듯하게 조금 당긴 상태에서 공기를 강하게 마찰하며 내뿜으면서 소리를 낸다.

7 권설음 🎧 1-07

혀를 숟가락 모양으로 말아 올린 후, 혀끝을 입천장에 붙였다 떼면서 내는 소리이다.

zh	혀를 말아 올려 우리말의 'ㅈ'처럼 발음한다.
ch	혀를 말아 올려 우리말의 'ㅊ'처럼 발음한다.
sh	혀를 말아 올려 우리말의 'ㅅ'처럼 발음한다. 단, 혀끝을 입천장에 대지는 않고, 약간만 떼고 그 틈으로 공기를 마찰하며 내뿜으면서 소리를 낸다.
r	혀를 말아 올려 우리말의 'ㄹ'처럼 발음한다. 단, 혀끝을 입천장에 대지는 않고, 약간만 떼고 그 틈으로 공기를 마찰하며 내뿜으면서 하되, 성대를 울린다.

② 운모

운모란 중국어 음절에서 성모를 제외한 나머지 부분을 말한다.

1 운모1 🎧 1-08

하나의 운모로 이루어진 기본 운모이다.

a	입을 크게 벌리고 '아'를 소리낸다. '어' 소리가 나지 않도록 주의한다.
o	입술을 둥글게 하여 '오'를 발음하는데, 실제로는 '오어'와 같이 소리를 낸다.
e	입을 약간만 벌리고 혀뿌리를 올려서 '어'를 발음하는데, 실제로는 '으어'와 같이 소리를 낸다.
i	입을 양옆으로 당겨 거의 벌리지 않은 상태에서 길게 '이'를 소리 낸다.
u	입을 작고 동그랗게 하여 앞으로 내밀어 '우'를 소리 낸다.
ü	'i'를 발음하면서 점차 입술에 힘을 주며 둥글게 앞으로 내민 상태에서 '위'를 발음하되, 이 발음이 끝날때까지 입모양이 변해서는 안 된다.

2 운모 2 🎧 1-09

2개 이상의 단운모가 결합된 '복운모', 운모에 비음 'n, ng'가 결합된 '비운모', 혀를 말아 내는 소리인 '권설운모'가 있다.

복운모	ai	①ei	ao	ou	
	ia	①ie	iao	iou(④iu)	
	ua	uo	uai	uei(④ui)	
	②üe				
비운모	an	en	ang	eng	ong
	③ian	in	iang	ing	iong
	uan	uen(④un)	uang	ueng	
	③üan	ün			
권설운모	er				

① 'e' 앞이나 뒤에 'i'가 올 경우 '어'가 아닌 '에'로 발음해야 한다.

　　ei 어이 (✕) ➡ 에이 (○)　|　ie 이어 (✕) ➡ 이에 (○)

② 'ü' 뒤에 'e'가 올 경우 '어'가 아닌 '에'로 발음해야 한다.

　　üe 위어 (✕) ➡ 위에 (○)

③ 'i'나 'ü' 뒤에 'an'이 올 경우 '안'이 아닌 '엔'으로 발음해야 한다.

　　ian 이안 (✕) ➡ 이엔 (○)　|　üan 위안 (✕) ➡ 위엔 (○)

④ 성모와 결합할 경우 'iou'는 'iu'로, 'uei'는 'ui'로, 'uen'는 'un'으로 표기한다. 그러나 실제 발음은 다음과 같이 해야 함에 주의한다.

　　jiu ➡ jiou　|　dui ➡ duei　|　kun ➡ kuen

3 성조

성조란 음의 높낮이를 나타내는 것으로, 제1성, 제2성, 제3성, 제4성 그리고 경성이 있다. 🎧 1-10

제1성 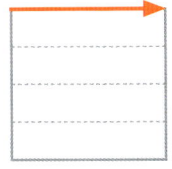 ā '솔'에서 일정한 힘의 세기로 곧고 길게 밀면서 소리를 낸다.

제2성 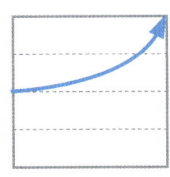 á '미'에서 '솔'로 끌어올리면서 소리를 낸다.

제3성  ǎ '레도파'를 연결하여 발음한다. 이때 가장 낮은 '도'의 소리는 성대를 울리며 길게 소리를 낸다.

제4성 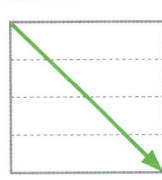 à '솔'에서 '도'로 단숨에 떨어뜨리면서 소리를 낸다.

경성 제1성, 제2성, 제3성, 제4성 뒤에 오며, 가볍고 짧게 소리를 낸다. 성조 표기는 하지 않는다.

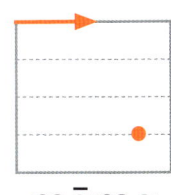
māma

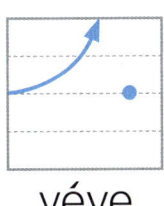
yéye

nǎinai

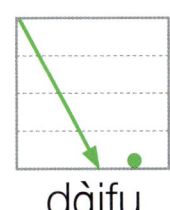
dàifu

성조 표기법

성조는 운모 위에 표기하며, 운모가 두 개 이상일 때는, 'a 〉 e, o 〉 i, u, ü' 순으로 성조를 표기한다. 단, 'i'와 'u'가 같이 나올 때는 뒤에 오는 운모 위에 성조를 표기하며, 'i' 위의 점은 생략한다.

예) hǎo   duō   qiè   jiǔ   duì

4 한어병음 표기법

한어병음을 표기할 때는 성모, 운모, 성조를 결합하여 'b[성모]+āo[운모]=bāo'와 같이 표기하고, 'b[ㅃ]+āo[ㅏ오]=빠오[제1성]'와 같이 발음한다.

1 주의해야 할 한어병음 표기

음절 앞에 성모 없이 운모 'i, u, ü'가 단독으로 쓰일 경우, 'i' 앞에 'y'를, 'u' 앞에 'w'를 붙여 표기하고 'ü'는 'yu'로 바꾸어 표기한다.

| i → yi | u → wu | ü → yu |

앞에 성모 없이 운모 'i, u, ü'가 음절의 가장 앞에 올 경우, 'i'를 'y'로, 'u'를 'w'로, 'ü'는 'yu'로 표기한다.

| ian → yan | uo → wo | üan → yuan |

성모 'j, q, x'가 운모 'ü'를 만나면 'ju, qu, xu'로 표기한다.

| jü → ju | qü → qu | xü → xu |

2 고유명사

지명, 인명 등의 고유명사는 대문자로 표기한다.

中国 Zhōngguó 중국 | 朴信正 Piáo Xìnzhèng 박신정[인명]
英语 Yīngyǔ 영어

3 격음부호

'a, o, e'로 시작하는 음절이 다른 음절 뒤에 이어질 경우, 음절의 경계가 혼동됨을 막기 위해 격음부호(')를 사용하여 분리시킨다.

| kě'ài | hǎi'ōu | shí'èr |

4 얼화운(儿化韵)

'얼화운(儿化韵)'은 일부 단어 뒤에 접미사 '儿 er'이 붙는 것으로, 어조를 부드럽게 해주는 작용을 한다. 한어병음을 표기할 때는 음절의 끝에 'r'을 붙인다.

| 花儿 huār 꽃 | 事儿 shìr 일 | 玩儿 wánr 놀다 |

5 한어병음 발음 규칙

1 주의해야 할 발음

1) 본래 'i'는 '이'로 발음되나, 다음의 경우 '으'로 발음한다.

zi	ci	si	zhi	chi	shi	ri
쯔	츠	쓰	즈	츠	스	르

● 따라 읽어 보세요. 🎧 1-11

ji / zi   qi / ci   xi / si   li / ri

2) 본래 'u'는 '우'로 발음되나, 다음의 경우 '위'로 발음한다.

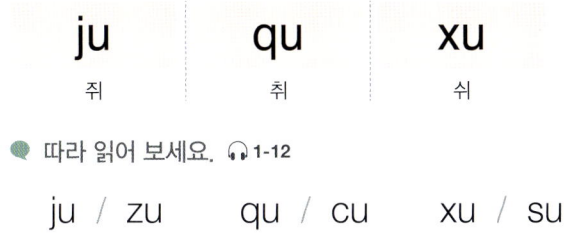

ju	qu	xu
쥐	취	쉬

● 따라 읽어 보세요. 🎧 1-12

ju / zu   qu / cu   xu / su

2 틀리기 쉬운 발음

1) 아래의 'ue'는 'üe'의 한어병음 표기이며, '위에'로 발음한다.

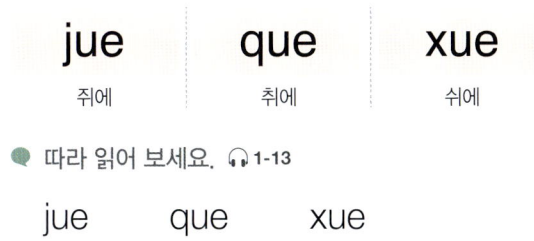

jue	que	xue
쥐에	취에	쉬에

● 따라 읽어 보세요. 🎧 1-13

jue   que   xue

2) 아래의 'uan'은 'üan'의 한어병음 표기이며, '위엔'으로 발음한다.

juan	quan	xuan
쥐엔	취엔	쉬엔

● 따라 읽어 보세요. 🎧 1-14

juan / zuan   quan / cuan   xuan / suan

3) 아래의 'un'은 'ün'의 한어병음 표기이며, '윈'으로 발음한다.

jun	qun	xun
쥔	췬	쉰

● 따라 읽어 보세요. 🎧 1-15

jun / zun   qun / cun   xun / sun

4) 'c'를 'k' 발음과 혼동하지 않도록 주의해야 한다.

● 따라 읽어 보세요. 🎧 1-16

ca / ka

5) 받침 'ng'는 한국어의 'ㅇ' 받침에 해당하는 소리이다. 예를 들면, 'xiang'은 'xia[시아] + ng[ㅇ 받침] = 시앙'이라고 발음해야 하며, 'ian[이엔]'의 영향으로 '시엥'이라고 발음하면 안 된다.

● 따라 읽어 보세요. 🎧 1-17

xian / xiang   nian / niang   jian / jiang

TIP | 중국어 발음을 잘하려면?

운모를 길게 소리내야 하며, 복운모에서는 'a > e, o > i, u, ü' 순으로 상대적으로 강하고 길게 소리낸다. 단, 'iu, ui'로 결합할 때는 뒤에 오는 운모를 상대적으로 강하고 길게 소리 낸다.

● 녹음을 듣고 따라 읽어 보세요. 🎧 1-18

❶	yan	xiao	wei	kan	ye	zen	nian	peng
❷	shei	sao	quan	jiu	qin	mie	gai	kuan
❸	qing	tun	zhao	zhang	she	shi	fang	cheng
❹	lüe	zhuai	gui	zher	weng	xuan	yue	zhou

● 녹음을 듣고 각 성조에 유의하면서 따라 읽어 보세요. 🎧 1-19

제1성	zhū	huā	shū	chē	dōu	kāi	pāi	bēi
제2성	lóng	qián	yóu	xué	máng	rén	shí	nín
제3성	yǔ	shǒu	shuǐ	liǎn	wǔ	jiǔ	kǒu	hěn
제4성	lù	rè	hàn	jiàn	lèi	duì	yuàn	què

● 녹음을 듣고 각 성조에 유의하면서 따라 읽어 보세요. 🎧 1-20

❶	jūn	fàng	sūn	zhòng	gěi	céng	zhěng	réng
❷	miàn	qiáng	duō	jué	zǒu	yāo	jiǎo	juàn
❸	huà	yáng	còu	suān	zǎo	cóng	shǎo	shuāng

● 녹음을 듣고 두 음절 이상 연결된 한어병음을 따라 읽어 보세요. 🎧 1-21

제1성 + 제1성	yīshēng	chūshēng	shūbāo	kāfēi
제1성 + 제2성	jīnnián	gōngyuán	fēicháng	kōngtiáo
제1성 + 제3성	fāngfǎ	jīchǎng	shēntǐ	jīnglǐ
제1성 + 제4성	gōngzuò	yīyuàn	shūdiàn	xiōngdì
제2성 + 제1성	niánqīng	dúshū	táidēng	tóngwū
제2성 + 제2성	xuéxí	Hánguó	yóujú	shítáng
제2성 + 제3성	nánnǚ	yóuyǒng	cídiǎn	ménkǒu
제2성 + 제4성	yígòng	yíngyè	huángsè	chéngjì
제4성 + 제1성	kètīng	diànchē	miànbāo	hòutiān
제4성 + 제2성	nèiróng	yìzhí	dìtú	dàxué
제4성 + 제3성	tiàowǔ	dìtiě	Hànyǔ	hàomǎ
제4성 + 제4성	diànshì	jiàoshì	sùshè	jièshào

● 녹음을 듣고 경성에 주의하면서 따라 읽어 보세요. 🎧 1-22

제1성 + 경성	dōngxi	yīfu	shūfu	qīngchu
제2성 + 경성	xuésheng	péngyou	chángchu	liángshi
제3성 + 경성	xǐhuan	jiějie	ěrduo	běnzi
제4성 + 경성	dàifu	shìqing	yuèliang	dìfang

02

중국어 성조 변화

여러 가지 인사말
제3성의 성조 변화
'不 bù'의 성조 변화
'一 yī'의 성조 변화

● 만났을 때

🎧 1-23

A 你好! 안녕! / 안녕하세요!
Nǐ hǎo!

B 你好! 안녕! / 안녕하세요!
Nǐ hǎo!

▶ 你 nǐ 데 너, 당신 | 好 hǎo 형 안녕하다, 좋다

|보충| '你好'는 시간, 장소에 관계없이 초면이나 구면에 모두 할 수 있는 인사이며, 아침에는 '早上好。Zǎoshang hǎo.', 저녁에는 '晚上好。Wǎnshang hǎo.'라고도 인사할 수 있다.

대상 + 好

您好! 안녕하세요!
Nín hǎo!

老师好! 선생님 안녕하세요!
Lǎoshī hǎo!

▶ 您 nín 데 당신[你의 존칭] | 老师 lǎoshī 명 선생님

■ 제3성의 성조 변화 🎧 1-24

❶ 제3성 뒤에 제3성이 오면, 앞 음절을 제2성으로 발음한다.

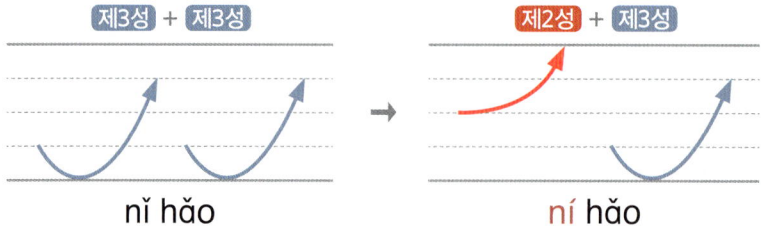

❷ 제3성 뒤에 제1성, 제2성, 제4성, 경성이 오면 제3성은 반3성으로 발음한다. 반3성이란 제3성의 낮게 떨어지는 앞부분까지만 발음하는 것을 말한다.

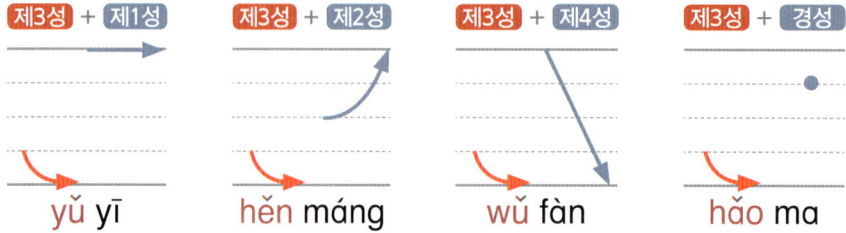

● 감사 인사할 때

🎧 1-25

A **谢谢。** 감사합니다.
Xièxie.

B **不客气。 / 别客气。 / 不用客气。 / 不用谢。 / 不谢。**
Bú kèqi.   Bié kèqi.   Búyòng kèqi.   Búyòng xiè.   Bú xiè.
천만에요.[별 말씀을요.]

▶ 不 bù 튀 ~하지 않다[동사, 형용사, 부사 앞에 쓰여 부정을 나타냄] | 客气 kèqi 혱 예의를 차리다 | 别 bié 튀 ~하지 마라 | 不用 búyòng 튀 ~할 필요가 없다

● 사과할 때

🎧 1-26

A **对不起。 / 不好意思。** 미안합니다.
Duìbuqǐ.   Bù hǎo yìsi.

B **没关系。 / 没事儿。** 괜찮습니다.
Méi guānxi.   Méi shìr.

▶ 没(有) méi(yǒu) 통 없다 | 关系 guānxi 명 관계 | 事儿 shìr 명 일, 사정

■ '不 bù'의 성조 변화 🎧 1-27

① '不 bù'가 제1성, 제2성, 제3성 앞에 오면 제4성 그대로 발음한다.

不 bù + 제1성 → bù duō

不 bù + 제2성 → bù máng

不 bù + 제3성 → bù hǎo

② '不 bù'가 제4성 앞에 오면 제2성으로 발음한다. 이때 성조도 제2성으로 표기한다.

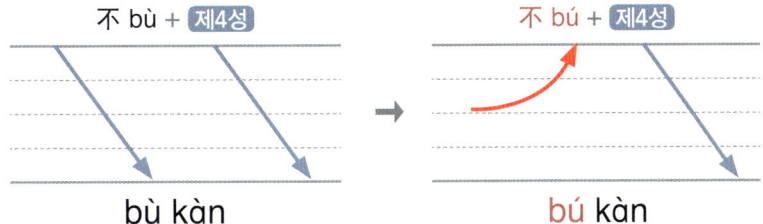

● 헤어질 때

🎧 1-28

A 再见! 안녕히 계세요![잘 가!]
　Zàijiàn!

B 再见! 안녕히 계세요![잘 가!]
　Zàijiàn!

▶ 再 zài 🖺 다시 | 见 jiàn 🖺 만나다

| 보충 | '请慢走。Qǐng màn zǒu.'는 '안녕히 가세요, 살펴 가세요'라는 의미로 주로 손님을 배웅할 때 사용하는 인사말이다. 대답은 '请留步。Qǐng liú bù. 나오지 마세요'라고 하면 된다.

시간사 + 见

一会儿见。 잠시 후에 만나자.
Yíhuìr jiàn.

明天见。 내일 만나자.
Míngtiān jiàn.

▶ 一会儿 yíhuìr 🖺 잠시 후, 잠시 | 明天 míngtiān 🖺 내일

■ '一 yī'의 성조 변화 🎧 1-29

❶ '一 yī'가 제1성, 제2성, 제3성 앞에 오면 제4성으로 발음한다.

　一 yī + 제1성, 제2성, 제3성 ➡ 一 yì + 제1성, 제2성, 제3성

　yī shuāng ➡ yì shuāng
　yī zhí ➡ yì zhí
　yī qǐ ➡ yì qǐ

❷ '一 yī'가 제4성 앞에 오면 제2성으로 발음한다.

　一 yī + 제4성 ➡ 一 yí + 제4성

　yī yàng ➡ yí yàng

❸ '一 yī'는 제4성이 변해서 된 경성자 앞에 올 때도 제2성으로 발음한다. (음절 '个'는 본래 제4성(gè)이나 여기에서는 경성으로 읽힘.)

　一个 yī ge ➡ yí ge

❹ '一 yī'가 단독으로 쓰이거나 서수로 쓰일 때에는 제1성으로 그대로 발음한다.

　一 yī　　第一 dì-yī

● 녹음을 듣고 제3성의 성조 변화에 주의하면서 따라 읽어 보세요. 🎧 1-30

제3성 + 제1성	Běijīng	huǒchē	kǒuyīn
제3성 + 제2성	nǚ'ér	lǎopó	nǚrén
제3성 + 제3성	shuǐguǒ	fěnbǐ	yǔsǎn
제3성 + 제4성	shǒujuàn	hǎokàn	jǔbàn
제3성 + 경성	yǎnjing	yǐzi	lǎolao

● 녹음을 듣고 '不'의 성조 변화에 주의하면서 따라 읽어 보세요. 🎧 1-31

不 bù + 제1성	bùchī	bùtīng	bùgāo
不 bù + 제2성	bùxué	bùwén	bùnán
不 bù + 제3성	bùjiǔ	bùlěng	bùguǎn
不 bù + 제4성	búrè	búlèi	búwèn

● 녹음을 듣고 '一'의 성조 변화에 주의하면서 따라 읽어 보세요. 🎧 1-32

一 yī + 제1성	yìtiān	yìjiā	yìbān
一 yī + 제2성	yìnián	yìpíng	yìshí
一 yī + 제3성	yìzǎo	yìběn	yìbǎi
一 yī + 제4성	yíkuài	yíqiè	yídìng

● 녹음을 듣고 제3성, '不', '一'의 음절 연결에 주의하면서 따라 읽어 보세요. 🎧 1-33

① wǒ hěn gāoxìng   wǒ yě hěn máng
② wǒ yě hěn hǎo   kěkǒukělè
③ bù chī bù hē   bú jiàn bú sàn
④ bù lěng bú rè   yìshí yíkè
⑤ yíyàng yìzhī   yìtiān yíyè

● 녹음을 듣고 제3성, '不', '一'가 혼합된 음절 연결에 주의하면서 따라 읽어 보세요. 🎧 1-34

① yìliǎng jù huà   yīngyǔ bù nán
② měishù bù hǎo   yíkuài zǒu ba
③ yìtiān bú liàn   bù chī mǐfàn
④ wǒ bù mǎi fáng   fēngmǐ yìshí
⑤ bù dǒng zhuāng dǒng   hǎo jiǔ bú jiàn

03

我很好。
Wǒ hěn hǎo.

나는 잘 지내요.

| 인칭대명사
| 형용사술어문

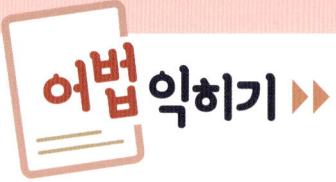

다음 대화를 듣고 관련 어법을 배워 봅시다.

🎧 1-35

A 你好吗? 안녕하세요?[잘 지내세요?]
Nǐ hǎo ma?

B 我很好。 나는 잘 지내요.
Wǒ hěn hǎo.

● 인칭대명사

인칭대명사란 사람이나 사물을 대신 지칭하는 역할을 하는 대명사를 말한다. 인칭대명사의 복수형은 단수형에 '们 men'을 붙여 나타낸다.

	단수	복수
1인칭	我 wǒ 나	我们 wǒmen 우리들
2인칭	你 nǐ 너, 당신 | 您 nín 당신	你们 nǐmen 너희들, 당신들
3인칭	他 tā 그	他们 tāmen 그들
	她 tā 그녀	她们 tāmen 그녀들
	它 tā 그것, 저것	它们 tāmen 그것들, 저것들

|보충| '你'의 존칭인 '您'은 복수형으로 '您们'을 쓰지 않고, 보통 '你们'을 쓴다.

● 형용사술어문

중국어 문장은 크게 주어 부분과 술어 부분으로 나눌 수 있는데, 이 중 술어 부분이 형용사로 이루어진 문장을 형용사술어문이라 한다. 이때 술어 앞에 '是'나 다른 동사는 쓰지 않는다. 형용사술어문은 주로 '좋아요, 예뻐요'와 같이 인물이나 사물의 성질 및 상태 등을 묘사할 때 쓰인다.

주어 / 술어 [형용사]

我 很好。 나는 잘 지내요.
Wǒ hěn hǎo.

1 긍정형

일반적으로 술어인 형용사 앞에 정도를 나타내는 부사를 놓는다.

주어 + 정도부사 + 술어[형용사]

她 很 漂亮。 그녀는 매우 아름다워요.
Tā hěn piàoliang.

▶ 漂亮 piàoliang 형 예쁘다, 아름답다

|보충| 정도부사는 형용사 앞에서 성질 및 상태의 정도를 나타내는 역할을 한다. 자주 쓰이는 정도부사로는 '很(hěn 매우), 非常(fēicháng 매우), 太(tài 매우), 挺(tǐng 매우), 比较(bǐjiào 비교적)' 등이 있다.

2 부정형

일반적으로 술어인 형용사 앞에 부정부사 '不 bù'를 붙여 만든다.

주어 + 不 + 술어[형용사]

汉语 不 难。 중국어는 어렵지 않아요.
Hànyǔ bù nán.

▶ 汉语 Hànyǔ 고유 중국어 | 难 nán 형 어렵다

3 의문형

1) 일반의문문

평서문 끝에 의문 어기조사 '吗 ma'를 붙여 만든다.

평서문 + 吗?

你累 吗? 당신은 피곤한가요?
Nǐ lèi ma?

▶ 累 lèi 형 피곤하다

2) 정반의문문

술어의 긍정형과 부정형을 병렬하여 만든다. 이때 의문 어기조사 '吗'는 붙이지 않는다.

주어 + 긍정형 + 부정형?

你 饿 不饿? 당신은 배가 고픈가요?
Nǐ è bu è?

▶ 饿 è 형 배고프다

자주 쓰이는 형용사 🎧 1-36

好 hǎo 좋다	坏 huài 나쁘다
多 duō 많다	少 shǎo 적다
大 dà 크다	小 xiǎo 작다
高 gāo (높이, 정도 등이) 높다, (키 등이) 크다	矮 ǎi (키 등이) 작다
近 jìn 가깝다	远 yuǎn 멀다
长 cháng (길이가) 길다	短 duǎn (길이가) 짧다
瘦 shòu 마르다	胖 pàng 뚱뚱하다
快 kuài 빠르다	慢 màn 느리다
早 zǎo (때가) 이르다	晚 wǎn 늦다
轻 qīng 가볍다	重 zhòng 무겁다
新 xīn 새롭다	旧 jiù 낡다, 오래되다
便宜 piányi 싸다	贵 guì 비싸다
年轻 niánqīng 젊다	老 lǎo 늙다
高兴 gāoxìng 기쁘다, 신나다, 즐겁다	有意思 yǒu yìsi 재미있다
干净 gānjìng 깨끗하다	好吃 hǎochī 맛있다
疼 téng 아프다	可爱 kě'ài 귀엽다, 사랑스럽다
难 nán 어렵다	漂亮 piàoliang 예쁘다, 아름답다
饱 bǎo 배부르다	忙 máng 바쁘다

| 보충 | 단, '有意思'의 부정형은 '没有意思'로 한다.

배운 어법을 생각하면서 녹음을 듣고 따라해 보세요. 🎧 1-37

① A 你好吗? 잘 지내시나요?
　　　Nǐ hǎo ma?

　　B 我很好。/ 还可以。/ 马马虎虎。/ 我不太好。
　　　Wǒ hěn hǎo.　Hái kěyǐ.　Mǎmǎhūhū.　Wǒ bú tài hǎo.
　　　나는 잘 지내요. / 그런대로 괜찮아요. / 그저 그래요. / 그다지 잘 지내지는 못해요.

　▶ 还 hái 🜛 그런대로 | 可以 kěyǐ 🜛 괜찮다, 좋다 | 马马虎虎 mǎmǎhūhū 🜛 그저 그렇다

　|보충| '你好!'는 초면이나 구면에 모두 사용할 수 있는 인사인 반면에 '你好吗?'는 구면에만 사용할 수 있다.

　주의!
　상대방이 안부를 물을 때 일반적으로 '我不好'라고 대답하지 않는다. 왜냐하면 안부를 묻는 상대방에 대한 예의가 아니기 때문이다. '我不好'는 보통 '내가 잘못했다'라는 뜻으로 더 많이 쓰인다.

② A 他忙吗? 그는 바쁜가요?
　　　Tā máng ma?

　　B 他很忙。/ 他不太忙。/ 他不忙。
　　　Tā hěn máng.　Tā bú tài máng.　Tā bù máng.
　　　그는 매우 바빠요. / 그는 그다지 바쁘지 않아요. / 그는 바쁘지 않아요.

　▶ 忙 máng 🜛 바쁘다

③ A 孩子高兴吗? 아이는 기뻐하나요?
　　　Háizi gāoxìng ma?

　　B 孩子很高兴。 아이는 매우 기뻐해요.
　　　Háizi hěn gāoxìng.

　▶ 孩子 háizi 🜛 아이, 어린이

④ A 人多不多? 사람이 많은가요?
　　　Rén duō bu duō?

　　B 人不太多。 사람이 그다지 많지 않아요.
　　　Rén bú tài duō.

　▶ 人 rén 🜛 사람

TSC 맛보기

주어진 한국어 대답을 중국어로 바꾸어 써 보세요.

① 질문 小狗可爱吗? 강아지는 귀여운가요?
　　　　　Xiǎogǒu kě'ài ma?

　　대답 강아지는 귀여워요.

　　　　→

　　　　▶ 小狗 xiǎogǒu 명 강아지

② 질문 她漂亮吗? 그녀는 예쁜가요?
　　　　　Tā piàoliang ma?

　　대답 그녀는 매우 예뻐요.

　　　　→

　　　　▶ 非常 fēicháng 부 매우

③ 질문 汉堡包好吃吗? 햄버거는 맛있나요?
　　　　　Hànbǎobāo hǎochī ma?

　　대답 햄버거는 맛있어요.

　　　　→

　　　　▶ 汉堡包 hànbǎobāo 명 햄버거

④ 질문 汉语难不难? 중국어는 어렵나요?
　　　　　Hànyǔ nán bu nán?

　　대답 중국어는 비교적 어려워요.

→

▸ 比较 bǐjiào 뷔 비교적

❺ 질문 **鞋子贵吗?** 신발이 비싼가요?
Xiézi guì ma?

대답 신발이 비싸요.

→

▸ 鞋子 xiézi 명 신발

❻ 질문 **空气好吗?** 공기가 좋은가요?
Kōngqì hǎo ma?

대답 공기가 좋지 않아요.

→

▸ 空气 kōngqì 명 공기

❼ 질문 **学校远不远?** 학교가 먼가요?
Xuéxiào yuǎn bu yuǎn?

대답 학교가 그다지 멀지 않아요.

→

▸ 学校 xuéxiào 명 학교

TSC 맛보기 **모범 답안**

녹음을 듣고 따라 읽어 보세요. 🎧 1-38

① 질문   小狗可爱吗? 강아지는 귀여운가요?
           Xiǎogǒu kě'ài ma?

     대답   小狗很可爱。 강아지는 귀여워요.
           Xiǎogǒu hěn kě'ài.

② 질문   她漂亮吗? 그녀는 예쁜가요?
           Tā piàoliang ma?

     대답   她非常漂亮。 그녀는 매우 예뻐요.
           Tā fēicháng piàoliang.

③ 질문   汉堡包好吃吗? 햄버거는 맛있나요?
           Hànbǎobāo hǎochī ma?

     대답   汉堡包很好吃。 햄버거는 맛있어요.
           Hànbǎobāo hěn hǎochī.

④ 질문   汉语难不难? 중국어는 어렵나요?
           Hànyǔ nán bu nán?

     대답   汉语比较难。 중국어는 비교적 어려워요.
           Hànyǔ bǐjiào nán.

⑤ 질문   鞋子贵吗? 신발이 비싼가요?
           Xiézi guì ma?

     대답   鞋子很贵。 신발이 비싸요.
           Xiézi hěn guì.

⑥ 질문   空气好吗? 공기가 좋은가요?
           Kōngqì hǎo ma?

     대답   空气不好。 공기가 좋지 않아요.
           Kōngqì bù hǎo.

⑦ 질문   学校远不远? 학교가 먼가요?
           Xuéxiào yuǎn bu yuǎn?

     대답   学校不太远。 학교가 그다지 멀지 않아요.
           Xuéxiào bú tài yuǎn.

04

我工作很忙。
Wǒ gōngzuò hěn máng.

나는 일이 바빠요.

| 주술술어문
| 의문대명사 怎么样
| 부사 也

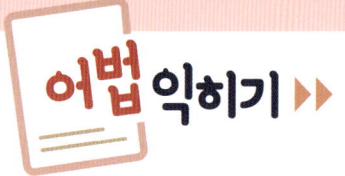

다음 대화를 듣고 관련 어법을 배워 봅시다.

🎧 1-39

A 你最近怎么样? 당신은 요즘 어때요?
　Nǐ zuìjìn zěnmeyàng?

B 我工作很忙。 나는 일이 바빠요.
　Wǒ gōngzuò hěn máng.

● **주술술어문**

주술술어문이란 술어 부분이 '주어+술어' 구조로 이루어진 문장을 말한다. 주술술어문에서 술어 부분은 주어를 설명 또는 묘사하는 역할을 한다. '~는 ~이/가 ~하다'라고 해석한다.

| 주어 / 술어 [주어 + 술어] |

我　　　工作很忙。 나는 일이 바빠요.
Wǒ　　　gōngzuò hěn máng.

他　　　身体很好。 그는 건강이 좋아요.
Tā　　　shēntǐ hěn hǎo.

▶ 工作 gōngzuò 명 일, 업무 | 身体 shēntǐ 명 신체, 건강

부정형은 술어 앞에 부정부사 '不'를 붙여 만든다.

今天天气不好。 오늘은 날씨가 좋지 않아요.
Jīntiān tiānqì bù hǎo.

▶ 今天 jīntiān 명 오늘 | 天气 tiānqì 명 날씨

● **의문대명사 怎么样**

'怎么样 zěnmeyàng'은 '어떠하다'라는 뜻의 의문대명사로, 문장 끝에 놓여 어떤 상황, 성질, 상태를 물을 때 사용한다. 의문대명사를 사용한 의문문에는 의문 어기조사 '吗'를 붙이지 않는다.

A 你最近怎么样? 당신은 요즘 어때요?
　Nǐ zuìjìn zěnmeyàng?

B 我最近身体很好。 나는 요즘 건강이 좋아요.
　Wǒ zuìjìn shēntǐ hěn hǎo.

TIP | '最近'의 의미와 용법

'最近 zuìjìn'은 최근, 요즘이라는 뜻의 시간명사로 주어의 앞뒤 모두에 위치할 수 있다.

最近你身体好吗? 당신은 요즘 몸이 건강한가요?
Zuìjìn nǐ shēntǐ hǎo ma?

你**最近**身体好吗? 당신은 요즘 몸이 건강한가요?
Nǐ zuìjìn shēntǐ hǎo ma?

A 今天天气**怎么样**? 오늘 날씨가 어때요?
　Jīntiān tiānqì zěnmeyàng?

B 今天天气很晴朗。 오늘은 날씨가 쾌청해요.
　Jīntiān tiānqì hěn qínglǎng.

▶ 晴朗 qínglǎng 형 쾌청하다, 구름 한 점 없이 맑다

● **부사 也**

'也 yě'는 '~도'라는 뜻의 부사로, 술어 앞에 놓여 둘 이상인 사람, 사물의 성질, 특성, 상황이 서로 같음을 나타낸다.

A 今天我身体不太舒服，你呢? 오늘 나는 몸이 별로 안 좋아요. 당신은요?
　Jīntiān wǒ shēntǐ bú tài shūfu, nǐ ne?

B 我**也**不太舒服。 나도 별로 몸이 안 좋아요.
　Wǒ yě bú tài shūfu.

▶ 舒服 shūfu 형 (몸·마음이) 편안하다, 쾌적하다

|보충| '呢 ne'는 문장 끝에 쓰여 의문을 나타내는 조사로, 상대방이 앞서 질문한 내용에 대해 되물어볼 때 사용한다.

신체 부위 🎧 1-40

身体 shēntǐ 명 신체	脸 liǎn 명 얼굴
眼睛 yǎnjing 명 눈	鼻子 bízi 명 코
嘴 zuǐ 명 입	耳朵 ěrduo 명 귀
头 tóu 명 머리	头发 tóufa 명 머리카락
脖子 bózi 명 목	肩膀 jiānbǎng 명 어깨
肚子 dùzi 명 배	手 shǒu 명 손
胳膊 gēbo 명 팔	腿 tuǐ 명 다리
脚 jiǎo 명 발	膝盖 xīgài 명 무릎
屁股 pìgu 명 엉덩이	牙齿 yáchǐ 명 이, 치아

계절과 날씨 🎧 1-41

季节 jìjié 명 계절	春天 chūntiān 명 봄
夏天 xiàtiān 명 여름	秋天 qiūtiān 명 가을
冬天 dōngtiān 명 겨울	天气 tiānqì 명 날씨
暖和 nuǎnhuo 형 따뜻하다	热 rè 형 덥다
凉快 liángkuai 형 시원하다	冷 lěng 형 춥다
晴 qíng 형 맑다	阴 yīn 형 흐리다

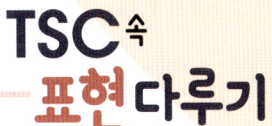

배운 어법을 생각하면서 녹음을 듣고 따라해 보세요. 🎧 1-42

① A 女儿头发长吗? 딸은 머리카락이 긴가요?
　　　Nǚ'ér tóufa cháng ma?

　　B 女儿头发很长。 딸은 머리카락이 길어요.
　　　Nǚ'ér tóufa hěn cháng.

▶ 女儿 nǚ'ér 명 딸

② A 你身体怎么样? 당신은 건강이 어때요?
　　　Nǐ shēntǐ zěnmeyàng?

　　B 我身体不太好。 나는 몸이 별로 안 좋아요.
　　　Wǒ shēntǐ bú tài hǎo.

③ A 你肚子疼吗? 당신은 배가 아픈가요?
　　　Nǐ dùzi téng ma?

　　B 我肚子很疼。 나는 배가 아파요.
　　　Wǒ dùzi hěn téng.

④ A 学校环境怎么样? 학교는 환경이 어때요?
　　　Xuéxiào huánjìng zěnmeyàng?

　　B 学校环境很漂亮。 학교는 환경이 아름다워요.
　　　Xuéxiào huánjìng hěn piàoliang.

▶ 环境 huánjìng 명 환경

TSC 맛보기

주어진 한국어 대답을 중국어로 바꾸어 써 보세요.

① 질문 **他个子高吗?** 그는 키가 큰가요?
　　　　Tā gèzi gāo ma?

　대답 그는 키가 그다지 크지 않아요.

　　　　→

　　　　▶ 个子 gèzi 명 키

② 질문 **今天天气怎么样?** 오늘은 날씨가 어때요?
　　　　Jīntiān tiānqì zěnmeyàng?

　대답 오늘은 날씨가 더워요.

　　　　→

③ 질문 **爸爸最近身体怎么样?** 아빠는 요즘에 건강이 어떠세요?
　　　　Bàba zuìjìn shēntǐ zěnmeyàng?

　대답 아빠는 요즘에 건강이 좋지 않으세요.

　　　　→

　　　　▶ 爸爸 bàba 명 아빠, 아버지

④ 질문 **你头疼吗?** 당신은 머리가 아픈가요?
　　　　Nǐ tóu téng ma?

　대답 나는 머리가 아파요.

　　　　→

⑤ 질문 **孩子成绩怎么样?** 아이는 성적이 어때요?
Háizi chéngjì zěnmeyàng?

대답 아이는 성적이 좋아요.

→

▶ **成绩** chéngjì 명 성적, 성과 | **不错** búcuò 형 좋다, 괜찮다

⑥ 질문 **方便面价格便宜吗?** 라면은 가격이 싼가요?
Fāngbiànmiàn jiàgé piányi ma?

대답 라면은 가격이 싸요.

→

▶ **方便面** fāngbiànmiàn 명 라면 | **价格** jiàgé 명 가격, 값

⑦ 질문 **手机性能好吗?** 휴대전화는 성능이 좋은가요?
Shǒujī xìngnéng hǎo ma?

대답 휴대전화는 성능이 매우 좋아요.

→

▶ **手机** shǒujī 명 휴대전화 | **性能** xìngnéng 명 성능

TSC 맛보기 모범 답안

녹음을 듣고 따라 읽어 보세요. 🎧 1-43

① 질문 他个子高吗? 그는 키가 큰가요?
Tā gèzi gāo ma?

대답 他个子不太高。 그는 키가 그다지 크지 않아요.
Tā gèzi bú tài gāo.

② 질문 今天天气怎么样? 오늘은 날씨가 어때요?
Jīntiān tiānqì zěnmeyàng?

대답 今天天气很热。 오늘은 날씨가 더워요.
Jīntiān tiānqì hěn rè.

③ 질문 爸爸最近身体怎么样? 아빠는 요즘에 건강이 어떠세요?
Bàba zuìjìn shēntǐ zěnmeyàng?

대답 爸爸最近身体不好。 아빠는 요즘에 건강이 좋지 않으세요.
Bàba zuìjìn shēntǐ bù hǎo.

④ 질문 你头疼吗? 당신은 머리가 아픈가요?
Nǐ tóu téng ma?

대답 我头很疼。 나는 머리가 아파요.
Wǒ tóu hěn téng.

⑤ 질문 孩子成绩怎么样? 아이는 성적이 어때요?
Háizi chéngjì zěnmeyàng?

대답 孩子成绩不错。 아이는 성적이 좋아요.
Háizi chéngjì búcuò.

⑥ 질문 方便面价格便宜吗? 라면은 가격이 싼가요?
Fāngbiànmiàn jiàgé piányi ma?

대답 方便面价格很便宜。 라면은 가격이 싸요.
Fāngbiànmiàn jiàgé hěn piányi.

⑦ 질문 手机性能好吗? 휴대전화는 성능이 좋은가요?
Shǒujī xìngnéng hǎo ma?

대답 手机性能非常好。 휴대전화는 성능이 매우 좋아요.
Shǒujī xìngnéng fēicháng hǎo.

05

我吃米饭。
Wǒ chī mǐfàn.

나는 밥을 먹어요.

| 의문대명사 什么
| 동사술어문
| 연동문

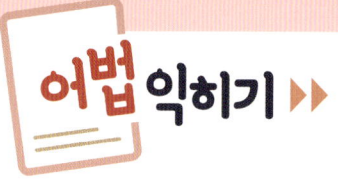

다음 대화를 듣고 관련 어법을 배워 봅시다.

🎧 1-44

A 你吃什么? 당신은 무엇을 먹나요?
　Nǐ chī shénme?

B 我吃米饭。 나는 밥을 먹어요.
　Wǒ chī mǐfàn.

● 의문대명사 什么

'什么 shénme'는 '무엇, 무슨'이라는 뜻의 의문대명사이다. 의문대명사를 사용한 의문문에는 의문어기조사 '吗'를 붙이지 않는다.

| 주어 + 술어[동사] + 什么? |

你　　吃　　什么? 당신은 무엇을 먹나요?
Nǐ   chī   shénme?

你　　喝　　什么? 당신은 무엇을 마시나요?
Nǐ   hē   shénme?

▶ 吃 chī 동 먹다 | 喝 hē 동 마시다

'什么'는 명사 앞에 쓰여 명사를 수식해줄 수 있다.

| 주어 + 술어[동사] + 什么 + 명사? |

你　　喜欢　　什么　　运动? 당신은 무슨 운동을 좋아하나요?
Nǐ   xǐhuan   shénme   yùndòng?

你　　看　　什么　　书? 당신은 무슨 책을 보나요?
Nǐ   kàn   shénme   shū?

▶ 喜欢 xǐhuan 동 좋아하다 | 运动 yùndòng 명 운동(하다) | 看 kàn 동 보다 | 书 shū 명 책

● 동사술어문

동사술어문이란 술어 부분이 동사로 이루어진 문장을 말한다. 주로 사람이나 사물의 동작, 심리 등을 나타낼 때 사용한다.

주어 / 술어[동사]

我 工作。 나는 일해요.
Wǒ gōngzuò.

▶ 工作 gōngzuò 동 일하다

술어가 목적어를 갖는 동사일 경우 동사 뒤에 목적어를 수반한다. 이는 중국어의 기본 문형이다.

주어 + 술어[동사] + 목적어

我 吃 米饭。 나는 밥을 먹어요.
Wǒ chī mǐfàn.

我 喜欢 你。 나는 당신을 좋아해요.
Wǒ xǐhuan nǐ.

▶ 米饭 mǐfàn 명 밥

부정형은 술어인 동사 앞에 부정부사 '不'를 붙여 만든다.

我不喜欢巧克力。 나는 초콜릿을 좋아하지 않아요.
Wǒ bù xǐhuan qiǎokèlì.

▶ 巧克力 qiǎokèlì 명 초콜릿

● 연동문

연동문이란 동일한 주어에 대해 두 개 이상의 동사로 구성된 문장을 말한다. 연속으로 발생한 동작을 설명할 때 주로 쓰이며, 동사1이 '去 (qù 가다), 来 (lái 오다)'일 경우, 동사2는 목적을 나타낸다.

주어 + 술어[동사1] + (목적어) + 술어[동사2] + (목적어)

我 去 商店 买 东西。 나는 물건을 사러 상점에 가요.
Wǒ qù shāngdiàn mǎi dōngxi.

他 来 运动场 踢 足球。 그는 축구하러 운동장에 와요.
Tā lái yùndòngchǎng tī zúqiú.

▶ 商店 shāngdiàn 명 상점 | 买 mǎi 동 사다 | 东西 dōngxi 명 물건 | 运动场 yùndòngchǎng 명 운동장 | 踢 tī 동 (공을) 차다 | 足球 zúqiú 명 축구

자주 쓰이는 동사와 명사 🎧 1-45

学习 xuéxí 공부하다, 배우다	韩(国)语 Hán(guó)yǔ 한국어	汉语 Hànyǔ 중국어
	英语 Yīngyǔ 영어	日语 Rìyǔ 일본어
	数学 shùxué 수학	历史 lìshǐ 역사
	体育 tǐyù 체육	美术 měishù 미술
去 qù 가다	医院 yīyuàn 병원	图书馆 túshūguǎn 도서관
	百货商店 bǎihuò shāngdiàn 백화점	公园 gōngyuán 공원
买 mǎi 사다	化妆品 huàzhuāngpǐn 화장품	水果 shuǐguǒ 과일
	钱包 qiánbāo 돈지갑	电脑 diànnǎo 컴퓨터
吃 chī 먹다	米饭 mǐfàn 밥	面包 miànbāo 빵
	面条 miàntiáo 국수	蛋糕 dàngāo 케이크
喝 hē 마시다	水 shuǐ 물	牛奶 niúnǎi 우유
	咖啡 kāfēi 커피	可乐 kělè 콜라
做 zuò 하다	菜 cài 요리	作业 zuòyè 숙제
	生意 shēngyi 장사, 비즈니스	好事 hǎoshì 좋은 일
看 kàn 보다	书 shū 책	电影 diànyǐng 영화
	电视 diànshì 텔레비전	报纸 bàozhǐ 신문
喜欢 xǐhuan 좋아하다	运动 yùndòng 운동	旅游 lǚyóu 여행
	花 huā 꽃	朋友 péngyou 친구
穿 chuān 입다, 신다	衣服 yīfu 옷	大衣 dàyī 외투
	鞋子 xiézi 신발	袜子 wàzi 양말

배운 어법을 생각하면서 녹음을 듣고 따라해 보세요. 🎧 1-46

① A 你叫什么名字? 당신의 이름은 무엇인가요?
Nǐ jiào shénme míngzi?

B1 我叫韩美善。 저는 한미선이에요.
Wǒ jiào Hán Měishàn.

B2 我叫韩美善。韩国的韩，美丽的美，善良的善。
Wǒ jiào Hán Měishàn. Hánguó de Hán, měilì de měi, shànliáng de shàn.
저는 한미선이에요. 한국의 '한', 아름답다의 '미', 선량하다의 '선'이에요.

▶ 叫 jiào 동 (~라고) 불리다 | 韩国 Hánguó 고유 한국 | 美丽 měilì 형 아름답다, 예쁘다 | 美 měi 형 아름답다, 예쁘다 | 善良 shànliáng 형 선량하다, 착하다 | 善 shàn 형 선량하다, 착하다

|보충| '的 de'는 '~의'라는 뜻의 구조조사이다. [자세한 내용은 06과 p.71 참조]

② A 你学习什么? 당신은 무엇을 공부하나요?
Nǐ xuéxí shénme?

B 我学习汉语。 나는 중국어를 공부해요.
Wǒ xuéxí Hànyǔ.

③ A 你喜欢冬天吗? 당신은 겨울을 좋아하나요?
Nǐ xǐhuan dōngtiān ma?

B 我不喜欢冬天，我喜欢夏天。 나는 겨울을 좋아하지 않아요. 여름을 좋아해요.
Wǒ bù xǐhuan dōngtiān, wǒ xǐhuan xiàtiān.

④ A 他来韩国做什么? 그는 무엇을 하러 한국에 오나요?
Tā lái Hánguó zuò shénme?

B 他来韩国旅游。 그는 여행하러 한국에 와요.
Tā lái Hánguó lǚyóu.

▶ 旅游 lǚyóu 동 여행하다

TSC 맛보기

주어진 한국어 대답을 중국어로 바꾸어 써 보세요.

① 질문　**妈妈做什么?** 엄마는 무엇을 하시나요?
　　　　Māma zuò shénme?

　 대답　엄마는 요리를 하세요.

　　　　→

▶ 妈妈 māma 명 엄마, 어머니

② 질문　**你买什么?** 당신은 무엇을 사나요?
　　　　Nǐ mǎi shénme?

　 대답　나는 컴퓨터를 사요.

　　　　→

③ 질문　**你看书吗?** 당신은 책을 보나요?
　　　　Nǐ kàn shū ma?

　 대답　나는 책을 보지 않고, 음악을 들어요.

　　　　→

▶ 听 tīng 동 듣다 | 音乐 yīnyuè 명 음악

④ 질문　**你喜欢拍照吗?** 당신은 사진 찍는 것을 좋아하나요?
　　　　Nǐ xǐhuan pāizhào ma?

　 대답　나는 사진 찍는 것을 좋아해요.

→

▶ 拍照 pāizhào 동 사진을 찍다

⑤ 질문 **你找什么?** 당신은 무엇을 찾나요?
Nǐ zhǎo shénme?

대답 나는 지갑을 찾아요.

→

▶ 找 zhǎo 동 찾다

⑥ 질문 **你喜欢看电影吗?** 당신은 영화 보는 것을 좋아하나요?
Nǐ xǐhuan kàn diànyǐng ma?

대답 나는 영화 보는 것을 좋아해요.

→

⑦ 질문 **你去他家做什么?** 당신은 무엇을 하러 그의 집에 가나요?
Nǐ qù tā jiā zuò shénme?

대답 나는 그의 집에 놀러 가요.

→

▶ 家 jiā 명 집 | 玩儿 wánr 동 놀다, 즐기다

TSC 맛보기 모범 답안

녹음을 듣고 따라 읽어 보세요. 🎧 1-47

① 질문　妈妈做什么? 엄마는 무엇을 하시나요?
　　　　Māma zuò shénme?

　 대답　妈妈做菜。 엄마는 요리를 하세요.
　　　　Māma zuòcài.

② 질문　你买什么? 당신은 무엇을 사나요?
　　　　Nǐ mǎi shénme?

　 대답　我买电脑。 나는 컴퓨터를 사요.
　　　　Wǒ mǎi diànnǎo.

③ 질문　你看书吗? 당신은 책을 보나요?
　　　　Nǐ kàn shū ma?

　 대답　我不看书，我听音乐。 나는 책을 보지 않고, 음악을 들어요.
　　　　Wǒ bú kàn shū, wǒ tīng yīnyuè.

④ 질문　你喜欢拍照吗? 당신은 사진 찍는 것을 좋아하나요?
　　　　Nǐ xǐhuan pāizhào ma?

　 대답　我喜欢拍照。 나는 사진 찍는 것을 좋아해요.
　　　　Wǒ xǐhuan pāizhào.

⑤ 질문　你找什么? 당신은 무엇을 찾나요?
　　　　Nǐ zhǎo shénme?

　 대답　我找钱包。 나는 지갑을 찾아요.
　　　　Wǒ zhǎo qiánbāo.

⑥ 질문　你喜欢看电影吗? 당신은 영화 보는 것을 좋아하나요?
　　　　Nǐ xǐhuan kàn diànyǐng ma?

　 대답　我喜欢看电影。 나는 영화 보는 것을 좋아해요.
　　　　Wǒ xǐhuan kàn diànyǐng.

⑦ 질문　你去他家做什么? 당신은 무엇을 하러 그의 집에 가나요?
　　　　Nǐ qù tā jiā zuò shénme?

　 대답　我去他家玩儿。 나는 그의 집에 놀러 가요.
　　　　Wǒ qù tā jiā wánr.

06

我是韩国人。
Wǒ shì Hánguórén.

나는 한국 사람이에요.

是자문
의문대명사 哪
구조조사 的

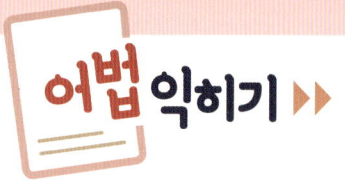

다음 대화를 듣고 관련 어법을 배워 봅시다.

🎧 1-48

A 你是哪国人? 당신은 어느 나라 사람이에요?
　 Nǐ shì nǎ guó rén?

B 我是韩国人。 나는 한국 사람이에요.
　 Wǒ shì Hánguórén.

● **是자문**

'是'자문이란 술어가 동사 '是 shì'로 쓰인 문장을 말한다. '是'는 판단과 긍정을 나타내는 동사로, '~이다'라는 뜻을 나타낸다.

1 긍정형

| 주어 + 是 + 목적어 |

我　　是　　韩国人。 나는 한국 사람이에요.
Wǒ　shì　Hánguórén.

▶ 韩国人 Hánguórén 한국 사람

2 부정형

'是' 앞에 부정부사 '不'를 붙여 만든다.

| 주어 + 不是 + 목적어 |

我　　不是　　学生。 나는 학생이 아니에요.
Wǒ　bú shì　xuésheng.

▶ 学生 xuésheng 몡 학생

3 의문형

1) 일반의문문

문장 끝에 의문 어기조사 '吗'를 붙여 만들고, 대답은 '是(shì 네)' 혹은 '不是(bú shì 아니오)'로 한다.

> 주어 + 是 + 목적어 + 吗?

你　　　是　　　运动员　　　吗? 당신은 운동선수인가요?
Nǐ　　　shì　　yùndòngyuán　ma?

▶ 运动员 yùndòngyuán 명 운동선수

2) 정반의문문
긍정형 '是'와 부정형 '不是'를 병렬하여 만든다.

> 주어 + 是不是 + 목적어?

你　　　是不是　　　美国人? 당신은 미국 사람인가요?
Nǐ　　shì bu shì　　Měiguórén?

▶ 美国人 Měiguórén 미국 사람

● 의문대명사 哪

의문대명사 '哪 nǎ'는 '어느, 어떤'이라는 뜻의 의문대명사로, 사람이나 사물에 대해 물어볼 때 사용한다.

你是哪国人? 당신은 어느 나라 사람이에요?
Nǐ shì nǎ guó rén?

您是哪位? 누구세요? [전화상으로 누군지 물어볼 때]
Nín shì nǎ wèi?

▶ 位 wèi 양 분

● 구조조사 的

'的 de'는 '~의, ~한, ~하는'이라는 뜻의 구조조사로, 뒤에 오는 명사를 수식한다.

我的衣服 나의 옷　　　　**漂亮的妈妈** 아름다운 엄마
wǒ de yīfu　　　　　　　piàoliang de māma

뒤에 오는 명사가 가족, 친구, 소속 단체일 경우, '的'를 생략할 수 있다.

我(的)爸爸 나의 아빠　　　**我们(的)公司** 우리 회사
wǒ (de) bàba　　　　　　　wǒmen (de) gōngsī

▶ 公司 gōngsī 명 회사

'的'는 '~의 것, ~한 것'이라는 뜻으로 명사처럼 쓰여 주어나 목적어로 쓰일 수 있다.

这是我的。 이것은 내 것이다.　　**你的是什么?** 당신 것은 무엇인가요?
Zhè shì wǒ de.　　　　　　　　Nǐ de shì shénme?

|보충| '这 zhè'는 '이것'이라는 뜻의 지시대명사이다. 사람이나 사물, 장소 등을 대신해서 지칭하는 말을 지시대명사라고 한다. [자세한 내용은 08과 p.89 참조]

직업명 🎧 1-49

公司职员 gōngsī zhíyuán 몡 회사원	上班族 shàngbānzú 몡 샐러리맨, 직장인
银行职员 yínháng zhíyuán 몡 은행원	公务员 gōngwùyuán 몡 공무원
教师 jiàoshī 몡 교사	老师 lǎoshī 몡 선생님
医生 yīshēng 大夫 dàifu 몡 의사	售货员 shòuhuòyuán 몡 판매원
售票员 shòupiàoyuán 몡 매표원	服务员 fúwùyuán 몡 종업원
司机 sījī 몡 기사, 운전사	警察 jǐngchá 몡 경찰
快递员 kuàidìyuán 몡 택배기사	运动员 yùndòngyuán 몡 운동선수
演员 yǎnyuán 몡 배우	歌手 gēshǒu 몡 가수
作家 zuòjiā 몡 작가	翻译 fānyì 몡 번역사, 통역사
导游 dǎoyóu 몡 가이드	护士 hùshi 몡 간호사

나라명 🎧 1-50

韩国 Hánguó 고유 한국	中国 Zhōngguó 고유 중국
美国 Měiguó 고유 미국	日本 Rìběn 고유 일본
印度 Yìndù 고유 인도	英国 Yīngguó 고유 영국
德国 Déguó 고유 독일	法国 Fǎguó 고유 프랑스
西班牙 Xībānyá 고유 스페인	意大利 Yìdàlì 고유 이탈리아
巴西 Bāxī 고유 브라질	加拿大 Jiānádà 고유 캐나다

배운 어법을 생각하면서 녹음을 듣고 따라해 보세요. 🎧 1-51

① A 他是韩国人吗? 그는 한국 사람인가요?
　　 Tā shì Hánguórén ma?

　 B 他不是韩国人，是中国人。 그는 한국 사람이 아니라 중국 사람이에요.
　　 Tā bú shì Hánguórén, shì Zhōngguórén.

　 |보충| '不是A, 是B'는 'A가 아니라 B이다'라고 해석한다.

② A 你做什么工作? 당신은 무슨 일을 하나요?
　　 Nǐ zuò shénme gōngzuò?

　 B 我是老师。 나는 선생님이에요.
　　 Wǒ shì lǎoshī.

③ A 这是什么? 이것은 무엇인가요?
　　 Zhè shì shénme?

　 B 这是我的书。 이것은 나의 책이에요.
　　 Zhè shì wǒ de shū.

④ A 那是你的还是他的? 저것은 당신 것인가요, 아니면 그의 것인가요?
　　 Nà shì nǐ de háishi tā de?

　 B 那是我的。 저것은 나의 것이에요.
　　 Nà shì wǒ de.

▶ 那 nà 데 저것, 그것

|보충| '(是)A还是B'는 A와 B 중에서 하나를 선택하는 답을 요구할 때 사용하는 선택의문문이다. 선택의문문에서는 의문 어기조사 '吗'를 붙이지 않는다.

TSC 맛보기

주어진 한국어 대답을 중국어로 바꾸어 써 보세요.

1 질문 他是不是医生? 그는 의사인가요?
Tā shì bu shì yīshēng?

대답 그는 의사가 아니라 회사원이에요.

→

2 질문 辣白菜是中国菜吗? 배추김치가 중국 음식인가요?
Là báicài shì Zhōngguó cài ma?

대답 배추김치는 중국 음식이 아니라 한국 음식이에요.

→

▶ 辣白菜 là báicài 명 배추김치

3 질문 这是不是你的手机? 이것은 당신의 휴대전화인가요?
Zhè shì bu shì nǐ de shǒujī?

대답 이것은 나의 휴대전화가 아니에요.

→

4 질문 这是你喜欢的吗? 이것은 당신이 좋아하는 것인가요?
Zhè shì nǐ xǐhuan de ma?

대답 이것은 내가 가장 좋아하는 것이에요.

→

▸ 最 zuì 児 가장

|보충| 부사는 주로 술어 앞에 쓰여 술어를 수식 및 한정한다.

❺ 질문 **你喜欢小狗吗?** 당신은 강아지를 좋아하나요?
Nǐ xǐhuan xiǎogǒu ma?

대답 나는 강아지를 좋아해요. 강아지는 귀여운 동물이에요.

→

▸ 动物 dòngwù 명 동물

❻ 질문 **那是你的衣服吗?** 그것은 당신의 옷인가요?
Nà shì nǐ de yīfu ma?

대답 아니에요, 그것은 누나의 옷이에요.

→

▸ 姐姐 jiějie 명 언니, 누나

❼ 질문 **你喜欢吃米饭还是面包?**
Nǐ xǐhuan chī mǐfàn háishi miànbāo?
당신은 밥 먹는 것을 좋아해요, 아니면 빵 먹는 것을 좋아해요?

대답 나는 밥 먹는 것을 좋아해요.

→

06 我是韩国人。 75

TSC 맛보기 모범 답안

녹음을 듣고 따라 읽어 보세요. 🎧 1-52

① 질문 他是不是医生? 그는 의사인가요?
Tā shì bu shì yīshēng?

대답 他不是医生，是公司职员。 그는 의사가 아니라 회사원이에요.
Tā bú shì yīshēng, shì gōngsī zhíyuán.

② 질문 辣白菜是中国菜吗? 배추김치가 중국 음식인가요?
Là báicài shì Zhōngguó cài ma?

대답 辣白菜不是中国菜，是韩国菜。 배추김치는 중국 음식이 아니라 한국 음식이에요.
Là báicài bú shì Zhōngguó cài, shì Hánguó cài.

③ 질문 这是不是你的手机? 이것은 당신의 휴대전화인가요?
Zhè shì bu shì nǐ de shǒujī?

대답 这不是我的手机。 이것은 나의 휴대전화가 아니에요.
Zhè bú shì wǒ de shǒujī.

④ 질문 这是你喜欢的吗? 이것은 당신이 좋아하는 것인가요?
Zhè shì nǐ xǐhuan de ma?

대답 这是我最喜欢的。 이것은 내가 가장 좋아하는 것이에요.
Zhè shì wǒ zuì xǐhuan de.

⑤ 질문 你喜欢小狗吗? 당신은 강아지를 좋아하나요?
Nǐ xǐhuan xiǎogǒu ma?

대답 我喜欢小狗，小狗是可爱的动物。
Wǒ xǐhuan xiǎogǒu, xiǎogǒu shì kě'ài de dòngwù.
나는 강아지를 좋아해요. 강아지는 귀여운 동물이에요.

⑥ 질문 那是你的衣服吗? 그것은 당신의 옷인가요?
Nà shì nǐ de yīfu ma?

대답 不是，那是我姐姐的衣服。 아니에요, 그것은 누나의 옷이에요.
Bú shì, nà shì wǒ jiějie de yīfu.

⑦ 질문 你喜欢吃米饭还是面包? 당신은 밥 먹는 것을 좋아해요, 아니면 빵 먹는 것을 좋아해요?
Nǐ xǐhuan chī mǐfàn háishi miànbāo?

대답 我喜欢吃米饭。 나는 밥 먹는 것을 좋아해요.
Wǒ xǐhuan chī mǐfàn.

07

我有一个姐姐。
Wǒ yǒu yí ge jiějie.

나는 언니가 한 명 있어요.

| 수사
| 양사
| 有자문
| 의문대명사 几와 多少

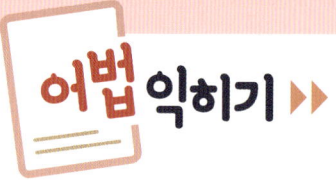

다음 대화를 듣고 관련 어법을 배워 봅시다.

🎧 1-53

A 你有几个姐姐? 당신은 언니가 몇 명 있어요?
　Nǐ yǒu jǐ ge jiějie?

B 我有一个姐姐。 나는 언니가 한 명 있어요.
　Wǒ yǒu yí ge jiějie.

● 수사

수사란 숫자, 수량을 나타내는 품사를 말한다.

숫자					
零 líng 0	一 yī 1	二 èr 2	三 sān 3	四 sì 4	五 wǔ 5
六 liù 6	七 qī 7	八 bā 8	九 jiǔ 9	十 shí 10	十一 shíyī 11
十二 shí'èr 12	十三 shísān 13	十四 shísì 14	十五 shíwǔ 15	二十 èrshí 20	三十 sānshí 30
四十 sìshí 40	五十 wǔshí 50	一百 yìbǎi 100	一千 yìqiān 1000	一万 yíwàn 10000	一亿 yíyì 1억

숫자 '2'가 양사 앞에 쓰여 수량을 나타낼 때는 '二'이 아닌 '两 liǎng'을 쓴다.

两个人　두 사람
liǎng ge rén

两杯水　물 두 잔
liǎng bēi shuǐ

▶ 个 gè 양 명, 개[사람이나 사물을 세는 단위] | 杯 bēi 양 잔

|보충| '二'은 기수, 서수, 분수, 소수에 사용하고, '两'은 수량을 나타낼 때 쓰는 것으로 양사, 도량형, 화폐 단위 등 앞에서 사용한다.

● **양사**

양사란 사람이나 사물의 수량, 동작의 횟수를 세는 단위로, 수사와 명사 사이에 놓는다.

수사 + 양사 + 명사

三　　　双　　　运动鞋　운동화 세 켤레
sān　　shuāng　yùndòngxié

两　　　只　　　小狗　강아지 두 마리
liǎng　　zhī　　xiǎogǒu

▶ 双 shuāng 양 쌍, 켤레 | 运动鞋 yùndòngxié 명 운동화 | 只 zhī 양 마리[동물을 세는 단위]

● **有자문**

'有'자문이란 '有 yǒu'가 술어로 쓰인 문장을 말하며, 주로 소유나 존재를 나타낸다. '~이 있다, ~을 가지고 있다'의 뜻으로 해석한다.

1 긍정형

주어 + 有 + 목적어 [사람/사물]

我　　　有　　　一个姐姐。　나는 언니가 한 명 있어요.
Wǒ　　yǒu　　yí ge jiějie.

我　　　有　　　三本汉语书。　나는 중국어 책이 세 권 있어요.
Wǒ　　yǒu　　sān běn Hànyǔ shū.

▶ 本 běn 양 권[책을 세는 단위] | 汉语书 Hànyǔ shū 중국어 책

2 부정형

'没 méi'를 사용하여 '没有 méiyǒu'로 부정형을 나타내며, 부정문에서는 목적어 앞에 수량사[수사+양사]가 올 수 없다.

주어 + 没有 + 목적어 [사람/사물]

我　　　没有　　手机。　나는 휴대전화가 없어요.
Wǒ　　méiyǒu　shǒujī.

他　　　没有　　女朋友。　그는 여자 친구가 없어요.
Tā　　méiyǒu　nǚpéngyou.

▶ 女朋友 nǚpéngyou 명 여자 친구

> **주의!**
>
> **'不'와 '没'의 차이**
>
> - 不: ① 동사 앞에서 판단, 바람, 사실 등을 부정한다. 주로 현재나 미래를 부정하고, 일부 과거 부정에 쓰인다.
>
>   我不去。 나는 가지 않겠다.
>   Wǒ bú qù.
>
>   ② 형용사 앞에서 성질 및 상태를 부정한다.
>
>   我不忙。 나는 바쁘지 않다.
>   Wǒ bù máng.
>
> - 没: ① 동사 및 형용사 앞에서 동작 및 상황이 일어나지 않았음을 나타낸다. 과거나 현재를 부정하고, 미래 부정에는 쓰이지 않는다.
>
>   他没来我家。 그는 우리 집에 오지 않았다.
>   Tā méi lái wǒ jiā.
>
>   ② '有' 앞에서 부정부사로 쓰여 '~이 없다'라는 뜻을 나타낸다.
>
>   我家没有小狗。 우리 집에는 강아지가 없다.
>   Wǒ jiā méiyǒu xiǎogǒu.

3 의문형

1) 일반의문문

문장 끝에 의문 어기조사 '吗'를 붙여 만들고, 대답은 '有' 혹은 '没有'로 한다.

| 주어 + 有 + 목적어[사람/사물] + 吗? |

你　　有　　孩子　　吗? 당신은 아이가 있나요?
Nǐ　　yǒu　　háizi　　ma?

你　　有　　手表　　吗? 당신은 손목시계가 있나요?
Nǐ　　yǒu　　shǒubiǎo　　ma?

▶ 手表 shǒubiǎo 명 손목시계

2) 정반의문문

긍정형 '有'와 부정형 '没有'를 병렬하여 만든다.

| 주어 + 有没有 + 목적어[사람/사물]? |

你　　有没有　　中国朋友? 당신은 중국 친구가 있나요?
Nǐ　　yǒu méiyǒu　　Zhōngguó péngyou?

他	有没有	弟弟?	그는 남동생이 있나요?
Tā	yǒu méiyǒu	dìdi?	

▶ 弟弟 dìdi 명 남동생

● 의문대명사 几와 多少

'几'와 '多少'는 수량을 물을 때 사용하는 의문대명사이다. 일반적으로 '几'는 10 이하의 수를 물을 때 사용하고, '多少'는 10 이상의 수와 예측이 어려운 수를 물을 때 사용한다.

A 你有几个兄弟姐妹? 당신은 몇 명의 형제자매가 있나요?
　Nǐ yǒu jǐ ge xiōngdì jiěmèi?

B 我有一个妹妹。 나는 여동생이 한 명 있어요.
　Wǒ yǒu yí ge mèimei.

A 那本书有多少页? 그 책은 몇 페이지가 있나요?
　Nà běn shū yǒu duōshao yè?

B 那本书有180页。 그 책은 180페이지가 있어요.
　Nà běn shū yǒu yìbǎi bāshí yè.

▶ 兄弟姐妹 xiōngdì jiěmèi 명 형제자매 | 妹妹 mèimei 명 여동생 | 页 yè 양 쪽, 페이지

전화번호, 방 번호 등을 물을 때도 '多少'를 사용한다. 이때 숫자는 하나씩 따로 읽으며, 숫자 '一'는 'yāo'로 읽는다.

A 这家商店的电话号码是多少? 이 상점의 전화번호는 몇 번인가요?
　Zhè jiā shāngdiàn de diànhuà hàomǎ shì duōshao?

B 这家商店的电话号码是3681-7245。 이 상점의 전화번호는 3681-7245예요.
　Zhè jiā shāngdiàn de diànhuà hàomǎ shì sān liù bā yāo qī èr sì wǔ.

A 他的房间号是多少? 그의 방 번호는 몇 호인가요?
　Tā de fángjiān hào shì duōshao?

B 他的房间号是1302号。 그의 방 번호는 1302호예요.
　Tā de fángjiān hào shì yāo sān líng èr hào.

▶ 家 jiā 양 [상점 등을 세는 단위] | 电话号码 diànhuà hàomǎ 명 전화번호 | 房间 fángjiān 명 방 | 号 hào 명 번호

가족 관계 🎧 1-54

爷爷 yéye	몡 친할아버지	奶奶 nǎinai	몡 친할머니
姥爷 lǎoye	몡 외할아버지	姥姥 lǎolao	몡 외할머니
爸爸 bàba	몡 아빠, 아버지	妈妈 māma	몡 엄마, 어머니
哥哥 gēge	몡 오빠, 형	姐姐 jiějie	몡 언니, 누나
弟弟 dìdi	몡 남동생	妹妹 mèimei	몡 여동생
妻子 qīzi	몡 아내	丈夫 zhàngfu	몡 남편
女儿 nǚ'ér	몡 딸	儿子 érzi	몡 아들

양사 🎧 1-55

양사	대표 명사	용법
个 gè	人 rén 사람 ǀ 杯子 bēizi 잔, 컵	명, 개[사람이나 사물을 세는 단위]
口 kǒu	人 rén 사람	식구[식구를 세는 단위]
本 běn	书 shū 책 ǀ 杂志 zázhì 잡지	권[책을 세는 단위]
件 jiàn	衣服 yīfu 옷 ǀ 事 shì 일 ǀ 礼物 lǐwù 선물	벌, 건, 개[옷이나 일, 선물을 세는 단위]
杯 bēi	咖啡 kāfēi 커피 ǀ 茶 chá 차	잔[잔을 세는 단위]
双 shuāng	鞋 xié 신발 ǀ 袜子 wàzi 양말 ǀ 筷子 kuàizi 젓가락	쌍, 켤레[쌍으로 이루어진 물건을 세는 단위]
台 tái	电脑 diànnǎo 컴퓨터 ǀ 电视 diànshì 텔레비전	대[전자제품을 세는 단위]
部 bù	手机 shǒujī 휴대전화 ǀ 电影 diànyǐng 영화	대, 편[기계, 소설, 영화 등을 세는 단위]
张 zhāng	桌子 zhuōzi 책상 ǀ 照片 zhàopiàn 사진 ǀ 票 piào 표	[넓고 평평한 것을 세는 단위]
把 bǎ	雨伞 yǔsǎn 우산 ǀ 椅子 yǐzi 의자	[손잡이가 있는 물건을 세는 단위]
只 zhī	狗 gǒu 개 ǀ 猫 māo 고양이 ǀ 鸟 niǎo 새	마리[동물을 세는 단위]
条 tiáo	裙子 qúnzi 치마 ǀ 裤子 kùzi 바지 ǀ 连衣裙 liányīqún 원피스	[가늘고 긴 것을 세는 단위]
顶 dǐng	帽子 màozi 모자	[꼭대기가 있는 것을 세는 단위]
块 kuài	面包 miànbāo 빵 ǀ 肉 ròu 고기 ǀ 手表 shǒubiǎo 손목시계	[덩어리를 세는 단위]
家 jiā	饭馆儿 fànguǎnr 식당 ǀ 商店 shāngdiàn 상점 ǀ 公司 gōngsī 회사	[주로 영리를 추구하는 기관을 세는 단위]

TSC속 표현 다루기

배운 어법을 생각하면서 녹음을 듣고 따라해 보세요. 🎧 1-56

①
A 你家有几口人? 당신 집에는 몇 식구가 있나요?
　Nǐ jiā yǒu jǐ kǒu rén?

B 我家有两口人，妻子和我，还没有孩子。
　Wǒ jiā yǒu liǎng kǒu rén, qīzi hé wǒ, hái méiyǒu háizi.
　우리 집에는 두 식구가 있어요. 부인과 저요. 아이는 아직 없어요.

| 보충 | '和 hé'는 '~와/과'라는 뜻의 접속사로, 단어나 구를 연결하여 병렬 관계를 나타낸다.

②
A 我有两张电影票，我们一起去看，怎么样?
　Wǒ yǒu liǎng zhāng diànyǐng piào, wǒmen yìqǐ qù kàn, zěnmeyàng?
　나에게 영화 표 두 장이 있는데, 우리 같이 보러 가는 거 어때요?

B 对不起，我最近很忙，我们下次一起去看吧。
　Duìbuqǐ, wǒ zuìjìn hěn máng, wǒmen xià cì yìqǐ qù kàn ba.
　미안해요. 내가 요즘에 바빠서요. 우리 다음에 같이 보러 가요.

▶ 一起 yìqǐ 🈯 함께, 같이 | 下次 xià cì 다음 번

| 보충 | '吧 ba'는 문장의 맨 끝에 쓰여 제의, 추측, 명령 등의 어기를 나타낸다. [자세한 내용은 08과 p.89 참조]

③
A 孩子今年几岁? 아이가 올해 몇 살인가요?
　Háizi jīnnián jǐ suì?

B 孩子今年五岁。 아이는 올해 5살이에요.
　Háizi jīnnián wǔ suì.

▶ 今年 jīnnián 🈯 올해 | 岁 suì 🈯 살, 세[나이를 세는 단위]

④
A 你的房间号是多少? 당신의 방 번호는 몇 호인가요?
　Nǐ de fángjiān hào shì duōshao?

B 我的房间号是301。 제 방 번호는 301호예요.
　Wǒ de fángjiān hào shì sān líng yāo.

TSC 맛보기

주어진 한국어 대답을 중국어로 바꾸어 써 보세요.

① 질문 **你有电脑吗?** 당신은 컴퓨터가 있나요?
Nǐ yǒu diànnǎo ma?

대답 나는 노트북 컴퓨터가 한 대 있어요.

→

▶ 笔记本电脑 bǐjìběn diànnǎo 명 노트북 컴퓨터

② 질문 **你有女儿吗?** 당신은 딸이 있나요?
Nǐ yǒu nǚ'ér ma?

대답 나는 딸이 없어요. 아들 하나만 있어요.

→

▶ 只 zhǐ 부 단지, 오직

③ 질문 **你有没有汉语书?** 당신은 중국어 책이 있나요?
Nǐ yǒu méiyǒu Hànyǔ shū?

대답 나는 중국어 책이 많이 있어요.

→

④ 질문 **今天你有时间吗?** 당신은 오늘 시간이 있나요?
Jīntiān nǐ yǒu shíjiān ma?

대답 죄송해요, 나는 오늘 약속이 있어서 시간이 없어요.

▶ **时间** shíjiān 명 시간 | **约会** yuēhuì 명 약속 동 만날 약속을 하다

5 질문 **你的孩子有智能手机吗?** 당신의 아이는 스마트폰이 있나요?
Nǐ de háizi yǒu zhìnéng shǒujī ma?

대답 우리 아이는 스마트폰이 한 대 있어요.

→

▶ **智能手机** zhìnéng shǒujī 명 스마트폰

6 질문 **你的手机号码是多少?** 당신의 휴대전화 번호는 몇 번인가요?
Nǐ de shǒujī hàomǎ shì duōshao?

대답 나의 휴대전화 번호는 010-2143-5678이에요.

→

7 질문 **晚上一起去百货商店买衣服，怎么样?**
Wǎnshang yìqǐ qù bǎihuò shāngdiàn mǎi yīfu, zěnmeyàng?
저녁에 함께 옷 사러 백화점에 가는 거 어때요?

대답 저녁에 영어 수업이 있어요. 다음에 함께 가요.

→

▶ **课** kè 명 수업, 강의

TSC 맛보기 **모범 답안**

녹음을 듣고 따라 읽어 보세요. 🎧 1-57

① 질문 你有电脑吗? 당신은 컴퓨터가 있나요?
Nǐ yǒu diànnǎo ma?

대답 我有一台笔记本电脑。 나는 노트북 컴퓨터가 한 대 있어요.
Wǒ yǒu yì tái bǐjìběn diànnǎo.

② 질문 你有女儿吗? 당신은 딸이 있나요?
Nǐ yǒu nǚ'ér ma?

대답 我没有女儿，只有一个儿子。 나는 딸이 없어요. 아들 하나만 있어요.
Wǒ méiyǒu nǚ'ér, zhǐ yǒu yí ge érzi.

③ 질문 你有没有汉语书? 당신은 중국어 책이 있나요?
Nǐ yǒu méiyǒu Hànyǔ shū?

대답 我有很多汉语书。 나는 중국어 책이 많이 있어요.
Wǒ yǒu hěn duō Hànyǔ shū.

④ 질문 今天你有时间吗? 당신은 오늘 시간이 있나요?
Jīntiān nǐ yǒu shíjiān ma?

대답 不好意思，今天我有(一)个约会，没有时间。
Bù hǎo yìsi, jīntiān wǒ yǒu (yí) ge yuēhuì, méiyǒu shíjiān.
죄송해요, 나는 오늘 약속이 있어서 시간이 없어요.

⑤ 질문 你的孩子有智能手机吗? 당신의 아이는 스마트폰이 있나요?
Nǐ de háizi yǒu zhìnéng shǒujī ma?

대답 我的孩子有一部智能手机。 우리 아이는 스마트폰이 한 대 있어요.
Wǒ de háizi yǒu yí bù zhìnéng shǒujī.

⑥ 질문 你的手机号码是多少? 당신의 휴대전화 번호는 몇 번인가요?
Nǐ de shǒujī hàomǎ shì duōshao?

대답 我的手机号码是010-2143-5678。 나의 휴대전화 번호는 010-2143-5678이에요.
Wǒ de shǒujī hàomǎ shì líng yāo líng èr yāo sì sān wǔ liù qī bā.

⑦ 질문 晚上一起去百货商店买衣服，怎么样?
Wǎnshang yìqǐ qù bǎihuò shāngdiàn mǎi yīfu, zěnmeyàng?
저녁에 함께 옷 사러 백화점에 가는 거 어때요?

대답 晚上有英语课，下次一起去吧。 저녁에 영어 수업이 있어요. 다음에 함께 가요.
Wǎnshang yǒu Yīngyǔ kè, xià cì yìqǐ qù ba.

08

我在学校学习汉语。
Wǒ zài xuéxiào xuéxí Hànyǔ.

나는 학교에서 중국어를 공부해요.

의문대명사 哪儿
개사 在
지시대명사

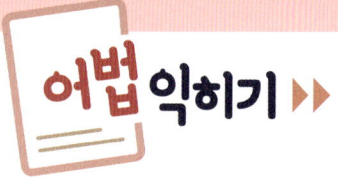

다음 대화를 듣고 관련 어법을 배워 봅시다.

🎧 1-58

A 你在哪儿学习汉语? 당신은 어디에서 중국어를 공부하나요?
Nǐ zài nǎr xuéxí Hànyǔ?

B 我在学校学习汉语。 나는 학교에서 중국어를 공부해요.
Wǒ zài xuéxiào xuéxí Hànyǔ.

● **의문대명사 哪儿**

'哪儿 nǎr'은 '어디'라는 뜻의 의문대명사로, 장소를 물을 때 사용한다.

A 你去**哪儿**? 당신은 어디에 가나요?
Nǐ qù nǎr?

B 我去商店。 나는 상점에 가요.
Wǒ qù shāngdiàn.

A 他在**哪儿**工作? [＝他在**什么地方**工作?] 그는 어디에서 일하나요?
Tā zài nǎr gōngzuò?   [Tā zài shénme dìfang gōngzuò?]

B 他在银行工作。 그는 은행에서 일해요.
Tā zài yínháng gōngzuò.

▶ 银行 yínháng 명 은행

|보충| '哪儿' 대신 '什么地方 shénme dìfang'으로도 장소를 물을 수 있다.

● **개사 在**

개사 '在'는 '~에(서)'의 뜻으로, 동사술어문에서 술어 앞에 '在+장소 명사'를 놓아 '~에서 ~을 하다'라는 뜻을 나타낼 수 있다.

| 주어 | + | 在장소 | + | 술어 [동사] |

我   在学校   学习。 나는 학교에서 공부해요.
Wǒ   zài xuéxiào   xuéxí.

他   在游泳池   游泳。 그는 수영장에서 수영해요.
Tā   zài yóuyǒngchí   yóuyǒng.

游泳池 yóuyǒngchí 명 수영장, 풀장 | 游泳 yóuyǒng 동 수영하다 명 수영

아래와 같이 술어 뒤에 목적어를 넣어 더 구체적으로 표현할 수 있다.

| 주어 | + | 在장소 | + | 술어[동사] | + | 목적어 |

我 在学校 学习 汉语。 나는 학교에서 중국어를 공부해요.
Wǒ zài xuéxiào xuéxí Hànyǔ.

我 在电影院 看 电影。 나는 영화관에서 영화를 봐요.
Wǒ zài diànyǐngyuàn kàn diànyǐng.

'在'는 동사로도 쓰여 사람, 사물의 위치를 나타낼 수 있으며, '~에 있다'라는 뜻이다.

A 你在哪儿? 당신은 어디에 있나요?
   Nǐ zài nǎr?

B 我在学校。 나는 학교에 있어요.
   Wǒ zài xuéxiào.

● 지시대명사

지시대명사란 사람, 사물, 장소 등을 가리켜 칭하는 말로, 앞에 언급했던 것을 대신하는 역할을 한다.

사람/사물	这个 zhège 이것 | 这些 zhèxiē 이것들	那个 nàge 저것, 그것 | 那些 nàxiē 저것들, 그것들
장소	这里 zhèli 这儿 zhèr 이곳	那里 nàli 那儿 nàr 저곳, 그곳

这个很贵，那个比较便宜。 이것은 비싸고, 저것은 비교적 싸요.
Zhège hěn guì, nàge bǐjiào piányi.

那些人在运动场踢足球。 그 사람들은 운동장에서 축구를 해요.
Nàxiē rén zài yùndòngchǎng tī zúqiú.

那里的风景很美，我们在那儿画吧。
Nàli de fēngjǐng hěn měi, wǒmen zài nàr huà ba.
저곳 경치가 매우 아름다워요. 우리 저기서 그림을 그려요.

▶ 风景 fēngjǐng 명 풍경, 경치 | 画 huà 동 (그림을) 그리다

TIP | 어기조사 '吧'

어기조사 '吧 ba'는 문장 맨 끝에 쓰여 제의, 추측, 명령 등의 어기를 나타낸다.

我们一起去吧。 우리 함께 가자. [제의]
Wǒmen yìqǐ qù ba.

你去吧。 너 가라. [명령]
Nǐ qù ba.

这是你的吧? 이거 당신 것이죠? [추측]
Zhè shì nǐ de ba?

여러 가지 장소 🎧 1-59

업무·학습	公司 gōngsī 몡 회사	办公室 bàngōngshì 몡 사무실
	学校 xuéxiào 몡 학교	教室 jiàoshì 몡 교실
	补习班 bǔxíbān 몡 학원	幼儿园 yòu'éryuán 몡 유치원, 유아원
	小学 xiǎoxué 몡 초등학교	大学 dàxué 몡 대학
음식·쇼핑	饭馆儿 fànguǎnr 몡 식당	食堂 shítáng 몡 구내식당
	快餐店 kuàicāndiàn 몡 패스트푸드점	面包店 miànbāodiàn 몡 빵집, 제과점
	咖啡厅 kāfēitīng 몡 커피숍	百货商店 bǎihuò shāngdiàn 몡 백화점
	超市 chāoshì 몡 슈퍼마켓	便利店 biànlìdiàn 몡 편의점
나들이·유흥	动物园 dòngwùyuán 몡 동물원	游乐场 yóulèchǎng 몡 놀이터, 놀이동산, 유원지
	游泳馆 yóuyǒngguǎn 몡 수영장	游泳池 yóuyǒngchí 몡 수영장, 풀장
	海边 hǎibian 몡 해변	网吧 wǎngbā 몡 PC방
	歌厅 gētīng 몡 노래방	酒店 jiǔdiàn 몡 호텔
공공장소·공공기관	书店 shūdiàn 몡 서점	电影院 diànyǐngyuàn 몡 영화관
	邮局 yóujú 몡 우체국	图书馆 túshūguǎn 몡 도서관
	博物馆 bówùguǎn 몡 박물관	警察局 jǐngchájú 몡 경찰서
	机场 jīchǎng 몡 공항	服务台 fúwùtái 몡 (백화점 등의) 안내데스크
	银行 yínháng 몡 은행	公园 gōngyuán 몡 공원
집	洗手间 xǐshǒujiān 몡 화장실	客厅 kètīng 몡 거실, 응접실
	厨房 chúfáng 몡 주방	阳台 yángtái 몡 베란다
	书房 shūfáng 몡 서재	院子 yuànzi 몡 정원

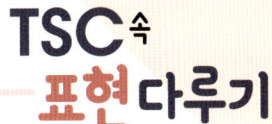

배운 어법을 생각하면서 녹음을 듣고 따라해 보세요. 🎧 1-60

① A 你在什么地方工作? 당신은 어디에서 일합니까?
　　　 Nǐ zài shénme dìfang gōngzuò?

　　 B 我在新华(公司)工作。 나는 신화 (회사)에서 일해요.
　　　 Wǒ zài Xīnhuá (gōngsī) gōngzuò.

　▶ 新华 Xīnhuá 고유 신화[회사명]

② A 他在哪儿? 그는 어디에 있나요?
　　　 Tā zài nǎr?

　　 B 他在办公室。 그는 사무실에 있어요.
　　　 Tā zài bàngōngshì.

③ A 你在哪个学校上学? 당신은 어느 학교에 다니나요?
　　　 Nǐ zài nǎge xuéxiào shàngxué?

　　 B 我在北京大学上学。 나는 북경대학에 다녀요.
　　　 Wǒ zài Běijīng Dàxué shàngxué.

　▶ 上学 shàngxué 동 등교하다, 입학하다 ｜ 北京大学 Běijīng Dàxué 고유 북경대학[베이징 소재 국립 종합대학]

④ A 那些人在公园做什么? 저 사람들은 공원에서 무엇을 하나요?
　　　 Nàxiē rén zài gōngyuán zuò shénme?

　　 B 那些人在公园画画儿。 저 사람들은 공원에서 그림을 그려요.
　　　 Nàxiē rén zài gōngyuán huà huàr.

　▶ 画儿 huàr 명 그림

08 我在学校学习汉语。

TSC 맛보기

주어진 한국어 대답을 중국어로 바꾸어 써 보세요.

① 질문 男的在哪儿看书? 남자는 어디에서 책을 보나요?
Nánde zài nǎr kàn shū?

대답 남자는 도서관에서 책을 봐요.

→

▶ 男的 nánde 남자

② 질문 她们在哪儿聊天儿? 그녀들은 어디에서 이야기하나요?
Tāmen zài nǎr liáotiānr?

대답 그녀들은 카페에서 이야기해요.

→

▶ 聊天儿 liáotiānr 동 이야기하다, 한담하다 | 里 li 명 안, 속

③ 질문 他们在哪儿见面? 그들은 어디에서 만나나요?
Tāmen zài nǎr jiànmiàn?

대답 그들은 회사 입구에서 만나요.

→

▶ 见面 jiànmiàn 동 만나다 | 门口 ménkǒu 명 입구, 현관

④ 질문 孩子在哪儿学习? 아이는 어디에서 공부하나요?
Háizi zài nǎr xuéxí?

대답 아이는 학원에서 공부해요.

5 질문 **儿子在楼下踢足球吗?** 아들은 건물 아래에서 축구를 하나요?
Érzi zài lóu xià tī zúqiú ma?

대답 아니요, 아들은 운동장에서 축구를 해요.

→

▶ 楼下 lóu xià 건물 아래, 아래층 | 操场 cāochǎng 명 운동장

6 질문 **你常常散步吗?** 당신은 자주 산책을 하나요?
Nǐ chángcháng sànbù ma?

대답 네, 나는 자주 공원에서 산책을 해요.

→

▶ 常常 chángcháng 부 자주, 종종 | 散步 sànbù 동 산책하다

|보충| 문장 중 부사와 개사구가 함께 나올 경우, 부사는 주어 뒤, 개사구 앞에 위치한다. 즉, '주어+부사+개사구+술어+목적어' 순으로 나타낸다.

7 질문 **同事们经常在公司的食堂吃午饭吗?**
Tóngshìmen jīngcháng zài gōngsī de shítáng chī wǔfàn ma?
직장 동료들은 회사 식당에서 자주 점심을 먹나요?

대답 네, 직장 동료들은 회사 식당에서 자주 점심을 먹어요.

→

▶ 同事 tóngshì 명 동료 | 经常 jīngcháng 부 자주, 종종 | 午饭 wǔfàn 명 점심

TSC 맛보기 모범 답안

녹음을 듣고 따라 읽어 보세요. 🎧 1-61

① **질문** 男的在哪儿看书? 남자는 어디에서 책을 보나요?
Nánde zài nǎr kàn shū?

대답 男的在图书馆看书。 남자는 도서관에서 책을 봐요.
Nánde zài túshūguǎn kàn shū.

② **질문** 她们在哪儿聊天儿? 그녀들은 어디에서 이야기하나요?
Tāmen zài nǎr liáotiānr?

대답 她们在咖啡厅里聊天儿。 그녀들은 카페에서 이야기해요.
Tāmen zài kāfēitīng li liáotiānr.

③ **질문** 他们在哪儿见面? 그들은 어디에서 만나나요?
Tāmen zài nǎr jiànmiàn?

대답 他们在公司门口见面。 그들은 회사 입구에서 만나요.
Tāmen zài gōngsī ménkǒu jiànmiàn.

④ **질문** 孩子在哪儿学习? 아이는 어디에서 공부하나요?
Háizi zài nǎr xuéxí?

대답 孩子在补习班学习。 아이는 학원에서 공부해요.
Háizi zài bǔxíbān xuéxí.

⑤ **질문** 儿子在楼下踢足球吗? 아들은 건물 아래에서 축구를 하나요?
Érzi zài lóu xià tī zúqiú ma?

대답 不，儿子在操场踢足球。 아니요, 아들은 운동장에서 축구를 해요.
Bù, érzi zài cāochǎng tī zúqiú.

⑥ **질문** 你常常散步吗? 당신은 자주 산책을 하나요?
Nǐ chángcháng sànbù ma?

대답 是，我常常在公园散步。 네, 나는 자주 공원에서 산책을 해요.
Shì, wǒ chángcháng zài gōngyuán sànbù.

⑦ **질문** 同事们经常在公司的食堂吃午饭吗?
Tóngshìmen jīngcháng zài gōngsī de shítáng chī wǔfàn ma?
직장 동료들은 회사 식당에서 자주 점심을 먹나요?

대답 是，同事们经常在公司的食堂吃午饭。
Shì, tóngshìmen jīngcháng zài gōngsī de shítáng chī wǔfàn.
네, 직장 동료들은 회사 식당에서 자주 점심을 먹어요.

09

桌子上有一本书。

Zhuōzi shang yǒu yì běn shū.

책상 위에 책이 한 권 있어요.

방위사
존재문

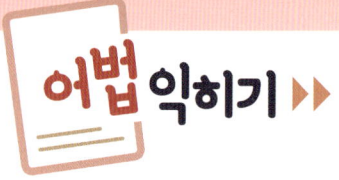

다음 대화를 듣고 관련 어법을 배워 봅시다.

🎧 1-62

A 桌子上有什么? 책상 위에 무엇이 있어요?
　Zhuōzi shang yǒu shénme?

B 桌子上有一本书。 책상 위에 책이 한 권 있어요.
　Zhuōzi shang yǒu yì běn shū.

● 방위사

방위사란 방향이나 위치를 나타내는 단어를 말한다. 이때 '~쪽'을 나타내는 접미사 '边'은 경성으로 발음한다. 단, '旁边'은 예외로 'pángbiān'으로 발음한다.

上边 shàngbian 위쪽	下边 xiàbian 아래쪽	中间 zhōngjiān 중간, 가운데	前边 qiánbian 앞쪽	后边 hòubian 뒤쪽
左边 zuǒbian 왼쪽	右边 yòubian 오른쪽	外边 wàibian 바깥쪽	里(边) lǐ(bian) 안쪽	旁边 pángbiān 옆
对面 duìmiàn 맞은편	东边 dōngbian 동쪽	西边 xībian 서쪽	南边 nánbian 남쪽	北边 běibian 북쪽

● 존재문

존재문이란 어떤 장소에 무엇이 존재하고 있음을 묘사하는 문장을 말한다. 존재문을 나타내는 동사로는 '有, 是, 在'가 있는데, 각각 어순과 용법에 차이가 있다.

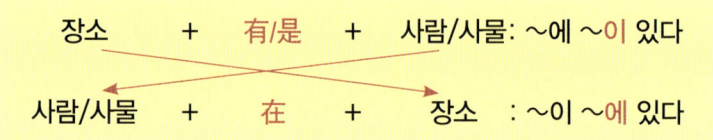

1 有

'有'는 특정한 장소에 어떤 사람이나 사물이 존재함을 나타내며, 일반적으로 보통명사가 장소를 나타낼 때는 뒤에 '上, 里' 등과 같은 방위사를 붙인다.

| 장소 | + | 有 | + | 불특정한 사람/사물 |

桌子**上** 有 一本书。 책상 위에 책이 한 권 있어요.
Zhuōzi shang yǒu yì běn shū.

桌子**上** 有 很多书。 책상 위에 많은 책이 있어요.
Zhuōzi shang yǒu hěn duō shū.

2 是

'是'는 특정한 장소에 어떤 사람이나 사물이 존재함을 나타내며, '有'와는 달리 특정한 사람, 사물도 올 수 있다.

| 장소 | + | 是 | + | (불)특정한 사람/사물 |

公司前边 是 公园。 회사 앞쪽은 공원이에요.
Gōngsī qiánbian shì gōngyuán.

我家对面 是 一家商店。 우리 집 맞은편은 상점이에요.
Wǒ jiā duìmiàn shì yì jiā shāngdiàn.

> **주의!**
> '有'와 '是'의 차이
>
> ● 有: 묻는 사람이 사람 혹은 사물의 존재를 알지 못할 때 쓴다.
>
> A 床上**有**什么? B 床上**有**一顶帽子。
> Chuáng shang yǒu shénme? Chuáng shang yǒu yì dǐng màozi.
> 침대 위에는 무엇이 있나요? 침대 위에 모자 하나가 있어요.
>
> ● 是: 묻는 사람이 사람 혹은 사물의 존재는 알고 있으며, 그것이 무엇인지를 묻는 사람에게 구체적으로 확인시켜줄 때 쓴다.
>
> A 沙发上**是**什么? B 沙发上**是**我的书包。
> Shāfā shang shì shénme? Shāfā shang shì wǒ de shūbāo.
> 소파 위에 있는 것은 무엇인가요? 소파 위에 있는 것은 내 책가방이에요.
>
> ▸ 床 chuáng 명 침대 | 沙发 shāfā 명 소파 | 书包 shūbāo 명 책가방

3 在

'在'는 '有, 是'와 달리 특정한 사람이나 사물이 어떤 장소에 존재함을 나타낸다.

| 특정한 사람/사물 | + | 在 | + | 장소 |

我的本子 在 桌子**上**。 내 공책은 책상 위에 있어요.
Wǒ de běnzi zài zhuōzi shang.

你的照相机 在 沙发**上**。 당신의 사진기는 소파 위에 있어요.
Nǐ de zhàoxiàngjī zài shāfā shang.

▸ 本子 běnzi 명 노트 | 照相机 zhàoxiàngjī 명 사진기

동·식물 🎧 1-63

狗 gǒu 명 개	猫 māo 명 고양이
鸡 jī 명 닭	熊猫 xióngmāo 명 팬더
牛 niú 명 소	马 mǎ 명 말
鸟 niǎo 명 새	鱼 yú 명 물고기
树 shù 명 나무	花 huā 명 꽃

사물 🎧 1-64

书包 shūbāo 명 책가방	书 shū 명 책
本子 běnzi 명 노트	铅笔 qiānbǐ 명 연필
圆珠笔 yuánzhūbǐ 명 볼펜	照相机 zhàoxiàngjī 명 사진기
台灯 táidēng 명 탁상용 스탠드	箱子 xiāngzi 명 상자
床 chuáng 명 침대	桌子 zhuōzi 명 책상
椅子 yǐzi 명 의자	沙发 shāfā 명 소파
空调 kōngtiáo 명 에어컨	冰箱 bīngxiāng 명 냉장고
电视 diànshì 명 텔레비전	笔记本电脑 bǐjìběn diànnǎo 명 노트북 컴퓨터
杯子 bēizi 명 컵	洗衣机 xǐyījī 명 세탁기
电风扇 diànfēngshàn 명 선풍기	锅 guō 명 솥, 냄비
衬衫 chènshān 명 셔츠	T恤 T xù 명 티셔츠
毛衣 máoyī 명 스웨터	帽子 màozi 명 모자
围巾 wéijīn 명 스카프, 목도리, 머플러	领带 lǐngdài 명 넥타이
手提包 shǒutíbāo 명 핸드백	手表 shǒubiǎo 명 손목시계

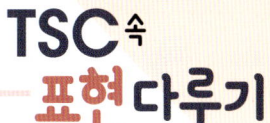

배운 어법을 생각하면서 녹음을 듣고 따라해 보세요. 🎧 1-65

① A 床上有什么? 침대 위에는 무엇이 있나요?
　　　Chuáng shang yǒu shénme?

　　B 床上有一只小狗。 침대 위에는 강아지 한 마리가 있어요.
　　　Chuáng shang yǒu yì zhī xiǎogǒu.

② A 小狗在哪儿? 강아지는 어디에 있나요?
　　　Xiǎogǒu zài nǎr?

　　B 小狗在床上。 강아지는 침대 위에 있어요.
　　　Xiǎogǒu zài chuáng shang.

③ A 百货商店在哪儿? 백화점은 어디에 있나요?
　　　Bǎihuò shāngdiàn zài nǎr?

　　B1 百货商店在银行对面。 백화점은 은행 맞은편에 있어요.
　　　Bǎihuò shāngdiàn zài yínháng duìmiàn.

　　B2 百货商店在电影院和书店中间。 백화점은 영화관과 서점 중간에 있어요.
　　　Bǎihuò shāngdiàn zài diànyǐngyuàn hé shūdiàn zhōngjiān.

④ A 学校附近有公园吗?
　　　Xuéxiào fùjìn yǒu gōngyuán ma?
　　　학교 근처에 공원이 있나요?

　　B 学校附近有一个公园，公园在学校北边。
　　　Xuéxiào fùjìn yǒu yí ge gōngyuán, gōngyuán zài xuéxiào běibian.
　　　학교 근처에 공원이 하나 있어요. 공원은 학교 북쪽에 있어요.

▶ 附近 fùjìn 명 부근, 근처

⑤ A 书店在百货商店西边吗? 서점은 백화점 서쪽에 있나요?
　　　Shūdiàn zài bǎihuò shāngdiàn xībian ma?

　　B 不是，书店在百货商店东边。 아니요, 서점은 백화점 동쪽에 있어요.
　　　Bú shì, shūdiàn zài bǎihuò shāngdiàn dōngbian.

TSC 맛보기

1. 주어진 한국어 대답을 중국어로 바꾸어 써 보세요.

   ① 질문 桌子上有什么? 책상 위에 무엇이 있나요?
              Zhuōzi shang yǒu shénme?

      대답 책상 위에 빵 한 덩이와 커피 한 잔이 있어요.

      →

      |보충| 음료를 세는 양사로, 잔은 '杯 bēi', 병은 '瓶 píng', 팩은 '盒 hé', 캔은 '听 tīng'이 있다. 이 중 '盒'는 초콜릿, 화장품 등의 작은 상자를 세는 양사로도 쓰인다.

   ② 질문 你的手表在哪儿? 너의 손목시계는 어디에 있니?
              Nǐ de shǒubiǎo zài nǎr?

      대답 내 손목시계는 핸드백 안에 있어요.

      →

   ③ 질문 图书馆在哪儿? 도서관은 어디에 있나요?
              Túshūguǎn zài nǎr?

      대답 도서관은 은행 옆에 있어요.

      →

2. 다음은 TSC 제2부분에 자주 출제되는 유형의 문제입니다. 제시된 그림을 보고 문제에 대답해 보세요.

🎧 1-66

❶ 桌子上有什么?
Zhuōzi shang yǒu shénme?
책상 위에 무엇이 있나요?

❷ 书包里有什么?
Shūbāo li yǒu shénme?
책가방 안에 무엇이 있나요?

❸ 银行旁边有什么?
Yínháng pángbiān yǒu shénme?
은행 옆에 무엇이 있나요?

❹ 书店在哪儿?
Shūdiàn zài nǎr?
서점은 어디에 있나요?

❺ 饭馆在电影院北边吗?
Fànguǎn zài diànyǐngyuàn běibian ma?
식당은 영화관 북쪽에 있나요?

TSC 맛보기 모범 답안

녹음을 듣고 따라 읽어 보세요. 🎧 1-67

1. ① 질문 桌子上有什么? 책상 위에 무엇이 있나요?
   Zhuōzi shang yǒu shénme?

   대답 桌子上有一块面包和一杯咖啡。 책상 위에 빵 한 덩이와 커피 한 잔이 있어요.
   Zhuōzi shang yǒu yí kuài miànbāo hé yì bēi kāfēi.

   ② 질문 你的手表在哪儿? 너의 손목시계는 어디에 있니?
   Nǐ de shǒubiǎo zài nǎr?

   대답 我的手表在手提包里。 내 손목시계는 핸드백 안에 있어요.
   Wǒ de shǒubiǎo zài shǒutíbāo li.

   ③ 질문 图书馆在哪儿? 도서관은 어디에 있나요?
   Túshūguǎn zài nǎr?

   대답 图书馆在银行旁边。 도서관은 은행 옆에 있어요.
   Túshūguǎn zài yínháng pángbiān.

2. ① 질문 桌子上有什么? 책상 위에 무엇이 있나요?
   Zhuōzi shang yǒu shénme?

   대답 桌子上有一杯牛奶。 책상 위에 우유 한 잔이 있어요.
   Zhuōzi shang yǒu yì bēi niúnǎi.

   ② 질문 书包里有什么? 책가방 안에 무엇이 있나요?
   Shūbāo li yǒu shénme?

   대답 书包里有一台笔记本电脑。 책가방 안에 노트북 컴퓨터 한 대가 있어요.
   Shūbāo li yǒu yì tái bǐjìběn diànnǎo.

   ③ 질문 银行旁边有什么? 은행 옆에 무엇이 있나요?
   Yínháng pángbiān yǒu shénme?

   대답 银行旁边有一家医院。 은행 옆에 병원이 하나 있어요.
   Yínháng pángbiān yǒu yì jiā yīyuàn.

   ④ 질문 书店在哪儿? 서점은 어디에 있나요?
   Shūdiàn zài nǎr?

   대답 书店在学校对面。 서점은 학교 맞은편에 있어요.
   Shūdiàn zài xuéxiào duìmiàn.

   ⑤ 질문 饭馆在电影院北边吗? 식당은 영화관 북쪽에 있나요?
   Fànguǎn zài diànyǐngyuàn běibian ma?

   대답 不是，饭馆在电影院东边。 아니요, 식당은 영화관 동쪽에 있어요.
   Bú shì, fànguǎn zài diànyǐngyuàn dōngbian.

10

我有一米七五。
Wǒ yǒu yì mǐ qī wǔ.

나는 키가 1m 75cm입니다.

| 多 + 형용사
| 多少를 이용한 수량 표현

다음 대화를 듣고 관련 어법을 배워 봅시다.

🎧 1-68

A 你有多高? 당신은 키가 얼마인가요?
　Nǐ yǒu duō gāo?

B 我有一米七五。 나는 키가 1m 75cm입니다.
　Wǒ yǒu yì mǐ qī wǔ.

● 多 + 형용사

단음절 형용사 앞에 '多 duō'를 붙여 형용사의 정도를 물을 수 있으며, '얼마나 ~한가?'의 뜻을 나타낸다. 이때 '多' 앞에 동사 '有'를 붙일 수도 있다. 대답할 때 수량사 앞에 동사 '有'를 붙여 '~정도'의 뜻을 나타낼 수 있으며 '有'는 생략할 수 있다.

1 키·높이, 무게, 길이, 거리 묻기

1) 키·높이

A 你(有)多高? 당신은 키가 얼마인가요?
　Nǐ (yǒu) duō gāo?

B 我(有)一米七零。 나는 키가 1m 70cm입니다.
　Wǒ (yǒu) yì mǐ qī líng.

▶ 米 mǐ 양 미터(m)

2) 무게

A 你(有)多重? 당신은 몸무게가 얼마인가요?
　Nǐ (yǒu) duō zhòng?

B 我(有)六十四公斤。 나는 64kg입니다.
　Wǒ (yǒu) liùshísì gōngjīn.

▶ 公斤 gōngjīn 양 킬로그램(kg)

3) 길이

A 这支圆珠笔(有)多长? 이 볼펜은 길이가 얼마인가요?
　Zhè zhī yuánzhūbǐ (yǒu) duō cháng?

B 这支圆珠笔(有)十二厘米。 이 볼펜은 12cm입니다.
　Zhè zhī yuánzhūbǐ (yǒu) shí'èr límǐ.

▶ 支 zhī 양 자루[막대 모양의 물건을 세는 단위] | 厘米 límǐ 양 센티미터(cm)

4) 거리

A 学校离这儿(有)多远? 학교는 여기에서 얼마나 먼가요?
Xuéxiào lí zhèr (yǒu) duō yuǎn?

B 学校离这儿(有)100米。 학교는 여기에서 100m 떨어져 있습니다.
Xuéxiào lí zhèr (yǒu) yìbǎi mǐ.

A 从这儿到你们公司(有)多远? 여기서부터 당신 회사까지 얼마나 먼가요?
Cóng zhèr dào nǐmen gōngsī (yǒu) duō yuǎn?

B 从这儿到我们公司(有)20公里。 여기서부터 우리 회사까지는 20km 거리입니다.
Cóng zhèr dào wǒmen gōngsī (yǒu) èrshí gōnglǐ.

▶ 公里 gōnglǐ 양 킬로미터(km)

> **주의!**
>
> '离'와 '从……到……'의 차이
>
> ● A离B: A는 기준점 B로부터 [A와 B 사이의 시간이나 거리 차이를 나타냄]
>
> 我家离公司很远。 우리 집은 회사로부터 멀다.
> Wǒ jiā lí gōngsī hěn yuǎn.
>
> ● 从A到B: A부터 B까지 [A는 출발지나 출발 시점, B는 도착지나 도착 시점을 나타냄]
>
> 从我家到公司5公里。 우리 집에서부터 회사까지는 5km 거리이다.
> Cóng wǒ jiā dào gōngsī wǔ gōnglǐ.

2 나이 묻기

나이를 묻는 표현은 '多大'를 사용한다. 나이가 10세 이하일 때는 '岁'를 생략할 수 없고, 11세 이상의 나이일 때는 '岁'를 생략할 수 있다.

A 你多大? 당신은 몇 살이에요? [중간연령층에게 물을 때]
Nǐ duō dà?

B 我十八(岁)。 나는 18살입니다.
Wǒ shíbā (suì).

| 보충 | 어르신에게 물을 때는 '您多大年纪? Nín duō dà niánjì?', 10세 이하 어린이에게 물을 때는 '你几岁? Nǐ jǐ suì?'라고 한다.

● **多少를 이용한 수량 표현**

'多少'는 10 이상의 수와 예측이 어려운 수를 물어볼 때 사용하는 의문대명사로, 기온, 가격, 전화번호, 방 번호 등을 물을 때 사용한다.

A 今天的最高气温(是)多少度? 오늘의 최고 기온은 몇 도입니까?
Jīntiān de zuì gāo qìwēn (shì) duōshao dù?

B 今天的最高气温(是)零上31度。 오늘의 최고 기온은 영상 31도입니다.
Jīntiān de zuì gāo qìwēn (shì) língshàng sānshíyī dù.

▶ 气温 qìwēn 명 기온 | 零上 língshàng 명 영상 [↔ 零下 língxià] | 度 dù 양 도

| 보충 | 나이, 온도 등은 명사술어문으로 말할 수 있다. [자세한 내용은 11과 p.112 참조]

자주 쓰이는 단위와 형용사 🎧 1-69

厘米 límǐ 公分 gōngfēn 양 센티미터(cm)	米 mǐ 양 미터(m)
公里 gōnglǐ 양 킬로미터(km)	克 kè 양 그램(g)
公斤 gōngjīn 양 킬로그램(kg)	斤 jīn 양 근 [1斤=500克]
度 dù 양 도	岁 suì 양 살, 세
高 gāo 형 (키 등이) 크다, (높이, 정도 등이) 높다	矮 ǎi 형 (키 등이) 작다 ǀ 低 dī 형 (높이, 정도 등이) 낮다
近 jìn 형 가깝다	远 yuǎn 형 멀다
长 cháng 형 (길이가) 길다	短 duǎn 형 (길이가) 짧다
快 kuài 형 빠르다	慢 màn 형 느리다
冷 lěng 형 춥다	热 rè 형 덥다
厚 hòu 형 두껍다	薄 báo 형 얇다
深 shēn 형 깊다	浅 qiǎn 형 얕다
重 zhòng 형 무겁다	轻 qīng 형 가볍다

어림수 🎧 1-70

종류	뜻	예
来 lái	조 정도, 가량	二十来岁 èrshí lái suì 20세 가량
左右 zuǒyòu	명 쯤, 가량	四千左右 sìqiān zuǒyòu 4천쯤
前后 qiánhòu	명 전후로 [주로 시간에 쓰임]	春节前后 Chūnjié qiánhòu 춘절(음력설) 전후로
多 duō	수 여, 남짓	끝자리가 0인 경우: 수사+多+양사 十多个 shí duō ge 십여 개, 십여 명 끝자리가 1~9인 경우: 수사+양사+多 三年多 sān nián duō 삼 년 남짓
几 jǐ	수 몇	几个人 jǐ ge rén 몇 사람
大概 dàgài	부 대략	大概五六百 dàgài wǔ liù bǎi 대략 오륙백쯤

| 보충 | 이 외에도 인접한 숫자를 연이어 써서 어림수를 나타낼 수 있다. 예를 들면 '两三个(liǎng sān ge 두세 개), 一两天(yì liǎng tiān 하루 이틀)'과 같다.

배운 어법을 생각하면서 녹음을 듣고 따라해 보세요. 🎧 1-71

① A 你妹妹今年多大? 당신의 여동생은 올해 몇 살인가요?
　　　 Nǐ mèimei jīnnián duō dà?

　　 B 我妹妹今年二十八(岁)。 나의 여동생은 올해 28살입니다.
　　　 Wǒ mèimei jīnnián èrshíbā (suì).

② A 你的上司多大年纪? 당신의 상사는 연세가 어떻게 되시나요?
　　　 Nǐ de shàngsi duō dà niánjì?

　　 B 我的上司50多岁。 나의 상사는 50여 세입니다.
　　　 Wǒ de shàngsi wǔshí duō suì.

　　▶ 上司 shàngsi 명 상사

③ A 行李有多重? 짐은 무게가 얼마나 나가나요?
　　　 Xíngli yǒu duō zhòng?

　　 B 行李有三十一公斤。 짐은 무게가 31kg입니다.
　　　 Xíngli yǒu sānshíyī gōngjīn.

　　▶ 行李 xíngli 명 짐, 여행 짐

④ A 这座山有多高? 이 산은 높이가 얼마인가요?
　　　 Zhè zuò shān yǒu duō gāo?

　　 B 这座山有两千七百四十四米。 이 산은 2,744m입니다.
　　　 Zhè zuò shān yǒu liǎngqiān qībǎi sìshísì mǐ.

　　▶ 座 zuò 양 좌, 동, 채[부피가 크거나 고정된 물체를 세는 단위] | 山 shān 명 산

TSC 맛보기

1. 주어진 한국어 대답을 중국어로 바꾸어 써 보세요.

   ① 질문　**这座楼有多高?** 이 건물은 높이가 어떻게 되나요?
   　　　　Zhè zuò lóu yǒu duō gāo?

   　 대답　이 건물은 높이가 183m입니다.

   　　　→

   　▶ 楼 lóu 명 건물

   ② 질문　**行李有多重?** 짐은 무게가 얼마나 나가나요?
   　　　　Xíngli yǒu duō zhòng?

   　 대답　짐은 무게가 23kg입니다.

   　　　→

   ③ 질문　**你们公司离这儿多远?** 당신의 회사는 여기서 얼마나 먼가요?
   　　　　Nǐmen gōngsī lí zhèr duō yuǎn?

   　 대답　우리 회사는 여기에서 2km 떨어져 있습니다.

   　　　→

2. 다음은 TSC 제2부분에 자주 출제되는 유형의 문제입니다. 제시된 그림을 보고 문제에 대답해 보세요.

🎧 1-72

❶ 这个女的有多高?
Zhège nǚde yǒu duō gāo?
이 여자는 키가 얼마인가요?

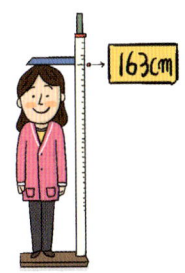

▶ 女的 nǚde 여자

❷ 他有多重?
Tā yǒu duō zhòng?
그는 몸무게가 얼마인가요?

❸ 左边的铅笔有多长?
Zuǒbian de qiānbǐ yǒu duō cháng?
왼쪽의 연필은 길이가 얼마인가요?

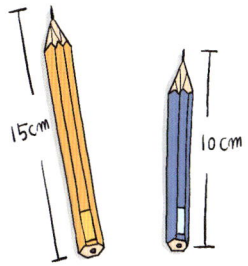

❹ 这家医院的电话号码是多少?
Zhè jiā yīyuàn de diànhuà hàomǎ shì duōshao?
이 병원의 전화번호는 몇 번인가요?

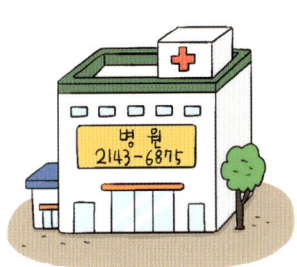

❺ 今天气温多少度?
Jīntiān qìwēn duōshao dù?
오늘 기온은 몇 도인가요?

TSC 맛보기 모범 답안

녹음을 듣고 따라 읽어 보세요. 🎧 1-73

1. ① 질문 这座楼有多高? 이 건물은 높이가 어떻게 되나요?
   Zhè zuò lóu yǒu duō gāo?

   대답 这座楼(有)一百八十三米。 이 건물은 높이가 183m입니다.
   Zhè zuò lóu (yǒu) yìbǎi bāshísān mǐ.

   ② 질문 行李有多重? 짐은 무게가 얼마나 나가나요?
   Xíngli yǒu duō zhòng?

   대답 行李(有)二十三公斤。 짐은 무게가 23kg입니다.
   Xíngli (yǒu) èrshísān gōngjīn.

   ③ 질문 你们公司离这儿多远? 당신의 회사는 여기서 얼마나 먼가요?
   Nǐmen gōngsī lí zhèr duō yuǎn?

   대답 我们公司离这儿两公里。 우리 회사는 여기에서 2km 떨어져 있습니다.
   Wǒmen gōngsī lí zhèr liǎng gōnglǐ.

2. ① 질문 这个女的有多高? 이 여자는 키가 얼마인가요?
   Zhège nǚde yǒu duō gāo?

   대답 这个女的(有)一米六三。 이 여자는 키가 1m 63cm입니다.
   Zhège nǚde (yǒu) yì mǐ liù sān.

   ② 질문 他有多重? 그는 몸무게가 얼마인가요?
   Tā yǒu duō zhòng?

   대답 他(有)八十五公斤。 그는 85kg입니다.
   Tā (yǒu) bāshíwǔ gōngjīn.

   ③ 질문 左边的铅笔有多长? 왼쪽의 연필은 길이가 얼마인가요?
   Zuǒbian de qiānbǐ yǒu duō cháng?

   대답 左边的铅笔(有)十五厘米。 왼쪽의 연필은 길이가 15cm입니다.
   Zuǒbian de qiānbǐ (yǒu) shíwǔ límǐ.

   ④ 질문 这家医院的电话号码是多少? 이 병원의 전화번호는 몇 번인가요?
   Zhè jiā yīyuàn de diànhuà hàomǎ shì duōshao?

   대답 这家医院的电话号码是2143-6875。 이 병원의 전화번호는 2143-6875입니다.
   Zhè jiā yīyuàn de diànhuà hàomǎ shì èr yāo sì sān liù bā qī wǔ.

   ⑤ 질문 今天气温多少度? 오늘 기온은 몇 도인가요?
   Jīntiān qìwēn duōshao dù?

   대답 今天气温零下10度。 오늘 기온은 영하 10도입니다.
   Jīntiān qìwēn língxià shí dù.

11

现在三点。
Xiànzài sān diǎn.

지금은 3시예요.

명사술어문

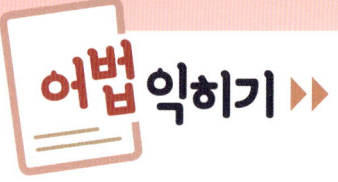

다음 대화를 듣고 관련 어법을 배워 봅시다.

🎧 1-74

A 现在几点？ 지금 몇 시예요?
  Xiànzài jǐ diǎn?

B 现在三点。 지금은 3시예요.
  Xiànzài sān diǎn.

● 명사술어문

명사술어문이란 술어 부분이 '是' 없이 명사성 어구(명사, 명사구, 대명사, 수사, 수량사구 등)로 이루어진 문장을 말하며, 주로 나이, 시간, 날짜, 요일, 날씨, 가격 등을 묻고 답할 때 많이 쓰인다. 단, 부정형을 만들 때는 반드시 술어 앞에 '不是'로 써야 한다.

| 주어 | + | 술어[명사(구), 대명사, 수사, 수량사구] |

孩子　　　　两岁。 아이는 두 살이다.
Háizi　　　　liǎng suì.

现在　　　　三点。 지금은 3시이다.
Xiànzài　　　sān diǎn.

今天　　　　7月28号。 오늘은 7월 28일이다.
Jīntiān　　　qīyuè èrshíbā hào.

今天　　　　星期二。 오늘은 화요일이다.
Jīntiān　　　xīngqī'èr.

今天　　　　晴天。 오늘은 맑은 날이다.
Jīntiān　　　qíngtiān.

一斤苹果　　三块。 사과는 한 근에 3위안이다.
Yì jīn píngguǒ　sān kuài.

▶ 现在 xiànzài 몡 지금, 현재 | 点 diǎn 몡 시 | 号 hào 몡 일[날짜를 가리킴] | 星期二 xīngqī'èr 몡 화요일 | 晴天 qíngtiān 몡 맑은 날씨 | 块 kuài 양 위안[중국 화폐 단위]

1 시간 표현

시간을 물을 때는 의문대명사 '几'를 사용하며, '시'를 뜻하는 '点 diǎn' 앞에 놓는다.

A 现在**几点**? 지금 몇 시예요?
  Xiànzài jǐ diǎn?

B 现在**两点十分**。 지금은 2시 10분이에요.
  Xiànzài liǎng diǎn shí fēn.

TIP | 시간 표기

① 시는 '点 diǎn', 분은 '分 fēn'으로 표현하며, 시와 분 순서대로 읽는다. 2시는 '二点'이 아니라 '两点'으로 읽는 것에 주의한다. [二과 两의 차이에 대한 자세한 내용은 07과 p.78 참조]

两**点**十**分** 2시 10분
liǎng diǎn shí fēn

② 30분은 '半 bàn'으로도 표현할 수 있다.

两点三十分　　=　　两点**半** 2시 30분
liǎng diǎn sānshí fēn　　liǎng diǎn bàn

③ '刻 kè'는 15분이라는 뜻으로, '一刻 yí kè'는 15분, '三刻 sān kè'는 45분을 나타낸다.

两点十五分　　=　　两点一**刻** 2시 15분
liǎng diǎn shíwǔ fēn　　liǎng diǎn yí kè

④ '差 chà'는 '~전'이라는 뜻으로, '差 + 분 + 시간' 순으로 써서 '몇 분 전'을 나타낸다.

两点四十五分　=　**差**十五分三点　=　**差**一刻三点 2시 45분[3시 15분 전]
liǎng diǎn sìshíwǔ fēn　chà shíwǔ fēn sān diǎn　chà yí kè sān diǎn

2 연, 월, 일 표현

날짜를 물을 때는 '几'를 사용하며, '월'을 뜻하는 '月 yuè'와 일을 뜻하는 '号 hào' 앞에 놓는다.

A 今天**几月几号**? 오늘은 몇 월 며칠이에요?
  Jīntiān jǐ yuè jǐ hào?

B 今天**七月二十五号**。 오늘은 7월 25일이에요.
  Jīntiān qīyuè èrshíwǔ hào.

TIP | 날짜 표기와 연도 읽기

우리나라와 마찬가지로 연도, 월, 일 순으로 표기하고, 연도를 읽을 때는 각 숫자를 하나씩 따로 읽는다.

二零一八**年**二**月**十二**号** 2018년 2월 12일
èr líng yī bā nián èryuè shí'èr hào

3 요일 표현

요일을 물을 때는 '요일'을 뜻하는 '星期 xīngqī' 뒤에 '几'를 놓는다. 또한 '星期' 대신 '礼拜 lǐbài'로도 나타낼 수 있다.

A 今天星期几? 오늘은 무슨 요일이에요?
  Jīntiān xīngqī jǐ?

B 今天星期二。[＝今天礼拜二。] 오늘은 화요일이에요.
  Jīntiān xīngqī'èr.   [Jīntiān lǐbài'èr.]

4 날씨 표현

날씨를 물을 때는 어떤 상황이나 정도를 물어볼 때 사용하는 의문대명사인 '怎么样 zěnmeyàng'을 쓴다.

A 今天天气怎么样? 오늘은 날씨가 어때요?
  Jīntiān tiānqì zěnmeyàng?

B 今天晴天。 오늘은 날씨가 맑아요.
  Jīntiān qíngtiān.

|보충| 자주 쓰는 날씨 표현으로는 '阴天 (yīntiān 흐린 날씨), 刮风 (guāfēng 바람이 불다)' 등이 있다.

5 가격 표현

가격을 물을 때는 '얼마'를 뜻하는 '多少 duōshao' 뒤에 금액을 뜻하는 '钱 qián'을 붙인다.

A 这条裙子多少钱? 이 치마는 얼마예요?
  Zhè tiáo qúnzi duōshao qián?

B 这条裙子360块钱。 이 치마는 360위안이에요.
  Zhè tiáo qúnzi sānbǎi liùshí kuài qián.

양으로 파는 과일이나 채소 등의 가격을 물을 때는 '多少钱' 앞이나 뒤에 근의 단위를 붙여 말할 수 있다. 또한 '多少钱'과 같은 표현인 '怎么卖? zěnme mài?'로도 바꾸어 쓸 수 있다.

A 这些苹果多少钱一斤? [＝这些苹果怎么卖?]
  Zhèxiē píngguǒ duōshao qián yì jīn? [Zhèxiē píngguǒ zěnme mài?]
  이 사과들은 한 근에 얼마예요? [이 사과들은 어떻게 팔아요?]

B 这些苹果10块钱一斤。 이 사과들은 한 근에 10위안이에요.
  Zhèxiē píngguǒ shí kuài qián yì jīn.

▶ 怎么 zěnme 대 어떻게 | 卖 mài 동 팔다

TIP | 중국 화폐 읽기

① 중국 화폐는 '人民币 Rénmínbì'라고 하며, 기본 단위는 块 kuài(元 yuán) – 毛 máo(角 jiǎo) – 分 fēn'이다. '元, 角, 分'은 주로 글말에서 사용한다.

② '人民币'는 다음과 같이 읽으며, 마지막 화폐 단위는 생략해서 말할 수 있다.

3.69元 = 三块六毛九(分)
↑↑↑   sān kuài liù máo jiǔ (fēn)
块毛分

③ 단위가 비어 있을 때는 '零'으로 읽는다.

15.08元 = 十五块零八分
           shí wǔ kuài líng bā fēn

④ '2'는 화폐 단위 앞에서는 '两'으로 읽고, '2'가 마지막 자릿수이고 화폐 단위를 생략할 경우 '二'로 읽는다.

2.22元 = 两块两毛两分   两块两毛二
         liǎng kuài liǎng máo liǎng fēn   liǎng kuài liǎng máo èr

2.02元 = 两块零两分   两块零二
         liǎng kuài líng liǎng fēn   liǎng kuài líng èr

TIP | 숫자 읽기

① 숫자 '2'는 백의 자리에서 '二'과 '两' 둘 다 읽을 수 있으며, 천의 자리, 만의 자리에서는 일반적으로 '两'으로 읽는다.

200: 二百 / 两百   2000: 两千   20000: 两万
     èrbǎi   liǎngbǎi   liǎngqiān   liǎngwàn

② 숫자 중간 자리 수가 '0'일 경우 '零'으로 읽는데, '0'의 개수에 상관 없이 한 번만 읽는다.

101: 一百零一   1001: 一千零一
     yìbǎi líng yī   yìqiān líng yī

③ 숫자 뒤의 자리에 쓰인 '0'은 생략해서 읽을 수 있다.

1100: 一千一(百)   320: 三百二(十)
      yìqiān yì bǎi / yìqiān yī   sānbǎi èr(shí)

단, 숫자 중간 자리와 뒤의 자리에 모두 '0'이 있을 경우는 '0'을 생략해서 읽지 않는다.

1010: 一千零一十   2020: 两千零二十
      yìqiān líng yīshí   liǎngqiān líng èrshí

달력 표현 🎧 1-75

달	上个月 shàng ge yuè 지난달		这个月 zhè ge yuè 이번 달		下个月 xià ge yuè 다음 달	
주	上个星期 shàng ge xīngqī 지난주		这个星期 zhè ge xīngqī 이번 주		下个星期 xià ge xīngqī 다음 주	
년	前年 qiánnián 명 재작년	去年 qùnián 명 작년		今年 jīnnián 명 올해	明年 míngnián 명 내년	后年 hòunián 명 후년
일	前天 qiántiān 명 그저께	昨天 zuótiān 명 어제		今天 jīntiān 명 오늘	明天 míngtiān 명 내일	后天 hòutiān 명 모레
월	一月 yīyuè 명 1월	二月 èryuè 명 2월	三月 sānyuè 명 3월	四月 sìyuè 명 4월	五月 wǔyuè 명 5월	六月 liùyuè 명 6월
	七月 qīyuè 명 7월	八月 bāyuè 명 8월	九月 jiǔyuè 명 9월	十月 shíyuè 명 10월	十一月 shíyīyuè 명 11월	十二月 shí'èryuè 명 12월
요일	星期一 xīngqīyī 명 월요일	星期二 xīngqī'èr 명 화요일	星期三 xīngqīsān 명 수요일	星期四 xīngqīsì 명 목요일	星期五 xīngqīwǔ 명 금요일	星期六 xīngqīliù 명 토요일	星期天/星期日 xīngqītiān/xīngqīrì 명 일요일

하루의 시간대 🎧 1-76

早晨 zǎochen 명 새벽, 이른 아침	早上 zǎoshang 명 아침
上午 shàngwǔ 명 오전	中午 zhōngwǔ 명 정오, 낮 12시 전후
下午 xiàwǔ 명 오후	晚上 wǎnshang 명 저녁
夜里 yèli 명 밤, 밤중	凌晨 língchén 명 새벽[보통 새벽 1시~5시를 말함]

TSC속 표현 다루기

배운 어법을 생각하면서 녹음을 듣고 따라해 보세요. 🎧 1-77

① A 请说出你的出生年月日。 당신의 생년월일을 말해 보세요.
　　 Qǐng shuōchū nǐ de chūshēng nián yuè rì.

B1 我1997年2月14号出生。 나는 1997년 2월 14일에 태어났어요.
　　 Wǒ yī jiǔ jiǔ qī nián èryuè shísì hào chūshēng.

B2 我生于1997年2月14号。 나는 1997년 2월 14일에 태어났어요.
　　 Wǒ shēng yú yī jiǔ jiǔ qī nián èryuè shísì hào.

B3 我是1997年2月14号出生的。 나는 1997년 2월 14일에 태어났어요.
　　 Wǒ shì yī jiǔ jiǔ qī nián èryuè shísì hào chūshēng de.

▶ 说出 shuōchū 말하다 | 出生 chūshēng 통 출생하다, 태어나다 | 生于 shēng yú ~에(서) 태어나다

|보충| '是……的'의 자세한 설명은 14과 p.139 참조

② A 你几点起床? 당신은 몇 시에 일어나요?
　　 Nǐ jǐ diǎn qǐchuáng?

B 我早上六点半起床。 나는 아침 6시 반에 일어나요.
　　 Wǒ zǎoshang liù diǎn bàn qǐchuáng.

▶ 起床 qǐchuáng 통 (잠자리에서) 일어나다

③ A 你什么时候回家? 당신은 언제 집에 돌아오나요?
　　 Nǐ shénme shíhou huíjiā?

B 我晚上差一刻八点回家。 나는 저녁 8시 15분 전에 돌아와요.
　　 Wǒ wǎnshang chà yí kè bā diǎn huíjiā.

▶ 回家 huíjiā 통 집으로 돌아가다

|보충| '什么时候 shénme shíhou'는 '언제'라는 뜻으로, 시간에 대해 물어볼 때 쓰는 표현이다.

④ A 这顶帽子怎么卖? 이 모자는 어떻게 팔아요?
　　 Zhè dǐng màozi zěnme mài?

B 这顶帽子200块。 이 모자는 200위안이에요.
　　 Zhè dǐng màozi liǎngbǎi(èrbǎi) kuài.

TSC 맛보기

1. 주어진 한국어 대답을 중국어로 바꾸어 써 보세요.

   ① 질문 星期几有约会? 무슨 요일에 약속이 있나요?
            Xīngqī jǐ yǒu yuēhuì?

      대답 수요일에 약속이 있어요.

      →

   ② 질문 足球比赛什么时候开始? 축구 경기는 언제 시작하나요?
            Zúqiú bǐsài shénme shíhou kāishǐ?

      대답 4시 45분에 시작해요.

      →

      ▶ 比赛 bǐsài 명 경기, 시합 | 开始 kāishǐ 동 시작하다 명 시작, 처음

   ③ 질문 8号下雨吗? 8일에 비가 내리나요?
            Bā hào xiàyǔ ma?

      대답 8일은 비가 오지 않고, 9일에 비가 와요.

      →

      ▶ 下雨 xiàyǔ 동 비가 내리다

2. 다음은 TSC 제2부분에 자주 출제되는 유형의 문제입니다. 제시된 그림을 보고 문제에 대답해 보세요.

🎧 1-78

❶ **他的生日是几月几号?**
Tā de shēngrì shì jǐ yuè jǐ hào?
그의 생일은 몇 월 며칠인가요?

❷ **二十五号是星期天吗?**
Èrshíwǔ hào shì xīngqītiān ma?
25일은 일요일인가요?

❸ **这家商店几点开门?**
Zhè jiā shāngdiàn jǐ diǎn kāimén?
이 상점은 몇 시에 문을 여나요?

▶ 开门 kāimén 통 문을 열다, 영업을 시작하다
[↔ 关门 guānmén]

❹ **今天天气怎么样?**
Jīntiān tiānqì zěnmeyàng?
오늘은 날씨가 어때요?

▶ 下雪 xiàxuě 통 눈이 내리다

❺ **这双鞋多少钱?**
Zhè shuāng xié duōshao qián?
이 신발은 얼마입니까?

TSC 맛보기 모범 답안

녹음을 듣고 따라 읽어 보세요. 🎧 1-79

1.
   ① 질문 星期几有约会? 무슨 요일에 약속이 있나요?
   Xīngqī jǐ yǒu yuēhuì?

   대답 星期三有约会。 수요일에 약속이 있어요.
   Xīngqīsān yǒu yuēhuì.

   ② 질문 足球比赛什么时候开始? 축구 경기는 언제 시작하나요?
   Zúqiú bǐsài shénme shíhou kāishǐ?

   대답 四点四十五分开始。 4시 45분에 시작해요.
   Sì diǎn sìshíwǔ fēn kāishǐ.

   ③ 질문 8号下雨吗? 8일에 비가 내리나요?
   Bā hào xiàyǔ ma?

   대답 8号不下雨，9号下雨。 8일은 비가 오지 않고, 9일에 비가 와요.
   Bā hào bú xiàyǔ, jiǔ hào xiàyǔ.

2.
   ① 질문 他的生日是几月几号? 그의 생일은 몇 월 며칠인가요?
   Tā de shēngrì shì jǐ yuè jǐ hào?

   대답 他的生日是八月十三号。 그의 생일은 8월 13일이에요.
   Tā de shēngrì shì bāyuè shísān hào.

   ② 질문 二十五号是星期天吗? 25일은 일요일인가요?
   Èrshíwǔ hào shì xīngqītiān ma?

   대답 二十五号不是星期天，是星期六。 25일은 일요일이 아니라, 토요일이에요.
   Èrshíwǔ hào bú shì xīngqītiān, shì xīngqīliù.

   ③ 질문 这家商店几点开门? 이 상점은 몇 시에 문을 여나요?
   Zhè jiā shāngdiàn jǐ diǎn kāimén?

   대답 这家商店上午十点开门。 이 상점은 오전 10시에 문을 열어요.
   Zhè jiā shāngdiàn shàngwǔ shí diǎn kāimén.

   ④ 질문 今天天气怎么样? 오늘은 날씨가 어때요?
   Jīntiān tiānqì zěnmeyàng?

   대답 今天下雪。 오늘은 눈이 내려요.
   Jīntiān xiàxuě.

   ⑤ 질문 这双鞋多少钱? 이 신발은 얼마예요?
   Zhè shuāng xié duōshao qián?

   대답 这双鞋三百八十九块。 이 신발은 389위안이에요.
   Zhè shuāng xié sānbǎi bāshíjiǔ kuài.

12

我吃过北京烤鸭，
Wǒ chīguo Běijīng kǎoyā,

有点儿腻。
yǒudiǎnr nì.

나는 북경 오리구이를 먹어본 적이 있어요.
조금 느끼해요.

경험을 나타내는 过
有点儿과 一点儿

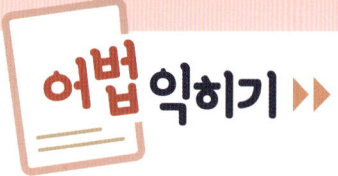

다음 대화를 듣고 관련 어법을 배워 봅시다.

🎧 1-80

A 你吃过北京烤鸭吗? 당신은 북경 오리구이를 먹어본 적이 있나요?
　Nǐ chīguo Běijīng kǎoyā ma?

B 我吃过北京烤鸭，有点儿腻。
　Wǒ chīguo Běijīng kǎoyā, yǒudiǎnr nì.
　나는 북경 오리구이를 먹어본 적이 있어요. 조금 느끼해요.

● 경험을 나타내는 过

'过 guo'는 술어인 동사 뒤에 쓰여 동작의 경험을 나타내는 동태조사로, '~해본 적이 있다'라는 뜻이다.

1 긍정형

주어 + 술어[동사] 过 + 목적어

我　　　吃过　　　北京烤鸭。 나는 북경 오리구이를 먹어본 적이 있다.
Wǒ　　 chīguo　　 Běijīng kǎoyā.

▶ 北京烤鸭 Běijīng kǎoyā 고유 북경 오리구이

2 부정형

술어인 동사 앞에 부정부사 '没'를 붙여 만든다.

주어 + 没 + 술어[동사] 过 + 목적어

我　　没　　看过　　那部电影。 나는 그 영화를 본 적이 없다.
Wǒ　　méi　 kànguo　 nà bù diànyǐng.

3 의문형

1) 일반의문문

일반의문문은 문장 끝에 의문 어기조사 '吗'를 붙여 만든다.

주어 + 술어[동사] 过 + (목적어) + 吗?

你　　　见过　　　她　　吗? 당신은 그녀를 만나본 적이 있나요?
Nǐ　　　jiànguo　　tā　　ma?

2) 정반의문문

정반의문문은 평서문 끝에 '没有'를 붙여 만든다.

> 주어 + 술어[동사]过 + (목적어) + 没有?

你 读过 这本书 没有? 당신은 이 책을 읽어본 적이 있나요?
Nǐ dúguo zhè běn shū méiyǒu?

● 有点儿과 一点儿

1 有点儿

'有点儿 yǒudiǎnr'은 '조금, 약간'이라는 뜻의 부사로, 정도가 심하지 않음을 나타낸다. 주로 부정적 어기에 쓰인다.

> 有点儿 + 형용사/상태를 나타내는 동사

有点儿忙 조금 바쁘다.
yǒudiǎnr máng

有点儿生气 조금 화나다.
yǒudiǎnr shēngqì

▶ 生气 shēngqì 통 화내다

2 一点儿

'一点儿 yìdiǎnr'은 '조금, 약간'이라는 뜻의 수량사로, 수량이 적거나 정도가 작음을 나타낸다. 이때 '一'는 생략할 수 있다.

> 동사/형용사 + (一)点儿

吃一点儿 조금 먹다.
chī yìdiǎnr

大一点儿 조금 크다.
dà yìdiǎnr

> 동사 + (一)点儿 + 명사

喝点儿水 물을 좀 마시다.
hē diǎnr shuǐ

穿点儿衣服 옷을 좀 입다.
chuān diǎnr yīfu

음식 종류 및 관련 어휘 🎧 1-81

음식	鸡肉 jīròu 명 닭고기		猪肉 zhūròu 명 돼지고기
	牛肉 niúròu 명 소고기		羊肉 yángròu 명 양고기
	饺子 jiǎozi 명 만두, 교자		炸酱面 zhájiàngmiàn 명 짜장면
	火锅 huǒguō 명 샤브샤브		烤肉 kǎoròu 명 불고기
	辣白菜 là báicài 명 배추김치 泡菜 pàocài 명 김치		方便食品 fāngbiàn shípǐn 명 인스턴트 식품
패스트푸드	快餐 kuàicān 명 패스트푸드		汉堡包 hànbǎobāo 명 햄버거
	比萨(饼) bǐsà(bǐng) 명 피자		紫菜包饭 zǐcài bāofàn 명 김밥
	炸鸡 zhájī 명 닭튀김		油炸食品 yóuzhá shípǐn 명 튀김 식품
음료	饮料 yǐnliào 명 음료		牛奶 niúnǎi 명 우유
	可乐 kělè 명 콜라		橙汁 chéngzhī 명 오렌지 주스
과일	水果 shuǐguǒ 명 과일		苹果 píngguǒ 명 사과
	香蕉 xiāngjiāo 명 바나나		西红柿 xīhóngshì 명 토마토
	梨 lí 명 배		西瓜 xīguā 명 수박
채소	蔬菜 shūcài 명 채소		黄瓜 huángguā 명 오이
	白菜 báicài 명 배추		茄子 qiézi 명 가지
맛	味道 wèidao 명 맛		辣 là 형 맵다
	甜 tián 형 달다		咸 xián 형 짜다
	酸 suān 형 시다		苦 kǔ 형 쓰다
	淡 dàn 형 싱겁다		清淡 qīngdàn 형 담백하다
조리 방법	炒 chǎo 동 볶다		炸 zhá 동 튀기다
	烧 shāo 동 끓이다		烤 kǎo 동 굽다
	煮 zhǔ 동 삶다		煎 jiān 동 (적은 기름에) 지지다, 부치다

배운 어법을 생각하면서 녹음을 듣고 따라해 보세요. 🎧 1-82

① A 你去过美国吗? 당신은 미국에 가본 적이 있나요?
　　Nǐ qùguo Měiguó ma?

　B 我去美国旅游过，那里很漂亮。
　　Wǒ qù Měiguó lǚyóuguo, nàli hěn piàoliang.
　　나는 미국으로 여행 가본 적이 있어요. 그곳은 매우 아름다워요.

② A 你吃过辣白菜吗? 당신은 배추김치를 먹어본 적이 있나요?
　　Nǐ chīguo là báicài ma?

　B 吃过，有点儿辣，不过很好吃。 먹어봤어요. 좀 맵긴 한데, 맛있어요.
　　Chīguo, yǒudiǎnr là, búguò hěn hǎochī.

　| 보충 | '不过'는 '그러나'라는 뜻의 접속사로, 앞절의 내용을 전환할 때 쓰인다.

③ A 听说济州岛很漂亮，你去过吗?
　　Tīngshuō Jìzhōudǎo hěn piàoliang, nǐ qùguo ma?
　　듣기에 제주도가 매우 아름답다던데, 당신은 가봤나요?

　B 我去过，那里有山、有海，风景很美。
　　Wǒ qùguo, nàli yǒu shān、yǒu hǎi, fēngjǐng hěn měi.
　　가봤어요. 그곳에는 산도 있고, 바다도 있고, 경치가 매우 아름다워요.

　▶ 听说 tīngshuō 동 듣자하니, 듣기로는 (~라고 한다) | 济州岛 Jìzhōudǎo 고유 제주도[지명] | 海 hǎi 명 바다

④ A 你在网上买过东西吗? 당신은 인터넷에서 물건을 사본 적이 있나요?
　　Nǐ zài wǎng shang mǎiguo dōngxi ma?

　B 买过，又方便又便宜。 사본 적이 있어요. 편리하기도 하고, 싸기도 해요.
　　Mǎiguo, yòu fāngbiàn yòu piányi.

　▶ 网 wǎng 명 인터넷, 온라인 | 方便 fāngbiàn 형 편리하다

　| 보충 | '又A又B'는 'A하기도 하고 B하기도 하다'라는 표현이다. A, B에는 동사, 형용사 모두 쓸 수 있다.

TSC 맛보기

주어진 한국어 대답을 중국어로 바꾸어 써 보세요.

① **질문** 你参加过TSC考试吗? 당신은 TSC 시험에 참여해 본 적이 있나요?
　　　　Nǐ cānjiāguo TSC kǎoshì ma?

　대답 저는 참여해본 적이 없어요. 어렵나요?

　　→

▶ 参加 cānjiā 동 참여하다, 참가하다 | 考试 kǎoshì 명 시험

② **질문** 你在那家超市买过菜吗? 당신은 그 슈퍼마켓에서 채소를 사본 적이 있나요?
　　　　Nǐ zài nà jiā chāoshì mǎiguo cài ma?

　대답 사봤어요. 그 슈퍼마켓의 채소는 신선하지 않아요.

　　→

▶ 新鲜 xīnxiān 형 신선하다

③ **질문** 听说公司旁边有一家中国餐厅, 你去过吗?
　　　　Tīngshuō gōngsī pángbiān yǒu yì jiā Zhōngguó cāntīng, nǐ qùguo ma?
　　　　듣자하니 회사 옆에 중국 음식점이 있다던데, 가봤나요?

　대답 가봤어요. 음식이 좀 짜긴 한데 맛있어요.

　　→

④ **질문** 你喜欢过明星吗? 당신은 스타를 좋아해본 적이 있나요?
　　　　Nǐ xǐhuanguo míngxīng ma?

　대답 나는 송중기를 좋아한 적이 있어요. 키도 크고 잘 생겼어요.

→

▶ 明星 míngxīng 명 스타 | 宋仲基 Sòng Zhòngjī 고유 송중기[연예인 이름] | 帅 shuài 형 잘생기다, 멋지다

5 질문 **你丢过东西吗?** 당신은 물건을 잃어버린 적이 있나요?
Nǐ diūguo dōngxi ma?

대답 작년에 나는 지하철에서 지갑을 잃어버린 적이 있어요.

→

▶ 丢 diū 동 잃어버리다 | 地铁 dìtiě 명 지하철

6 질문 **你在韩国吃过紫菜包饭吗?** 당신은 한국에서 김밥을 먹어본 적이 있나요?
Nǐ zài Hánguó chīguo zǐcài bāofàn ma?

대답 먹어봤어요. 싸기도 하고 맛있기도 하지요.

→

7 질문 **你帮助过别人吗?** 당신은 다른 사람을 도와준 적이 있나요?
Nǐ bāngzhùguo biérén ma?

대답 명동에서 할머니 한 분을 도와드린 적이 있어요. 다른 사람을 도와서 매우 기뻐요.

→

▶ 帮助 bāngzhù 동 돕다 | 别人 biérén 명 다른 사람, 타인 | 明洞 Míngdòng 고유 명동[지명] 快乐 kuàilè 형 즐겁다, 행복하다

TSC 맛보기 모범 답안

녹음을 듣고 따라 읽어 보세요. 🎧 1-83

① **질문** 你参加过TSC考试吗? 당신은 TSC 시험에 참여해 본 적이 있나요?
Nǐ cānjiāguo TSC kǎoshì ma?

대답 我没参加过，难吗? 저는 참여해 본 적이 없어요. 어렵나요?
Wǒ méi cānjiāguo, nán ma?

② **질문** 你在那家超市买过菜吗? 당신은 그 슈퍼마켓에서 채소를 사본 적이 있나요?
Nǐ zài nà jiā chāoshì mǎiguo cài ma?

대답 买过，那家的菜不新鲜。 사봤어요. 그 슈퍼마켓의 채소는 신선하지 않아요.
Mǎiguo, nà jiā de cài bù xīnxiān.

③ **질문** 听说公司旁边有一家中国餐厅，你去过吗?
Tīngshuō gōngsī pángbiān yǒu yì jiā Zhōngguó cāntīng, nǐ qùguo ma?
듣자하니 회사 옆에 중국 음식점이 있다던데, 가봤나요?

대답 去过，菜有点儿咸，不过很好吃。 가봤어요. 음식이 좀 짜긴한데 맛있어요.
Qùguo, cài yǒudiǎnr xián, búguò hěn hǎochī.

④ **질문** 你喜欢过明星吗? 당신은 스타를 좋아해 본 적이 있나요?
Nǐ xǐhuanguo míngxīng ma?

대답 我喜欢过宋仲基，他又高又帅。
Wǒ xǐhuanguo Sòng Zhòngjī, tā yòu gāo yòu shuài.
나는 송중기를 좋아한 적이 있어요. 키도 크고 잘 생겼어요.

⑤ **질문** 你丢过东西吗? 당신은 물건을 잃어버린 적이 있나요?
Nǐ diūguo dōngxi ma?

대답 去年我在地铁上丢过钱包。 작년에 나는 지하철에서 지갑을 잃어버린 적이 있어요.
Qùnián wǒ zài dìtiě shang diūguo qiánbāo.

⑥ **질문** 你在韩国吃过紫菜包饭吗? 당신은 한국에서 김밥을 먹어본 적이 있나요?
Nǐ zài Hánguó chīguo zǐcài bāofàn ma?

대답 吃过，又便宜又好吃。 먹어봤어요. 싸기도 하고 맛있기도 하지요.
Chīguo, yòu piányi yòu hǎochī.

⑦ **질문** 你帮助过别人吗? 당신은 다른 사람을 도와준 적이 있나요?
Nǐ bāngzhùguo biérén ma?

대답 我在明洞帮助过一位老奶奶，帮助别人我很快乐。
Wǒ zài Míngdòng bāngzhùguo yí wèi lǎo nǎinai, bāngzhù biérén wǒ hěn kuàilè.
명동에서 할머니 한 분을 도와드린 적이 있어요. 다른 사람을 도와서 매우 기뻐요.

13

男的正在看报纸。
Nánde zhèngzài kàn bàozhǐ.

남자는 신문을 보고 있어요.

| 동작의 진행

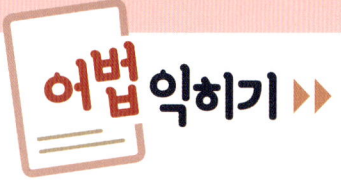

다음 대화를 듣고 관련 어법을 배워 봅시다.

🎧 1-84

A 男的正在做什么? 남자는 지금 무엇을 하고 있어요?
Nánde zhèngzài zuò shénme?

B 男的正在看报纸。 남자는 지금 신문을 보고 있어요.
Nánde zhèngzài kàn bàozhǐ.

● 동작의 진행

1 기본 용법

동작의 진행은 동사 앞에 부사 '正 zhèng, 在 zài, 正在 zhèngzài'를 붙여 나타낼 수 있으며, 문장 끝에 조사 '呢 ne'를 붙여 나타낼 수도 있다. 단, '在'나 '正在'는 문장 끝에 '呢'를 생략할 수 있지만 '正'은 '呢'와 반드시 함께 쓰인다. '正'은 동작의 진행 시간을, '在'는 동작의 진행이나 지속 상태를, '正在'는 모두 강조할 때 쓴다.

주어 +	正/在/正在 +	동작 +	呢

妻子 Qīzi	正 zhèng	做饭 zuòfàn	呢 ne.	아내는 마침 밥을 하고 있다.
他 Tā	在 zài	上课 shàngkè	呢 ne.	그는 수업을 하고 있는 중이다.
男的 Nánde	正在 zhèngzài	看报纸 kàn bàozhǐ	呢 ne.	남자는 지금 신문을 보고 있는 중이다.
孩子 Háizi		看电视 kàn diànshì	呢 ne.	아이는 텔레비전을 보고 있는 중이다.

▶ 做饭 zuòfàn 동 밥을 하다 | 上课 shàngkè 동 수업하다

동작의 진행을 나타내는 문장에서 장소를 표현해야 할 경우, '在'는 '~에서'라는 뜻의 개사로 쓰여, 동사 앞에 '在+장소'의 형식으로 사용된다. 이때 문장 끝에 조사 '呢'를 붙여 진행의 뜻을 나타낼 수도 있다.

주어 + 개사구[在+장소] + 동작 + 呢

他们　　在公园里　　散步　　呢。
Tāmen　zài gōngyuán li　sànbù　ne.
그들은 공원에서 산책을 하고 있는 중이다.

职员们　　在办公室里　　工作　　呢。
Zhíyuánmen　zài bàngōngshì li　gōngzuò　ne.
직원들은 사무실에서 일하고 있는 중이다.

2 부정형

동작의 진행을 나타내는 문장의 부정형은 '没(有)+동사' 혹은 '没+在+동사'와 같이 나타낸다.

A **他正在上网吗?** 그는 인터넷을 하고 있는 중인가요?
　Tā zhèngzài shàngwǎng ma?

B1 **没有，他在打电话呢。** 아니요, 그는 전화하고 있는 중이에요.
　Méiyǒu, tā zài dǎ diànhuà ne.

B2 **他没(有)上网，他在打电话呢。**
　Tā méi(yǒu) shàngwǎng, tā zài dǎ diànhuà ne.
　그는 인터넷을 하지 않고, 전화하고 있는 중이에요.

B3 **他没在上网，他在打电话呢。** 그는 인터넷을 하지 않고, 전화하고 있는 중이에요.
　Tā méi zài shàngwǎng, tā zài dǎ diànhuà ne.

▶ 上网 shàngwǎng 동 인터넷을 하다

장소에 따른 동작 🎧 1-85

식당	吃饭 chīfàn 동 밥을 먹다		喝茶 hē chá 차를 마시다
	点菜 diǎncài 동 주문하다		付钱 fùqián 동 돈을 지불하다
백화점 · 상점	买东西 mǎi dōngxi 购物 gòuwù 동 물건을 사다, 쇼핑을 하다		刷卡 shuākǎ 동 카드로 결제하다
	逛街 guàngjiē 동 거리 구경을 하다		试穿衣服 shìchuān yīfu 옷을 입어보다
	打折 dǎzhé 동 할인하다 [打七折: 30% 할인]		选择 xuǎnzé 동 선택하다
학교	上课 shàngkè 동 수업하다		下课 xiàkè 동 수업을 마치다
	上学 shàngxué 동 등교하다, 입학하다		放学 fàngxué 동 하교하다
	做作业 zuò zuòyè 숙제하다		考试 kǎoshì 동 시험을 치다
	擦黑板 cā hēibǎn 칠판을 닦다		回答问题 huídá wèntí 질문에 대답하다
회사	工作 gōngzuò 동 일하다		上班 shàngbān 동 출근하다
	下班 xiàbān 동 퇴근하다		加班 jiābān 동 야근하다
	(去)出差 (qù) chūchāi 출장가다		开会 kāihuì 동 회의를 하다
	上网 shàngwǎng 동 인터넷을 하다		发电子邮件 fā diànzǐ yóujiàn 이메일을 보내다
	写报告 xiě bàogào 보고서를 쓰다		聚餐 jùcān 동 회식하다
병원	看病 kànbìng 동 진찰하다, 진찰받다		住院 zhùyuàn 동 입원하다
	出院 chūyuàn 동 퇴원하다		(做)体检 (zuò) tǐjiǎn 건강검진을 받다
	吃药 chīyào 동 약을 먹다		打针 dǎzhēn 동 주사를 맞다
집	戴帽子 dài màozi 모자를 쓰다		睡觉 shuìjiào 동 잠을 자다
	做家务 zuò jiāwù 집안일을 하다		整理 zhěnglǐ 동 정리하다
	洗衣服 xǐ yīfu 옷을 빨다		晾衣服 liàng yīfu 빨래를 널다
	做菜 zuòcài 요리를 하다		洗碗 xǐwǎn 설거지를 하다

배운 어법을 생각하면서 녹음을 듣고 따라해 보세요. 🎧 1-86

① A 他最近忙吗? 그는 요즘 바쁜가요?
　　　Tā zuìjìn máng ma?

　B 他最近非常忙，正准备参加下个月的TSC考试呢。
　　　Tā zuìjìn fēicháng máng, zhèng zhǔnbèi cānjiā xià ge yuè de TSC kǎoshì ne.
　　　그는 요즘 매우 바빠요. 다음 달에 볼 TSC 시험을 준비하고 있거든요.

　▶ 准备 zhǔnbèi 명동 준비(하다)

② A 妈妈在哪儿做什么呢? 엄마는 어디에서 무엇을 하고 있나요?
　　　Māma zài nǎr zuò shénme ne?

　B 妈妈在厨房里做饭呢。 엄마는 주방에서 밥을 하고 있어요.
　　　Māma zài chúfáng li zuòfàn ne.

③ A 孩子在学习吗? 아이는 공부하고 있나요?
　　　Háizi zài xuéxí ma?

　B 孩子没在学习，他在看手机呢。 아이는 공부하지 않고, 휴대전화를 보고 있어요.
　　　Háizi méi zài xuéxí, tā zài kàn shǒujī ne.

④ A 他在做什么? 그는 무엇을 하고 있나요?
　　　Tā zài zuò shénme?

　B 电视机有问题，他正在给维修中心打电话呢。
　　　Diànshìjī yǒu wèntí, tā zhèngzài gěi wéixiū zhōngxīn dǎ diànhuà ne.
　　　텔레비전에 문제가 있어서, 수리 센터에 전화를 걸고 있어요.

　▶ 电视机 diànshìjī 명 텔레비전 | 问题 wèntí 명 문제 | 维修中心 wéixiū zhōngxīn 수리센터

|보충| 개사 '给 gěi'는 '~에게'라는 뜻으로 어떤 동작이나 행동의 대상을 이끌어 준다.

TSC 맛보기

1. 주어진 한국어 대답을 중국어로 바꾸어 써 보세요.

   ① 질문 **他们在踢足球吗?** 그들은 축구를 하고 있나요?
   Tāmen zài tī zúqiú ma?

   대답 아니요, 그들은 야구를 하고 있어요.

   →

   ▶ 打 dǎ 동 (손이나 기구로) 치다, 때리다, (놀이나 운동을) 하다 | 棒球 bàngqiú 명 야구 [운동 및 취미 관련 어휘는 15과 p.150 참조]

   ② 질문 **她在做什么?** 그녀는 무엇을 하고 있나요?
   Tā zài zuò shénme?

   대답 그녀는 카운터에서 돈을 지불하고 있어요.

   →

   ▶ 柜台 guìtái 명 카운터

   ③ 질문 **昨天我给你打电话的时候你在做什么?**
   Zuótiān wǒ gěi nǐ dǎ diànhuà de shíhou nǐ zài zuò shénme?
   어제 내가 당신한테 전화했을 때 무엇을 하고 있었나요?

   대답 어제 당신이 나한테 전화했을 때 나는 회의 중이었어요.

   →

   |보충| '……的时候 ……de shíhou'는 '~할 때, ~일 때'라는 뜻으로, 어떤 행위가 이루어지는 특정한 시점을 나타낸다.

2. 다음은 TSC 제2부분에 자주 출제되는 유형의 문제입니다. 제시된 그림을 보고 문제에 대답해 보세요.

🎧 1-87

❶ 男的正在做什么?
Nánde zhèngzài zuò shénme?
남자는 지금 무엇을 하고 있나요?

❷ 他们在做什么?
Tāmen zài zuò shénme?
그들은 무엇을 하고 있나요?

❸ 孩子们在做什么?
Háizimen zài zuò shénme?
아이들은 무엇을 하고 있나요?

❹ 他在看书吗?
Tā zài kàn shū ma?
그는 책을 보고 있나요?

❺ 他们在开会吗?
Tāmen zài kāihuì ma?
그들은 회의를 하고 있나요?

TSC 맛보기 모범 답안

녹음을 듣고 따라 읽어 보세요. 🎧 1-88

1. ① 질문 **他们在踢足球吗?** 그들은 축구를 하고 있나요?
   Tāmen zài tī zúqiú ma?

   대답 **没有，他们在打棒球。** 아니요, 그들은 야구를 하고 있어요.
   Méiyǒu, tāmen zài dǎ bàngqiú.

   ② 질문 **她在做什么?** 그녀는 무엇을 하고 있나요?
   Tā zài zuò shénme?

   대답 **她在柜台付钱呢。** 그녀는 카운터에서 돈을 지불하고 있어요.
   Tā zài guìtái fùqián ne.

   ③ 질문 **昨天我给你打电话的时候你在做什么?**
   Zuótiān wǒ gěi nǐ dǎ diànhuà de shíhou nǐ zài zuò shénme?
   어제 내가 당신한테 전화했을 때 무엇을 하고 있었나요?

   대답 **昨天你给我打电话的时候我在开会呢。**
   Zuótiān nǐ gěi wǒ dǎ diànhuà de shíhou wǒ zài kāihuì ne.
   어제 당신이 나한테 전화했을 때 나는 회의 중이었어요.

2. ① 질문 **男的正在做什么?** 남자는 지금 무엇을 하고 있나요?
   Nánde zhèngzài zuò shénme?

   대답 **男的正在看电影。** 남자는 지금 영화를 보고 있어요.
   Nánde zhèngzài kàn diànyǐng.

   ② 질문 **他们在做什么?** 그들은 무엇을 하고 있나요?
   Tāmen zài zuò shénme?

   대답 **他们在聊天儿。** 그들은 이야기를 하고 있어요.
   Tāmen zài liáotiānr.

   ③ 질문 **孩子们在做什么?** 아이들은 무엇을 하고 있나요?
   Háizimen zài zuò shénme?

   대답 **孩子们在操场打篮球呢。** 아이들은 운동장에서 농구를 하고 있어요.
   Háizimen zài cāochǎng dǎ lánqiú ne.

   ④ 질문 **他在看书吗?** 그는 책을 보고 있나요?
   Tā zài kàn shū ma?

   대답 **没有，他在睡觉。** 아니요, 그는 자고 있어요.
   Méiyǒu, tā zài shuìjiào.

   ⑤ 질문 **他们在开会吗?** 그들은 회의를 하고 있나요?
   Tāmen zài kāihuì ma?

   대답 **没有，他们在吃饭。** 아니요, 그들은 밥을 먹고 있어요.
   Méiyǒu, tāmen zài chīfàn.

14

我是坐公共汽车来的。
Wǒ shì zuò gōnggòngqìchē lái de.

나는 버스를 타고 왔어요.

의문대명사 怎么
강조 구문 是……的

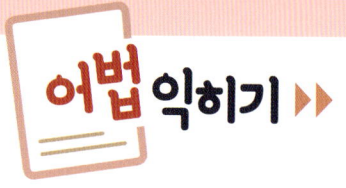

다음 대화를 듣고 관련 어법을 배워 봅시다.

🎧 1-89

A 你是怎么来的? 당신은 어떻게 왔나요?
　Nǐ shì zěnme lái de?

B 我是坐公共汽车来的。 나는 버스를 타고 왔어요.
　Wǒ shì zuò gōnggòngqìchē lái de.

● 의문대명사 怎么

'怎么 zěnme'는 '어떻게'라는 뜻의 의문대명사로, 동사 앞에 넣어 동작의 방식을 물을 때 사용한다.

烤肉怎么做? 불고기는 어떻게 만드나요?
Kǎoròu zěnme zuò?

你怎么去上班? 당신은 무엇을 타고 출근하나요?
Nǐ zěnme qù shàngbān?

'怎么'는 동작의 원인이나 이유를 물을 때에도 쓰인다. 같은 표현으로 '왜'라는 뜻의 '为什么 wèishénme'가 있지만 의미상 차이가 있다. '怎么'는 화자가 이상하다고 여기거나 의아스러운 어감을 나타낼 때 쓰이고, '为什么'는 단순히 원인이나 이유를 물을 때 쓴다.

你怎么没坐地铁? 당신은 어째서 지하철을 안 탔나요?
Nǐ zěnme méi zuò dìtiě?

你怎么没做作业? 너는 어째서 숙제를 안 한거니?
Nǐ zěnme méi zuò zuòyè?

孩子为什么哭? 아이가 왜 우나요?
Háizi wèishénme kū?

▶ 坐 zuò 동 (탈 것에) 타다 | 哭 kū 동 울다

● 강조구문 是……的

'是……的'는 이미 일어난 일에 대해 시간, 장소, 방식, 행위자 등을 강조하고자 할 때 사용하는 구문이다. 강조하고 싶은 내용은 '是'와 '的' 사이에 넣으면 되고, '是'는 생략이 가능하다. 단, 지시대명사 '这' 혹은 '那'가 주어로 쓰이거나 부정형 '不是'가 될 경우에는 '是'의 생략이 불가하다.

1 시간

A 这**是**什么时候买**的**? 이것은 언제 산 거예요?
Zhè shì shénme shíhou mǎi de?

B 这**是**昨天买**的**。 이것은 어제 산 거예요.
Zhè shì zuótiān mǎi de.

2 행위자

A 这个菜**是**谁做**的**? 이 요리는 누가 만들었나요?
Zhège cài shì shéi zuò de?

B 这**是**我做**的**。 이것은 제가 만들었어요.
Zhè shì wǒ zuò de.

| 보충 | '谁 shéi'는 '누구'라는 뜻의 의문대명사로, 누구인지를 물을 때 사용한다.

3 장소

A 这双鞋**是**在哪儿买**的**? 이 신발은 어디에서 샀어요?
Zhè shuāng xié shì zài nǎr mǎi de?

B 这**是**在网上买**的**。 이것은 인터넷에서 샀어요.
Zhè shì zài wǎngshang mǎi de.

4 방식

A 你**是**坐公共汽车来**的**吗? 당신은 버스를 타고 왔나요?
Nǐ shì zuò gōnggòngqìchē lái de ma?

B 我不**是**坐公共汽车来**的**, **是**骑自行车来**的**。
Wǒ bú shì zuò gōnggòngqìchē lái de, shì qí zìxíngchē lái de.
저는 버스를 타고 온 것이 아니라, 자전거를 타고 왔어요.

▶ **公共汽车** gōnggòngqìchē 명 버스 | **骑** qí 통 (다리를 벌리고) 타다 | **自行车** zìxíngchē 명 자전거

| 보충 | '(교통수단)을 타다'의 표현으로 '骑 qí'는 교통수단 중 다리를 벌리고 타는 자전거, 오토바이, 말 등에 사용하고, '坐 zuò'는 버스, 택시, 지하철 등 앉아서 타는 것에 사용한다.

교통 관련 표현 🎧 1-90

교통 수단	公共汽车 gōnggòngqìchē 公交车 gōngjiāochē 명 버스	出租(汽)车 chūzū(qì)chē 명 택시
	地铁 dìtiě 명 지하철	班车 bānchē 명 셔틀버스, 통근차, 정기운행차량
	火车 huǒchē 명 기차	飞机 fēijī 명 비행기
	船 chuán 명 배	自行车 zìxíngchē 명 자전거
상황	开车 kāichē 동 차를 몰다, 운전하다	堵车 dǔchē 동 차가 막히다
	上车 shàngchē 동 차에 타다, 차에 오르다	下车 xiàchē 동 차에서 내리다
	问路 wèn lù 길을 묻다	走路 zǒulù 동 걷다
	过马路 guò mǎlù 길을 건너다	换车 huànchē 동 차를 갈아타다
	打车 dǎchē 동 택시를 잡다[타다]	停车 tíngchē 동 주차하다, 정차하다
관련 어휘	司机 sījī 명 기사	乘客 chéngkè 명 승객
	驾驶执照 jiàshǐ zhízhào 운전면허증	酒后开车 jiǔ hòu kāichē 음주운전
	红绿灯 hónglǜdēng 명 신호등	人行横道 rénxínghéngdào 횡단보도
	车站 chēzhàn 명 정류장	公共汽车站 gōnggòngqìchē zhàn 버스정류장
	地铁站 dìtiězhàn 지하철역	车票 chēpiào 차표, 승차권

배운 어법을 생각하면서 녹음을 듣고 따라해 보세요. 🎧 1-91

① A 你是怎么来的？开车来的还是坐地铁来的？
　　Nǐ shì zěnme lái de? Kāichē lái de háishi zuò dìtiě lái de?
　　당신은 무엇을 타고 왔나요? 운전해서 왔나요, 아니면 지하철을 타고 왔나요?

　 B 我是坐地铁来的，坐地铁不用担心堵车的问题。
　　Wǒ shì zuò dìtiě lái de, zuò dìtiě búyòng dānxīn dǔchē de wèntí.
　　나는 지하철을 타고 왔어요. 지하철을 타면 교통이 막힐 염려가 없거든요.

　 ▶ 担心 dānxīn 통 염려하다, 걱정하다

② A 你是什么时候出生的？ 당신은 언제 태어났나요?
　　Nǐ shì shénme shíhou chūshēng de?

　 B 我是1997年2月14号出生的。 나는 1997년 2월 14일에 태어났어요.
　　Wǒ shì yī jiǔ jiǔ qī nián èryuè shísì hào chūshēng de.

③ A 我在首尔站附近，怎么去东大门？
　　Wǒ zài Shǒu'ěr zhàn fùjìn, zěnme qù Dōngdàmén?
　　제가 지금 서울역 근처인데, 동대문은 어떻게 가나요?

　 B 坐261路公共汽车在东大门站下车。
　　Zuò èr liù yāo lù gōnggòngqìchē zài Dōngdàmén zhàn xiàchē.
　　261번 버스를 타고 동대문역에서 내리면 돼요.

　 ▶ 首尔 Shǒu'ěr 고유 서울[지명] | 站 zhàn 명 역 | 东大门 Dōngdàmén 고유 동대문[지명]

　 |보충| 버스 번호를 읽을 때는 버스 번호 뒤에 '路 lù'를 붙인다. 버스 번호가 두 자리 수일 경우 '34路 sānshísì lù'와 같이 읽고, 세 자리 수 이상일 경우 주로 '301路 sān líng yāo lù'와 같이 숫자를 하나씩 읽는다.

④ A 屋子里怎么这么乱？ 방 안이 어째서 이렇게 어지럽혀져 있는 거니?
　　Wūzi li zěnme zhème luàn?

　 B 对不起，我马上打扫。 죄송해요, 바로 청소할게요.
　　Duìbuqǐ, wǒ mǎshàng dǎsǎo.

　 ▶ 屋子 wūzi 명 방 | 这么 zhème 대 이렇게 | 乱 luàn 형 어지럽다, 무질서하다 | 马上 mǎshàng 부 곧, 즉시, 바로 | 打扫 dǎsǎo 통 청소하다

TSC 맛보기

주어진 한국어 대답을 중국어로 바꾸어 써 보세요.

① **질문** 她坐几路车上学? 그녀는 몇 번 버스를 타고 학교에 가나요?
Tā zuò jǐ lù chē shàngxué?

대답 그녀는 136번 버스를 타고 학교에 가요.

→

② **질문** 你平时怎么去上班? 당신은 평소에 무엇을 타고 출근하나요?
Nǐ píngshí zěnme qù shàngbān?

대답 나는 평소에 지하철을 타고 출근해요. 빠르고 편리하거든요.

→

▶ 平时 píngshí 몡 평소, 평상시

③ **질문** 这块面包很好吃，这是在哪儿买的?
Zhè kuài miànbāo hěn hǎochī, zhè shì zài nǎr mǎi de?
이 빵은 참 맛있네요. 어디에서 샀어요?

대답 이것은 산 것이 아니라, 내가 직접 만든 거예요.

→

▶ 亲手 qīnshǒu 閉 직접

④ **질문** 这件衣服是在哪儿买的? 和我同学的一模一样。
Zhè jiàn yīfu shì zài nǎr mǎi de? Hé wǒ tóngxué de yìmúyíyàng.
이 옷은 어디에서 샀어요? 내 친구 것이랑 완전히 똑같아요.

대답 이 옷은 동방백화점에서 샀어요. 지난주에 세일할 때 샀어요.

▶ 同学 tóngxué 몡 학교 친구, 동창 | 一模一样 yìmúyíyàng 혭 모양이(생김새가) 완전히 같다
东方百货 Dōngfāng bǎihuò 고유 동방백화점

5 질문 **这是谁送你的花?** 이것은 누가 보낸 꽃인가요?
　　　 Zhè shì shéi sòng nǐ de huā?

대답 오늘이 제 생일이어서 내 남자 친구가 보내준 거예요.

→

▶ 送 sòng 동 주다, 보내다, 선물하다 | 生日 shēngrì 명 생일

6 질문 **你怎么迟到了呢?** 당신은 어째서 늦었나요?
　　　 Nǐ zěnme chídào le ne?

대답 죄송해요, 제 자전거가 문제가 있어서 걸어왔어요.

→

▶ 迟到 chídào 동 지각하다 | 了 le 조 동사 또는 형용사 뒤에 쓰여 동작 또는 변화가 이미 완료되었음을 나타냄[자세한 내용은 '3급부터 4급까지' p.32 참조]

7 질문 **你怎么又吃汉堡包?** 너는 어째서 또 햄버거를 먹는 거니?
　　　 Nǐ zěnme yòu chī hànbǎobāo?

대답 나는 햄버거를 좋아해요. 싸고 맛있거든요.

→

▶ 又 yòu 부 또

TSC 맛보기 모범 답안

녹음을 듣고 따라 읽어 보세요. 🎧 1-92

❶ 질문 她坐几路车上学? 그녀는 몇 번 버스를 타고 학교에 가나요?
Tā zuò jǐ lù chē shàngxué?

대답 她坐136路公交车上学。 그녀는 136번 버스를 타고 학교에 가요.
Tā zuò yāo sān liù lù gōngjiāochē shàngxué.

❷ 질문 你平时怎么去上班? 당신은 평소에 무엇을 타고 출근하나요?
Nǐ píngshí zěnme qù shàngbān?

대답 我平时坐地铁去上班，又快又方便。
Wǒ píngshí zuò dìtiě qù shàngbān, yòu kuài yòu fāngbiàn.
나는 평소에 지하철을 타고 출근해요. 빠르고 편리하거든요.

❸ 질문 这块面包很好吃，是在哪儿买的? 이 빵은 참 맛있네요. 어디에서 샀어요?
Zhè kuài miànbāo hěn hǎochī, shì zài nǎr mǎi de?

대답 这不是买的，是我亲手做的。 이것은 산 것이 아니라, 내가 직접 만든 거예요.
Zhè bú shì mǎi de, shì wǒ qīnshǒu zuò de.

❹ 질문 这件衣服是在哪儿买的? 和我同学的一模一样。
Zhè jiàn yīfu shì zài nǎr mǎi de? Hé wǒ tóngxué de yìmúyíyàng.
이 옷은 어디에서 샀어요? 내 친구 것이랑 완전히 똑같아요.

대답 这件衣服是在东方百货(商店)买的，是上星期打折的时候买的。
Zhè jiàn yīfu shì zài Dōngfāng bǎihuò (shāngdiàn) mǎi de, shì shàng xīngqī dǎzhé de shíhou mǎi de.
이 옷은 동방백화점에서 샀어요. 지난주에 세일할 때 샀어요.

|보충| 백화점 명을 말할 때는 일반적으로 '商店'을 생략하고 말한다.

❺ 질문 这是谁送你的花? 이것은 누가 보낸 꽃인가요?
Zhè shì shéi sòng nǐ de huā?

대답 今天是我的生日，这是我男朋友送的。
Jīntiān shì wǒ de shēngrì, zhè shì wǒ nánpéngyou sòng de.
오늘이 제 생일이어서 내 남자 친구가 보내준 거예요.

❻ 질문 你怎么迟到了呢? 당신은 어째서 늦었나요?
Nǐ zěnme chídào le ne?

대답 对不起，我的自行车有问题，我是走路来的。
Duìbuqǐ, wǒ de zìxíngchē yǒu wèntí, wǒ shì zǒulù lái de.
죄송해요, 제 자전거에 문제가 있어서 걸어왔어요.

❼ 질문 你怎么又吃汉堡包? 너는 어째서 또 햄버거를 먹는 거니?
Nǐ zěnme yòu chī hànbǎobāo?

대답 我很喜欢吃汉堡包，又便宜又好吃。 나는 햄버거를 좋아해요. 싸고 맛있거든요.
Wǒ hěn xǐhuan chī hànbǎobāo, yòu piányi yòu hǎochī.

15

我会游泳，
Wǒ huì yóuyǒng,

我可以教你游泳。
wǒ kěyǐ jiāo nǐ yóuyǒng.

나는 수영할 줄 알아요.
내가 당신에게 수영을 가르쳐 줄 수 있어요.

| 여러 가지 조동사
| 이중목적어 동사술어문

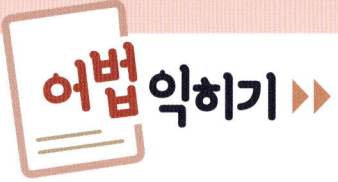

다음 대화를 듣고 관련 어법을 배워 봅시다.

🎧 1-93

A 你会游泳吗? 당신은 수영할 줄 알아요?
Nǐ huì yóuyǒng ma?

B 我会游泳，我可以教你游泳。
Wǒ huì yóuyǒng, wǒ kěyǐ jiāo nǐ yóuyǒng.
나는 수영할 줄 알아요. 내가 당신에게 수영을 가르쳐줄 수 있어요.

● **여러 가지 조동사**

조동사란 동사 앞에 쓰여 능력, 바람, 허락, 가능, 의지, 추측 등의 의미를 보충해 주는 역할을 하는 품사를 말한다. 조동사와 부사가 함께 쓰일 경우 부사는 조동사 앞에 위치한다.

1 능력을 나타내는 조동사

'会 huì, 能 néng'은 '할 수 있다'라는 뜻으로, 능력을 나타내는 조동사이다.

1) 会

학습을 통해 능력을 갖추었는지에 대한 여부를 나타낸다.

(1) 긍정형

你会说汉语吗? 당신은 중국어를 할 줄 아나요?
Nǐ huì shuō Hànyǔ ma?

你会做饭吗? 당신은 밥 할 줄 아세요?
Nǐ huì zuòfàn ma?

(2) 부정형

丈夫不会做菜。 남편은 요리를 할 줄 모른다.
Zhàngfu bú huì zuò cài.

她不会开车。 그녀는 운전할 줄 모른다.
Tā bú huì kāichē.

> **TIP** | '会'의 또 다른 의미
>
> '会'는 '할 줄 안다'는 뜻 외에, 실현가능성이 있음을 나타내기도 하는데, 이때 긍정형은 '~할 것이다, 부정형은 '~할 리가 없다'라는 뜻으로 쓴다.
>
> 他明天会来吗? 그가 내일 올까?　　明天不会下雨。 내일은 비가 올 리가 없어.
> Tā míngtiān huì lái ma?　　　　　 Míngtiān bú huì xiàyǔ.

2) 能

능력을 갖추었을 뿐만 아니라 능력이 일정 수준에까지 달함을 나타낸다.

(1) 긍정형

我能游300米。 나는 300m를 수영할 수 있다.
Wǒ néng yóu sānbǎi mǐ.

我能看英文书。 나는 영어책을 읽을 수 있다.
Wǒ néng kàn Yīngwén shū.

(2) 부정형

我不能回答这个问题。 나는 이 문제에 대답할 수 없다.
Wǒ bù néng huídá zhège wèntí.

我不能教数学。 나는 수학을 가르칠 수 없다.
Wǒ bù néng jiāo shùxué.

▶ 教 jiāo 동 가르치다

2 바람, 희망을 나타내는 조동사

'想 xiǎng, 要 yào'는 '~하고 싶다'라는 뜻으로, 바람, 희망을 나타내는 조동사이다.

1) 想

어떤 일을 하고 싶은 바람이나 희망을 나타낸다.

(1) 긍정형

我想吃中国菜。 나는 중국 음식을 먹고 싶다.
Wǒ xiǎng chī Zhōngguó cài.

我想出去玩儿。 나는 나가서 놀고 싶다.
Wǒ xiǎng chūqù wánr.

▶ 出去 chūqù 동 나가다

(2) 부정형

我不想吃辣的。 나는 매운 것을 먹고 싶지 않다.
Wǒ bù xiǎng chī là de.

我不想运动。 나는 운동하고 싶지 않다.
Wǒ bù xiǎng yùndòng.

2) 要

'想'과 마찬가지로 바람이나 희망을 나타내는데, '要'가 '想' 보다 '의지'의 색채가 좀 더 강하다.

(1) 긍정형

我要买一件毛衣。 나는 스웨터 한 벌을 사고 싶다.
Wǒ yào mǎi yí jiàn máoyī.

我要学外语。 나는 외국어를 공부하겠다.
Wǒ yào xué wàiyǔ.

▶ 外语 wàiyǔ 명 외국어

(2) 부정형

'要'의 부정은 '想'과 동일하게 '不想'으로 쓴다.

我不想喝酒。 나는 술을 마시고 싶지 않다.
Wǒ bù xiǎng hē jiǔ.

我不想买这件衣服。 나는 이 옷을 사고 싶지 않다.
Wǒ bù xiǎng mǎi zhè jiàn yīfu.

▶ 酒 jiǔ 명 술

|보충| 不要는 '~하지 마라'라는 뜻을 나타내며, '别 bié'로도 바꾸어 쓸 수 있다. 예를 들면, '你不要(=别)买 那件衣服。(Nǐ bú yào(=bié) mǎi nà jiàn yīfu. 너는 그 옷을 사지 마라)'처럼 표현할 수 있다.

3 가능성, 허락을 나타내는 조동사

'能 néng'은 주로 가능성을 나타내고, 이에 대한 부정형은 '不能 bù néng'이다. '可以 kěyǐ'는 주로 허가나 허락의 뜻을 나타내고, 이에 대한 부정형은 '不可以 bù kěyǐ' 또는 '不能'으로 쓴다.

(1) 긍정형

明天你能来上班吗？ 내일 당신은 출근할 수 있나요?
Míngtiān nǐ néng lái shàngbān ma?

妈妈，我可以去看电影吗？ 엄마, 저 영화 보러 가도 될까요?
Māma, wǒ kěyǐ qù kàn diànyǐng ma?

(2) 부정형

身体不舒服，我不能去上班。 몸이 안 좋아서 나는 회사에 출근할 수가 없어요.
Shēntǐ bù shūfu, wǒ bù néng qù shàngbān.

你们不能打架。 너희들 싸우면 안 돼.
Nǐmen bù néng dǎjià.

你不可以用我的手机。 너 내 휴대전화를 쓰면 안 돼.
Nǐ bù kěyǐ yòng wǒ de shǒujī.

▶ 打架 dǎjià 통 (때리며) 싸우다, 다투다

4 의무, 요구를 나타내는 조동사

'要 yào, 得 děi, 应该 yīnggāi'는 사실상 혹은 도리상의 요구를 나타내는 조동사이다. '要'와 '得'의 부정형은 '不用(búyòng ~할 필요가 없다)'을, '应该'는 '不应该(bù yīnggāi ~해서는 안 된다)'로 쓴다.

(1) 긍정형

下雨了，你要带雨伞。 비가 내리니 너는 우산을 챙겨야 해.
Xiàyǔ le, nǐ yào dài yǔsǎn.

我感冒了，得去医院。 나는 감기에 걸려서 병원에 가야 해.
Wǒ gǎnmào le, děi qù yīyuàn.

学生应该努力学习。 학생은 열심히 공부해야 해.
Xuésheng yīnggāi nǔlì xuéxí.

▶ 带 dài 동 (몸에) 지니다, 휴대하다 | 感冒 gǎnmào 명 감기 동 감기에 걸리다 | 努力 nǔlì 동 노력하다, 힘쓰다

(2) 부정형

我感冒不严重，不用去医院。 나는 감기가 심하지 않아서 병원에 갈 필요가 없다.
Wǒ gǎnmào bù yánzhòng, búyòng qù yīyuàn.

在图书馆里我们不应该打手机。 도서관에서 우리는 휴대전화를 해서는 안 된다.
Zài túshūguǎn li wǒmen bù yīnggāi dǎ shǒujī.

▶ 严重 yánzhòng 형 (정도가) 심하다

● 이중목적어 동사술어문

일부 동사는 두 개의 목적어를 취할 수 있는데, 두 개의 목적어를 취하는 동사를 갖는 문장을 이중목적어 동사술어문이라고 한다. 일반적으로 앞의 목적어로는 사람이, 뒤의 목적어로는 사물이 오며, '~에게 ~을 ~하다'라고 해석한다.

이중목적어를 취하는 동사					
问	教	告诉	给	送	借
wèn	jiāo	gàosu	gěi	sòng	jiè
묻다	가르치다	말하다	주다	보내다, 선물하다	빌리다, 빌려주다

주어 + 동사 + 목적어1 + 목적어2
　　　　　　　　(간접목적어) (직접목적어)

我 问 老师 一个问题。 제가 선생님께 질문 하나를 할게요.
Wǒ wèn lǎoshī yí ge wèntí.

我 送 你 一件礼物。 내가 당신에게 선물 하나를 줄게요.
Wǒ sòng nǐ yí jiàn lǐwù.

다양한 운동 🎧 1-94

打篮球 dǎ lánqiú 농구를 하다	打棒球 dǎ bàngqiú 야구를 하다
打羽毛球 dǎ yǔmáoqiú 배드민턴을 하다	打乒乓球 dǎ pīngpāngqiú 탁구를 하다
打网球 dǎ wǎngqiú 테니스를 하다	打排球 dǎ páiqiú 배구를 하다
打高尔夫球 dǎ gāo'ěrfūqiú 골프를 하다	打保龄球 dǎ bǎolíngqiú 볼링을 하다
打太极拳 dǎ tàijíquán 태극권을 하다	打跆拳道 dǎ táiquándào 태권도를 하다
踢足球 tī zúqiú 축구를 하다	游泳 yóuyǒng 명동 수영(하다)
散步 sànbù 동 산책하다	跑步 pǎobù 동 달리다
爬山 páshān 동 등산하다	滑雪 huáxuě 명동 스키(를 타다)
滑冰 huábīng 명동 스케이트(를 타다)	练瑜伽 liàn yújiā 요가를 하다

| 보충 | 일반적으로 손을 쓰는 운동에는 동사 '打'를 쓰고, 발을 쓰는 운동에는 동사 '踢'를 쓴다.

다양한 취미 🎧 1-95

唱歌 chàng gē 노래를 부르다	跳舞 tiàowǔ 동 춤을 추다
听音乐 tīng yīnyuè 음악을 듣다	弹钢琴 tán gāngqín 피아노를 치다
弹吉他 tán jítā 기타를 치다	画画儿 huà huàr 그림을 그리다
拍照 pāizhào 동 사진을 찍다	看电影 kàn diànyǐng 영화를 보다
看表演 kàn biǎoyǎn 공연을 보다	旅游 lǚyóu 동 여행하다
钓鱼 diàoyú 동 낚시하다	做菜 zuòcài 동 요리를 하다
读书 dúshū 동 독서하다	玩儿电脑游戏 wánr diànnǎo yóuxì 컴퓨터 게임을 하다
上网 shàngwǎng 동 인터넷을 하다	养宠物 yǎng chǒngwù 애완동물을 기르다

TSC속 표현 다루기

배운 어법을 생각하면서 녹음을 듣고 따라해 보세요. 🎧 1-96

①
A 这个菜我可以品尝一下吗? 이 음식을 제가 맛봐도 될까요?
  Zhège cài wǒ kěyǐ pǐncháng yíxià ma?

B 可以，你尝一尝吧。 네, 됩니다. 한번 맛보세요.
  Kěyǐ, nǐ cháng yi cháng ba.

▶ 品尝 pǐncháng 동 맛보다, 시식하다 | 尝 cháng 동 맛보다

|보충| 동사를 중첩하면 '좀 ~하다, 좀 ~해보다'라는 뜻으로 동작의 시도, 완곡한 표현, 가벼운 기분 등을 나타낸다. 1음절 동사의 중첩은 '尝尝 chángchang' 혹은 '尝一尝 cháng yi cháng, 尝一下 cháng yíxià'와 같이 쓰고, 2음절 동사의 중첩은 '打扫打扫 dǎsǎodǎsǎo, 打扫一下 dǎsǎo yíxià'와 같이 쓴다.

②
A 有什么问题吗? 무슨 문제가 있나요?
  Yǒu shénme wèntí ma?

B 这件衣服有点儿大，能不能换一件小的?
  Zhè jiàn yīfu yǒudiǎnr dà, néng bu néng huàn yí jiàn xiǎo de?
  이 옷이 좀 큰데, 작은 걸로 바꿀 수 있나요?

▶ 换 huàn 동 교환하다, 바꾸다

③
A 有约会的时候你一般怎么去? 약속 있을 때 당신은 보통 무엇을 타고 가나요?
  Yǒu yuēhuì de shíhou nǐ yìbān zěnme qù?

B 有约会的时候我一般坐地铁去，坐地铁不会迟到。
  Yǒu yuēhuì de shíhou wǒ yìbān zuò dìtiě qù, zuò dìtiě bú huì chídào.
  약속이 있을 때 나는 보통 지하철을 타고 갑니다. 지하철을 타고 가면 늦을 리가 없지요.

▶ 一般 yìbān 부 일반적으로, 보통 형 일반적이다, 평범하다

④
A 我不会骑自行车，我想学骑自行车。
  Wǒ bú huì qí zìxíngchē, wǒ xiǎng xué qí zìxíngchē.
  나는 자전거를 못 타. 자전거 타는 것을 배우고 싶어.

B 不用担心，我可以教你骑车。
  Búyòng dānxīn, wǒ kěyǐ jiāo nǐ qí chē.
  걱정하지 마. 내가 너에게 자전거 타는 것을 가르쳐줄 수 있어.

TSC 맛보기

주어진 한국어 대답을 중국어로 바꾸어 써 보세요.

① 질문 你要买什么样的衣服? 당신은 어떤 옷을 살 거예요?
Nǐ yào mǎi shénmeyàng de yīfu?

대답 나는 분홍색 스웨터 한 벌을 사겠어요.

→

▶ 粉红色 fěnhóngsè 명 분홍색

② 질문 你想去哪个国家旅游? 당신은 어느 나라에 여행 가고 싶어요?
Nǐ xiǎng qù nǎge guójiā lǚyóu?

대답 나는 미국에 가장 여행 가고 싶어요. 그곳에는 아름다운 풍경이 많아요.

→

▶ 国家 guójiā 명 나라, 국가

③ 질문 有什么问题吗? 무슨 문제라도 있나요?
Yǒu shénme wèntí ma?

대답 이 수박은 상했어요. 다른 것으로 바꿔 주세요.

→

▶ 坏 huài 형 나쁘다 동 상하다, 고장나다

④ 질문 小李，这个周末我要搬家，你能不能帮我?
Xiǎo Lǐ, zhège zhōumò wǒ yào bānjiā, nǐ néng bu néng bāng wǒ?
샤오리, 이번 주말에 내가 이사하는데, 나 좀 도와줄 수 있어?

대답 미안해. 내가 요즘 건강이 안 좋아서, 도와줄 수가 없어.

→

▶ 搬家 bānjiā 동 이사하다

⑤ 질문 在公共场所可以抽烟吗? 공공장소에서 담배를 피워도 되나요?
Zài gōnggòng chǎngsuǒ kěyǐ chōuyān ma?

대답 당신은 공공장소에서 흡연을 해서는 안 됩니다.

→

▶ 公共场所 gōnggòng chǎngsuǒ 공공장소 | 抽烟 chōuyān 동 담배를 피우다

⑥ 질문 使用手机时应该注意什么? 请说一说。
Shǐyòng shǒujī shí yīnggāi zhùyì shénme? Qǐng shuō yi shuō.
휴대전화를 사용할 때 무엇을 주의해야 하나요? 말해 보세요.

대답 운전할 때 휴대전화를 해서는 안 됩니다.

→

▶ 使用 shǐyòng 동 사용하다 | 时 shí 명 때, 시기 | 注意 zhùyì 동 주의하다 | 请 qǐng 동 청하다, 부탁하다

⑦ 질문 邻居经常在晚上大声唱歌，请你给他一些忠告。
Línjū jīngcháng zài wǎnshang dàshēng chàng gē, qǐng nǐ gěi tā yìxiē zhōnggào.
이웃이 저녁에 자주 큰 소리로 노래를 부릅니다. 그에게 충고를 해 보세요.

대답 이렇게 늦은 시간에 크게 노래를 불러서는 안 돼요.

→

▶ 邻居 línjū 명 이웃 | 大声 dàshēng 큰 소리 | 一些 yìxiē 수량 약간, 조금, 얼마간 | 忠告 zhōnggào 명동 충고(하다)

TSC 맛보기 모범 답안

녹음을 듣고 따라 읽어보세요. 🎧 1-97

① 질문　你要买什么样的衣服? 당신은 어떤 옷을 살 거예요?
　　　　Nǐ yào mǎi shénmeyàng de yīfu?

　 대답　我要买一件粉红色的毛衣。 나는 분홍색 스웨터 한 벌을 사겠어요.
　　　　Wǒ yào mǎi yí jiàn fěnhóngsè de máoyī.

② 질문　你想去哪个国家旅游? 당신은 어느 나라에 여행 가고 싶어요?
　　　　Nǐ xiǎng qù nǎge guójiā lǚyóu?

　 대답　我最想去美国旅游，那里有很多美丽的风景。
　　　　Wǒ zuì xiǎng qù Měiguó lǚyóu, nàli yǒu hěn duō měilì de fēngjǐng.
　　　　나는 미국에 가장 여행 가고 싶어요. 그곳에는 아름다운 풍경이 많아요.

③ 질문　有什么问题吗? 무슨 문제라도 있나요?
　　　　Yǒu shénme wèntí ma?

　 대답　这西瓜坏了，我要换一个。 이 수박은 상했어요. 다른 것으로 바꿔 주세요.
　　　　Zhè xīguā huài le, wǒ yào huàn yí ge.

④ 질문　小李，这个周末我要搬家，你能不能帮我?
　　　　Xiǎo Lǐ, zhège zhōumò wǒ yào bānjiā, nǐ néng bu néng bāng wǒ?
　　　　샤오리, 이번 주말에 내가 이사하는데, 나 좀 도와줄 수 있어?

　 대답　不好意思，我最近身体不好，不能帮你。
　　　　Bù hǎoyìsi, wǒ zuìjìn shēntǐ bù hǎo, bù néng bāng nǐ.
　　　　미안해, 내가 요즘 건강이 안 좋아서, 도와줄 수가 없어.

⑤ 질문　在公共场所可以抽烟吗? 공공장소에서 담배를 피워도 되나요?
　　　　Zài gōnggòng chǎngsuǒ kěyǐ chōuyān ma?

　 대답　你不可以在公共场所抽烟。 당신은 공공장소에서 흡연을 해서는 안 됩니다.
　　　　Nǐ bù kěyǐ zài gōnggòng chǎngsuǒ chōuyān.

⑥ 질문　使用手机时应该注意什么? 请说一说。
　　　　Shǐyòng shǒujī shí yīnggāi zhùyì shénme? Qǐng shuō yi shuō.
　　　　휴대전화를 사용할 때 무엇을 주의해야 하나요? 말해 보세요.

　 대답　开车的时候不应该打手机。 운전할 때 휴대전화를 해서는 안 됩니다.
　　　　Kāichē de shíhou bù yīnggāi dǎ shǒujī.

⑦ 질문　邻居经常在晚上大声唱歌，请你给他一些忠告。
　　　　Línjū jīngcháng zài wǎnshang dàshēng chàng gē, qǐng nǐ gěi tā yìxiē zhōnggào.
　　　　이웃이 저녁에 자주 큰 소리로 노래를 부릅니다. 그에게 충고를 해 보세요.

　 대답　这么晚的时间不应该大声唱歌。
　　　　Zhème wǎn de shíjiān bù yīnggāi dàshēng chàng gē.
　　　　이렇게 늦은 시간에 크게 노래를 불러서는 안 돼요.

부록

- TSC 말하기 업그레이드 표현 공식 1

TSC 말하기 업그레이드 표현 공식 1

① 是……吗?

'~인가요?'라는 뜻으로, 전화를 걸어 상대방을 확인할 때 사용할 수 있는 문형이다.

您好，是北京商店吗? 안녕하세요. 베이징상점인가요?
Nín hǎo, shì Běijīng shāngdiàn ma?

请问，是上海酒店吗? 말씀 좀 여쭤볼게요. 상하이호텔인가요?
Qǐngwèn, shì Shànghǎi jiǔdiàn ma?

▸ 请问 qǐngwèn 통 실례합니다, 말씀 좀 여쭙겠습니다 | 上海 Shànghǎi 고유 상하이[지명]

② 不是……吗?

'~아닌가요?'라는 뜻으로, 긍정을 더 강조할 때 쓰는 반어문이다.

你不是喜欢中国菜吗? 당신은 중국 음식을 좋아하지 않았나요?
Nǐ bú shì xǐhuan Zhōngguó cài ma?

那里不是大型超市吗? 거기 대형마트 아닌가요?
Nàli bú shì dàxíng chāoshì ma?

▸ 大型 dàxíng 형 대형의

③ 好吗? / 好不好? / 怎么样?

'어때요?'라는 뜻으로, 의견을 제시한 후 상대방의 견해를 물어볼 때 쓰는 문형이다.

朋友送了我两张音乐会票，这个周末我们一起去看，怎么样?
Péngyou sòngle wǒ liǎng zhāng yīnyuèhuì piào, zhège zhōumò wǒmen yìqǐ qù kàn, zěnmeyàng?
친구가 내게 음악회 티켓을 두 장 보내주었는데, 이번 주말에 우리 같이 보러 가는 거 어때요?

孩子，这个星期天一起去动物园，好不好?
Háizi, zhège xīngqītiān yìqǐ qù dòngwùyuán, hǎobuhǎo?
애야, 이번 주 일요일에 같이 동물원 가는 거 어때?

▸ 音乐会 yīnyuèhuì 명 음악회 | 周末 zhōumò 명 주말

❹ 你能帮我……吗? / 你能不能帮我……? / 请帮我……

'~해 주시겠어요?, ~해 주실 수 있나요?, ~해 주세요'라는 뜻으로, 누군가에게 도움을 요청할 때 쓰는 문형이다.

你能帮我拿这些东西**吗**? 이 물건들 좀 들어주시겠어요?
Nǐ néng bāng wǒ ná zhèxiē dōngxi ma?

你能不能帮我找一下我的眼镜? 제 안경을 좀 찾아주실 수 있나요?
Nǐ néng bu néng bāng wǒ zhǎo yíxià wǒ de yǎnjìng?

请帮我找一下我的手表。 제 손목시계 좀 찾아주세요.
Qǐng bāng wǒ zhǎo yíxià wǒ de shǒubiǎo.

▶ 拿 ná 동 (손으로) 쥐다, 잡다, 가지다 | 眼镜 yǎnjìng 명 안경

❺ 比如,……

'예를 들면~'이라는 뜻으로, 어떤 사물이나 상황에 대해 예를 들어 구체적으로 말할 때 쓰는 문형이다.

我喜欢吃水果，**比如**，香蕉、苹果、西瓜什么的。
Wǒ xǐhuan chī shuǐguǒ, bǐrú, xiāngjiāo, píngguǒ, xīguā shénmede.
나는 과일을 좋아한다. 예를 들면, 바나나, 사과, 수박 등이다.

我很喜欢运动，**比如**，游泳、瑜伽、爬山等。
Wǒ hěn xǐhuan yùndòng, bǐrú, yóuyǒng, yújiā, páshān děng.
나는 운동을 좋아한다. 예를 들면, 수영, 요가, 등산 등이다.

▶ 什么的 shénmede 대 (나열하는 말 마지막에 쓰여) ~등, ~같은 것

| 보충 | 문장에서 병렬 관계인 단어 또는 구 사이에는 쉼표가 아닌 모점 '、'을 넣는다.
'等 děng'은 '등, 따위'라는 뜻으로, 열거한 후 같은 종류의 것이 더 있음을 나타낸다. 또한 等等처럼 중첩하여 사용할 수도 있다.

❻ 越来越……

'점점, 갈수록'이란 뜻으로, 어떠한 현상이나 정도가 시간의 흐름에 따라 점점 변화가 더해 감을 나타낸다.

手机的功能**越来越**多。 휴대전화의 기능이 점점 더 많아진다.
Shǒujī de gōngnéng yuèláiyuè duō.

越来越多的人不想生孩子。 점점 더 많은 사람들이 아이를 낳고 싶어하지 않는다.
Yuèláiyuè duō de rén bù xiǎng shēng háizi.

▶ 功能 gōngnéng 명 기능, 작용 | 生 shēng 동 낳다, 태어나다

❼ 在/当……时/的时候

'~할 때'라는 뜻으로, '当 dāng'은 주어 앞에 쓰이지만, '在 zài'는 그러한 제한 없이 쓸 수 있다. 이때 '在, 当'은 생략이 가능하다.

(在)买东西时，我主要看商品的质量。 물건을 살 때, 나는 주로 상품의 품질을 본다.
(Zài) mǎi dōngxi shí, wǒ zhǔyào kàn shāngpǐn de zhìliàng.

(在/当)我看书的时候，我家的小狗一直在叫，有点儿影响我。
(Zài/Dāng) wǒ kàn shū de shíhou, wǒ jiā de xiǎogǒu yìzhí zài jiào, yǒudiǎnr yǐngxiǎng wǒ.
내가 책을 볼 때, 우리 집 강아지가 계속 짖어대서, 나에게 영향을 좀 끼친다.

▶ 主要 zhǔyào 🖹 주로, 대부분 | 商品 shāngpǐn 🖹 상품 | 质量 zhìliàng 🖹 품질 | 叫 jiào 🖹 (동물이) 짖다
一直 yìzhí 🖹 계속, 줄곧 | 影响 yǐngxiǎng 🖹 영향을 주다

❽ 对……感兴趣 / 对……有兴趣

'~에 흥미가 있다, ~에 관심이 있다'라는 뜻으로, 어떤 것에 관심이나 흥미가 있다고 말할 때 쓰는 문형이다. 관심이나 흥미가 없을 때는 '对……不感兴趣, 对……没有兴趣'와 같이 표현할 수 있다.

我对汉语很感兴趣。 나는 중국어에 흥미가 있다.
Wǒ duì Hànyǔ hěn gǎn xìngqù.

我对中国文化很有兴趣。 나는 중국문화에 관심이 있다.
Wǒ duì Zhōngguó wénhuà hěn yǒu xìngqù.

孩子对学习不感兴趣/没有兴趣。 아이는 공부에 흥미가 없다.
Háizi duì xuéxí bù gǎn xìngqù/méiyǒu xìngqù.

▶ 感兴趣 gǎn xìngqù 관심이 있다, 흥미가 있다 | 兴趣 xìngqù 🖹 흥미, 흥취, 취미 | 文化 wénhuà 🖹 문화

❾ 给 + 대상 + 동사 + 목적어

'给'는 대상을 이끌어 내는 전치사로, 누군가에게 선물, 전화, 문자, 메일 등 무언가를 할 때 자주 사용하는 문형이다. ~에게 ~하다/해 주다라고 해석한다.

我给你做饭。 내가 너에게 밥을 해 줄게.
Wǒ gěi nǐ zuò fàn.

我给你买件礼物。 내가 너에게 선물을 하나 사 줄게.
Wǒ gěi nǐ mǎi jiàn lǐwù.

|보충| 위 문장은 '我买件礼物送给你'로도 표현할 수 있다.

⑩ 给 + 대상 + 带来……

'给'는 '带来'와 자주 함께 쓰여 '~에(게) ~을 가져다주다/가져오다'라는 뜻을 나타낸다.

读书给我带来快乐。 독서는 나에게 즐거움을 가져다준다.
Dúshū gěi wǒ dàilái kuàilè.

电脑给人们带来很多方便。 컴퓨터는 사람들에게 많은 편리함을 가져다준다.
Diànnǎo gěi rénmen dàilái hěn duō fāngbiàn.

⑪ 留下……

'남기다'라는 뜻으로, '给……留下'의 형식으로 자주 쓰여 '~에게 ~을 남기다'라는 뜻을 나타낸다.

请留下您的电话号码。 당신의 전화번호를 남겨주세요.
Qǐng liúxià nín de diànhuà hàomǎ.

打扮好给别人留下好印象。 잘 단장하는 것은 남에게 좋은 인상을 남긴다.
Dǎban hǎo gěi biérén liúxià hǎo yìnxiàng.

▶ 打扮 dǎban 동 단장하다, 꾸미다 | 印象 yìnxiàng 명 인상

| 보충 | 자주 쓰이는 표현으로는 '留下记忆(liúxià jìyì 기억을 남기다)', '留下纪念(liúxià jìniàn 기념으로 남기다)', '留下回忆(liúxià huíyì 추억을 남기다)' 등이 있다.

⑫ 2음절 형용사(구)/동사(구) + 地

2음절 이상의 형용사(구)나 동사(구) 뒤에 '地 de'가 붙어서 부사어로 쓰이며, 뒤의 술어를 수식한다. 주로 동작을 묘사할 때 쓰이며, '~하게 ~하다' 등으로 해석한다.

① 형용사(구)+地+술어

孩子很客气地说。 아이가 매우 예의바르게 말한다.
Háizi hěn kèqi de shuō.

他认真地写汉字。 그는 한자를 열심히 쓴다.
Tā rènzhēn de xiě Hànzì.

② 동사(구)+地+술어

妈妈吃惊地问。 엄마가 놀라서 묻는다.
Māma chījīng de wèn.

他生气地说。 그는 화를 내며 말한다.
Tā shēngqì de shuō.

▶ 认真 rènzhēn 형 진지하다, 착실하다 | 写 xiě 동 쓰다 | 汉字 Hànzì 고유 한자 | 吃惊 chījīng 동 놀라다
生气 shēngqì 동 화내다, 성나다

다락원 홈페이지에서 MP3 파일
다운로드 및 실시간 재생 서비스

지은이 최정화
펴낸이 정규도
펴낸곳 (주)다락원

초판 1쇄 발행 2017년 3월 27일
초판 5쇄 발행 2024년 9월 16일

기획·편집 최숙영, 이지연, 이상윤
디자인 구수정, 최영란
일러스트 서춘경
녹음 曹红梅, 于海峰, 허강원

다락원 경기도 파주시 문발로 211
전화 (02)736-2031 (내선 250~252 / 내선430~437)
팩스 (02)732-2037
출판등록 1977년 9월 16일 제406-2008-000007호

Copyright ⓒ 2017, 최정화

저자 및 출판사의 허락 없이 이 책의 일부 또는 전부를 무단 복제·전재·
발췌할 수 없습니다. 구입 후 철회는 회사 내규에 부합하는
경우에 가능하므로 구입처에 문의하시기 바랍니다. 분실·파손 등에 따른
소비자 피해에 대해서는 공정거래위원회에서 고시한
소비자 분쟁 해결 기준에 따라 보상 가능합니다.
잘못된 책은 바꿔 드립니다.

ISBN 978-89-277-2203-8 13720

www.darakwon.co.kr
다락원 홈페이지를 방문하시면 상세한 출판 정보와 함께 동영상 강좌, MP3 자료 등
다양한 어학 정보를 얻으실 수 있습니다.

다락원
TSC
발음부터 4급까지
와 함께 보면 좋은 책

처음 배우는 비즈니스 중국어 회화

처음 배우는 비즈니스 중국어 회화 교재 편저 위원회 저
노승숙, 왕춘영 역
4×6배판 | 136면

출국부터 귀국까지 중국 출장 스케줄에 맞춘
실용성 높은 표현들로 구성된 비즈니스 회화서
(원제: 成功商务汉语)

http://www.darakwon.co.kr
다락원 홈페이지를 방문하시면 상세한 출판정보와 함께 동영상강좌,
MP3자료 등 다양한 어학 정보를 얻으실 수 있습니다.
다락원 TEL.(02)736-2031 FAX.(02)732-2037

다락원 TSC 발음부터 4급까지

**중국어를 처음 시작하는 학습자도 자신 있게 도전하자!
중국어의 발음부터 TSC 4급 획득까지 한 번에!**

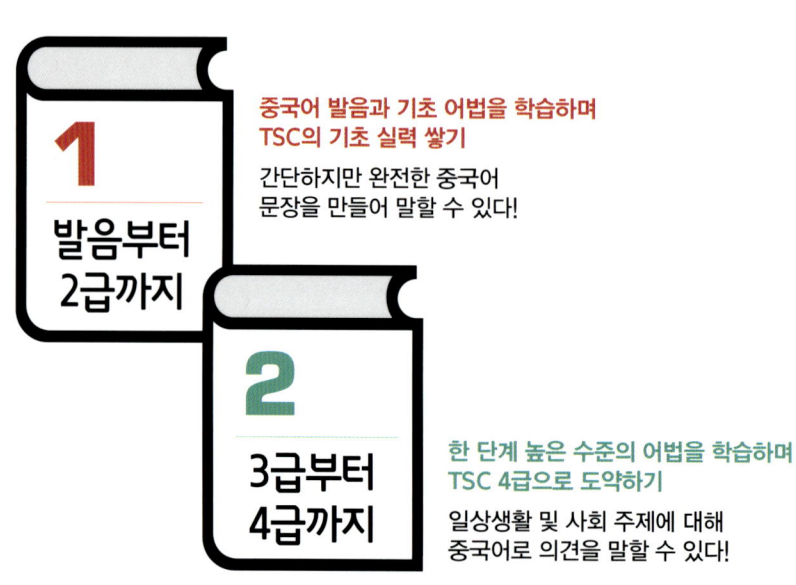

1 발음부터 2급까지

중국어 발음과 기초 어법을 학습하며
TSC의 기초 실력 쌓기

간단하지만 완전한 중국어
문장을 만들어 말할 수 있다!

2 3급부터 4급까지

한 단계 높은 수준의 어법을 학습하며
TSC 4급으로 도약하기

일상생활 및 사회 주제에 대해
중국어로 의견을 말할 수 있다!

다락원 홈페이지에서
MP3 파일 다운로드 및
실시간 재생 서비스

다락원 TSC 발음부터 4급까지

2
3급부터 4급까지

최정화 지음

다락원
TSC
발음부터 4급까지

2 3급부터 4급까지

저자 최정화

- 이화여자대학교 외국어교육특수대학원 국제중국어교육학과 석사
- 前 KCC중앙연구소, 삼성반도체, 삼성디스플레이, 삼성SDS, 삼성웰스토리 중국어 회화 및 TSC 강의
- 現 삼성전자, 삼성종합기술원, 넥슨지티 중국어 회화 및 TSC 강의

논문

「피동문의 용법 및 오류 분석」 공동 집필 외

다락원
TSC
발음부터 4급까지

2 3급부터 4급까지

이 책의 구성 및 활용

2 3급부터 4급까지

01~14과

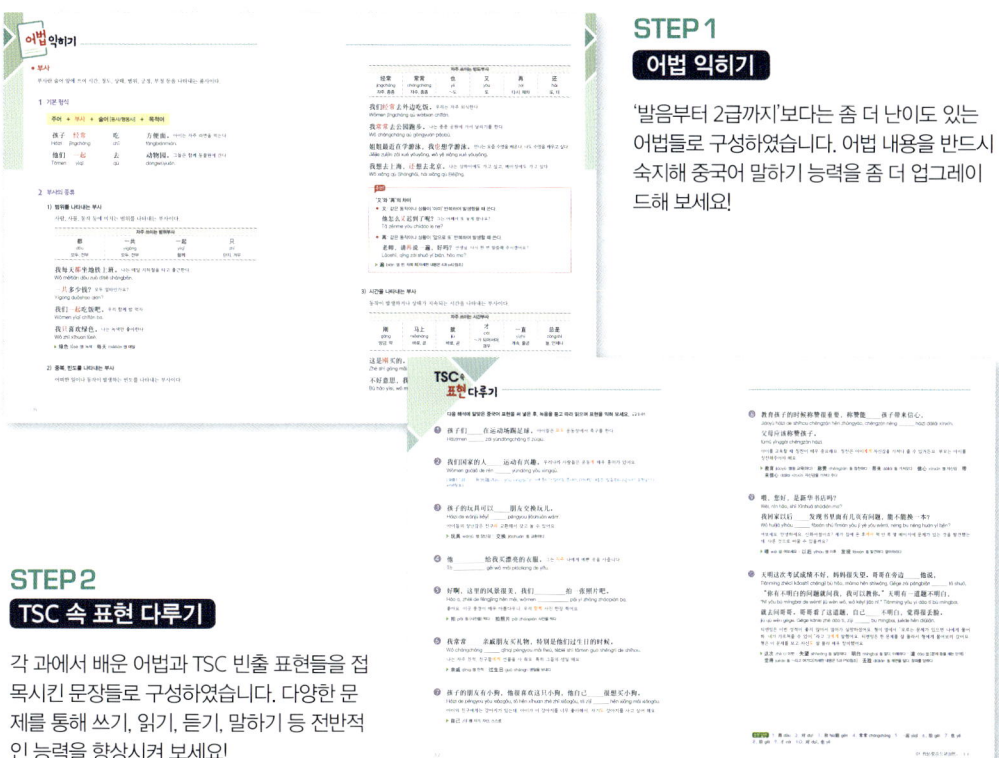

STEP 1
어법 익히기

'발음부터 2급까지'보다는 좀 더 난이도 있는 어법들로 구성하였습니다. 어법 내용을 반드시 숙지해 중국어 말하기 능력을 좀 더 업그레이드해 보세요!

STEP 2
TSC 속 표현 다루기

각 과에서 배운 어법과 TSC 빈출 표현들을 접목시킨 문장들로 구성하였습니다. 다양한 문제를 통해 쓰기, 읽기, 듣기, 말하기 등 전반적인 능력을 향상시켜 보세요!

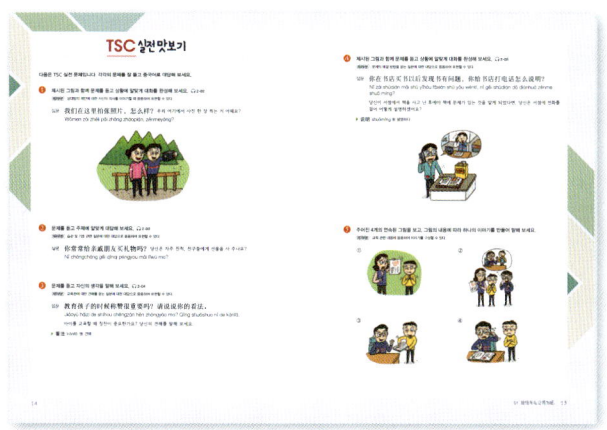

STEP 3
TSC 실전 맛보기

실전 문제와 유사한 형태로 구성하였습니다. 실제 시험이라고 생각하고 한 문제씩 신중하게 풀어 보세요!

03

15과

15과는 TSC 실전 모의고사입니다. 최신 TSC 출제 경향을 완벽하게 반영한 문제들로 구성해 자신의 실력을 최종 점검할 수 있도록 하였습니다. 모의고사를 통해 실전 감각을 키우고 적응력을 높여 보세요!

부록

TSC 말하기 업그레이드 표현 공식 2

TSC에 자주 나오는 표현들을 모아 다양한 예문과 함께 알기 쉽게 구성하였습니다.

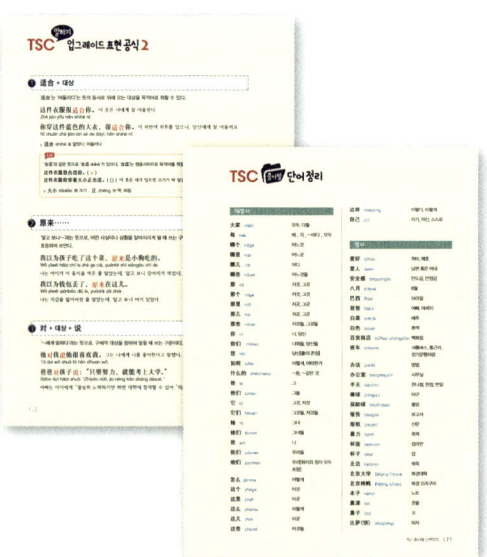

TSC 품사별 단어 정리

TSC를 위해 필수로 알아 두어야 하는 단어를 품사별로 정리하였습니다.

MP3 음성 파일

- 원어민의 발음을 최대한 많이 듣고 따라할 수 있도록 어법 익히기의 대화 문장, 어휘, 연습 문제 및 모범 답안을 녹음하였습니다. MP3 음성 파일을 활용해 꾸준히 말하기 연습을 해 보세요.

- 해당되는 부분에 MP3 트랙 번호가 기재되어 있습니다. 🎧 2-01

- MP3 음성 파일은 '**다락원 홈페이지 (www.darakwon.co.kr)**'를 통해서 무료로 다운로드 받을 수 있습니다. 스마트폰으로 QR코드를 스캔하면 MP3 다운로드 및 실시간 재생 가능한 페이지로 바로 연결됩니다.

✏️ 이 책의 표기법

① 이 책에 나오는 인명은 중국어 발음을 한국어로 표기하였습니다.

　　예) 小明 → 샤오밍　　　小李 → 샤오리

② 이 책에 나오는 지명은 중국어 발음을 한국어로 표기하였습니다.

　　예) 北京 → 베이징　　　上海 → 상하이

③ 품사는 다음과 같은 약어로 표기하였습니다.

품사	약자	품사	약자	품사	약자
명사	명	부사	부	감탄사	감
고유명사	고유	수사	수	조사	조
대명사	대	양사	양	동사	동
성어	성	조동사	조동	개사	개
형용사	형	접속사	접	수량사	수량

차례

이 책의 구성 및 활용 ·· 03

01	我经常在公司加班。 나는 자주 회사에서 야근을 해요.	07
02	妈妈跟邻居一边喝咖啡，一边聊天儿。 엄마는 이웃과 커피를 마시며 이야기를 해요.	17
03	我昨天买了一条裙子。 나는 어제 치마 하나를 샀어요.	29
04	我学了一年汉语。 나는 중국어를 1년간 공부했어요.	39
05	我觉得今天有点儿热。 나는 오늘 좀 더운 것 같네요.	49
06	姐姐今天穿得很漂亮。 언니는 오늘 옷을 예쁘게 입었어요.	59
07	我的身体比昨天好多了。 나의 건강이 어제보다 많이 좋아졌어요.	67
08	我找到了我的钱包。 나는 나의 지갑을 찾았어요.	77
09	丈夫高兴地跑了出去。 남편은 반갑게 뛰어 나갔어요.	87
10	爸爸在沙发上坐着。 아빠는 소파에 앉아 계세요.	97
11	妈妈让我做作业。 엄마는 나에게 숙제를 하게 하셨어요.	105
12	工作太多了，一天做不完。 일이 너무 많아서, 하루에 다 할 수 없어요.	113
13	我把雨伞忘在办公室了。 나는 우산을 깜박하고 사무실에 두고 왔어요.	121
14	小李被老师批评了一顿。 샤오리는 선생님한테 한바탕 야단을 맞았어요.	129
15	TSC 실전 모의고사	137

부록 TSC 말하기 업그레이드 표현 공식 2 ·· 172
　　　　TSC 품사별 단어 정리 ·· 175

01

我经常在公司加班。
Wǒ jīngcháng zài gōngsī jiābān.

나는 자주 회사에서 야근을 해요.

| 부사
| 전치사

● 부사

부사란 술어 앞에 쓰여 시간, 정도, 상태, 범위, 긍정, 부정 등을 나타내는 품사이다.

1 기본 형식

| 주어 + 부사 + 술어[동사/형용사] + 목적어 |

孩子　经常　　　吃　　方便面。 아이는 자주 라면을 먹는다.
Háizi　jīngcháng　chī　fāngbiànmiàn.

他们　一起　　　去　　动物园。 그들은 함께 동물원에 간다.
Tāmen　yìqǐ　　qù　　dòngwùyuán.

2 부사의 종류

1) 범위를 나타내는 부사

사람, 사물, 동작 등에 미치는 범위를 나타내는 부사이다.

자주 쓰이는 범위부사			
都	一共	一起	只
dōu	yígòng	yìqǐ	zhǐ
모두, 전부	모두, 전부	함께	단지, 겨우

我每天都坐地铁上班。 나는 매일 지하철을 타고 출근한다.
Wǒ měitiān dōu zuò dìtiě shàngbān.

一共多少钱? 모두 얼마인가요?
Yígòng duōshao qián?

我们一起吃饭吧。 우리 함께 밥 먹자.
Wǒmen yìqǐ chīfàn ba.

我只喜欢绿色。 나는 녹색만 좋아한다.
Wǒ zhǐ xǐhuan lǜsè.

▶ 每天 měitiān 명 매일 | 绿色 lǜsè 명 녹색

2) 중복, 빈도를 나타내는 부사

어떠한 일이나 동작이 발생하는 빈도를 나타내는 부사이다.

08

자주 쓰이는 빈도부사					
经常 jīngcháng 자주, 종종	常常 chángcháng 자주, 종종	也 yě ~도	又 yòu 또	再 zài 다시, 재차	还 hái 또, 더

我们经常去外边吃饭。 우리는 자주 외식한다.
Wǒmen jīngcháng qù wàibian chīfàn.

我常常去公园跑步。 나는 종종 공원에 가서 달리기를 한다.
Wǒ chángcháng qù gōngyuán pǎobù.

姐姐最近在学游泳，我也想学游泳。 언니는 요즘 수영을 배운다. 나도 수영을 배우고 싶다.
Jiějie zuìjìn zài xué yóuyǒng, wǒ yě xiǎng xué yóuyǒng.

我想去上海，还想去北京。 나는 상하이에도 가고 싶고, 베이징에도 가고 싶다.
Wǒ xiǎng qù Shànghǎi, hái xiǎng qù Běijīng.

> **주의!**
> **'又'와 '再'의 차이**
> - 又: 같은 동작이나 상황이 '이미' 반복하여 발생했을 때 쓴다.
>
>   **他怎么又迟到了呢?** 그는 어째서 또 늦게 왔나요?
>   Tā zěnme yòu chídào le ne?
>
> - 再: 같은 동작이나 상황이 '앞으로 또' 반복하여 발생할 때 쓴다.
>
>   **老师，请再说一遍，好吗?** 선생님, 다시 한 번 말씀해 주시겠어요?
>   Lǎoshī, qǐng zài shuō yí biàn, hǎo ma?
>
> ▶ 遍 biàn 양 번, 차례 회[자세한 내용은 04과 p.42 참조]

3) 시간을 나타내는 부사

동작이 발생하거나 상태가 지속되는 시간을 나타내는 부사이다.

자주 쓰이는 시간부사					
刚 gāng 방금, 막	马上 mǎshàng 바로, 곧	就 jiù 바로, 곧	才 cái ~가 되어서야, 겨우	一直 yìzhí 계속, 줄곧	总是 zǒngshì 늘, 언제나

这是刚买的。 이것은 방금 산 거예요.
Zhè shì gāng mǎi de.

不好意思，我马上到。 미안해, 나 곧 도착할 거야.
Bù hǎo yìsi, wǒ mǎshàng dào.

我知道你一直很努力。 나는 네가 줄곧 노력했다는 것을 알아.
Wǒ zhīdào nǐ yìzhí hěn nǔlì.

孩子总是玩儿电脑游戏。 아이는 늘 컴퓨터 게임을 한다.
Háizi zǒngshì wánr diànnǎo yóuxì.

▶ 知道 zhīdào 통 알다, 이해하다

> **주의!**
>
> '就'와 '才'의 차이
>
> ● 就: 동작이 일찍 혹은 빠르게 발생할 때 쓴다.
>
>   我们起床后就去游乐场吧。 우리 일어나서 바로 놀이공원에 가자.
>   Wǒmen qǐchuáng hòu jiù qù yóulèchǎng ba.
>
> ● 才: 동작이 늦게 혹은 느리게 발생할 때 쓰며, 일의 진행이 가까스로 이루어짐을 나타낸다.
>
>   他上午十点才上班。 그는 오전 10시나 되어서야 출근했다.
>   Tā shàngwǔ shí diǎn cái shàngbān.
>
> ▶ 后 hòu 명 (시간상으로) 뒤, 후

● 전치사

전치사란 중국어 어법에서 개사라고 하며, 일반적으로 술어 앞에서 명사, 대명사, 명사성 어구 등과 결합하여 장소, 시간, 원인, 방향, 대상, 방식, 범위 등을 나타내는 품사이다.

1 기본 형식

> 주어 + 개사구[개사+명사/대명사] + 술어 + (목적어)

| 我 Wǒ | 在公司 zài gōngsī | 加班。 jiābān. | | 나는 회사에서 야근해요. |
| 妈妈 Māma | 为我 wèi wǒ | 准备 zhǔnbèi | 早饭。 zǎofàn. | 엄마는 나를 위해 아침밥을 준비해요. |

문장에 부사, 조동사가 있을 경우 일반적으로 '부사, 조동사, 개사구' 순으로 배열한다.

我一定会给你打电话。 나는 틀림없이 너에게 전화할 거야.
Wǒ yídìng huì gěi nǐ dǎ diànhuà.

我当然想给孩子买最好的东西。 나는 당연히 아이에게 가장 좋은 물건을 사주고 싶다.
Wǒ dāngrán xiǎng gěi háizi mǎi zuì hǎo de dōngxi.

▶ 一定 yídìng 부 반드시, 틀림없이 | 当然 dāngrán 부 당연히, 물론

2 전치사의 종류

1) 시간, 장소를 나타내는 전치사

시간이나 장소의 범위, 거리 기점 등을 나타낼 수 있다.

자주 쓰이는 전치사		
在 zài ~에(서)	从 cóng ~로부터	离 lí ~(기준점)으로부터

我**在**车站等她。 나는 정류장에서 그녀를 기다린다.
Wǒ zài chēzhàn děng tā.

他们**从**中国来。 그는 중국으로부터 왔다.
Tāmen cóng Zhōngguó lái.

你家**离**公司远吗? 당신 집은 회사에서 먼가요?
Nǐ jiā lí gōngsī yuǎn ma?

|보충| '从'과 '离'의 차이에 대한 자세한 설명은 '발음부터 2급까지' 10과 p.105 참조

2) 대상을 나타내는 전치사

동작의 대상을 표시할 수 있다.

자주 쓰이는 전치사				
对 duì ~에게, ~에 대하여	给 gěi ~에게	为 wèi ~에게, ~를 위하여	和 hé ~와/과	跟 gēn ~와/과

他**对**我说了这件事。 그는 나에게 이 일을 말했다.
Tā duì wǒ shuōle zhè jiàn shì.

朋友**给**我打电话。 친구가 나에게 전화한다.
Péngyou gěi wǒ dǎ diànhuà.

这是我**为**你准备的。 이것은 너를 위해 준비한 거야.
Zhè shì wǒ wèi nǐ zhǔnbèi de.

你**和**谁一起去? 너는 누구와 함께 가니?
Nǐ hé shéi yìqǐ qù?

TSC속 표현 다루기

다음 해석에 알맞은 중국어 표현을 써 넣은 후, 녹음을 듣고 따라 읽으며 표현을 익혀 보세요. 🎧 2-01

❶ 孩子们_____在运动场踢足球。 아이들은 모두 운동장에서 축구를 한다.
Háizimen _____ zài yùndòngchǎng tī zúqiú.

❷ 我们国家的人_____运动有兴趣。 우리나라 사람들은 운동에 흥미가 있어요.
Wǒmen guójiā de rén _____ yùndòng yǒu xìngqù.

| 보충 | '对……有兴趣 duì…… yǒu xìngqù'는 '~에 흥미가 있다'는 뜻이다. [자세한 내용은 '발음부터 2급까지' 표현공식 1 p.158 참조]

❸ 孩子的玩具可以_____朋友交换玩儿。
Háizi de wánjù kěyǐ _____ péngyou jiāohuàn wánr.
아이들의 장난감은 친구와 교환해서 갖고 놀 수 있어요.

▶ 玩具 wánjù 명 장난감 | 交换 jiāohuàn 동 교환하다

❹ 他_____给我买漂亮的衣服。 그는 자주 나에게 예쁜 옷을 사줍니다.
Tā _____ gěi wǒ mǎi piàoliang de yīfu.

❺ 好啊，这里的风景很美，我们_____拍一张照片吧。
Hǎo a, zhèlǐ de fēngjǐng hěn měi, wǒmen _____ pāi yì zhāng zhàopiàn ba.
좋아요. 이곳 풍경이 매우 아름다우니, 우리 함께 사진 한 장 찍어요.

▶ 拍 pāi 동 (사진을) 찍다 | 拍照片 pāi zhàopiàn 사진을 찍다

❻ 我常常_____亲戚朋友买礼物，特别是他们过生日的时候。
Wǒ chángcháng _____ qīnqi péngyou mǎi lǐwù, tèbié shì tāmen guò shēngrì de shíhou.
나는 자주 친척, 친구들에게 선물을 사 줘요. 특히 그들의 생일 때요.

▶ 亲戚 qīnqi 명 친척 | 过生日 guò shēngrì 생일을 보내다

❼ 孩子的朋友有小狗，他很喜欢这只小狗，他自己_____很想买小狗。
Háizi de péngyou yǒu xiǎogǒu, tā hěn xǐhuan zhè zhī xiǎogǒu, tā zìjǐ _____ hěn xiǎng mǎi xiǎogǒu.
아이의 친구에게는 강아지가 있는데, 아이가 이 강아지를 너무 좋아해서, 자기도 강아지를 사고 싶어 해요.

▶ 自己 zìjǐ 대 자기, 자신, 스스로

❽ 教育孩子的时候称赞很重要，称赞能_____孩子带来信心，
Jiàoyù háizi de shíhou chēngzàn hěn zhòngyào, chēngzàn néng _____ háizi dàilái xìnxīn,

父母应该称赞孩子。
fùmǔ yīnggāi chēngzàn háizi.

아이를 교육할 때 칭찬이 매우 중요해요. 칭찬은 아이에게 자신감을 가져다 줄 수 있거든요. 부모는 아이를 칭찬해주어야 해요.

▶ 教育 jiàoyù 몡통 교육(하다) | 称赞 chēngzàn 통 칭찬하다 | 带来 dàilái 통 가져오다 | 信心 xìnxīn 몡 자신감 | 带来信心 dàilái xìnxīn 자신감을 가져다 주다

❾ 喂，您好，是新华书店吗？
Wéi, nín hǎo, shì Xīnhuá shūdiàn ma?

我回家以后_____发现书里面有几页有问题，能不能换一本？
Wǒ huíjiā yǐhòu _____ fāxiàn shū lǐmiàn yǒu jǐ yè yǒu wèntí, néng bu néng huàn yì běn?

여보세요, 안녕하세요. 신화서점이죠? 제가 집에 온 후에야 책 안 쪽 몇 페이지에 문제가 있는 것을 발견했는데, 다른 것으로 바꿀 수 있을까요?

▶ 喂 wéi 감 여보세요 | 以后 yǐhòu 몡 이후 | 发现 fāxiàn 통 발견하다, 알아차리다

❿ 天明这次考试成绩不好，妈妈很失望。哥哥在旁边_____他说，
Tiānmíng zhè cì kǎoshì chéngjì bù hǎo, māma hěn shīwàng. Gēge zài pángbiān _____ tā shuō,

"你有不明白的问题就问我，我可以教你。"天明有一道题不明白，
"Nǐ yǒu bù míngbai de wèntí jiù wèn wǒ, wǒ kěyǐ jiāo nǐ." Tiānmíng yǒu yí dào tí bù míngbai,

就去问哥哥。哥哥看了这道题，自己_____不明白，觉得很丢脸。
jiù qù wèn gēge. Gēge kànle zhè dào tí, zìjǐ _____ bù míngbai, juéde hěn diūliǎn.

티엔밍은 이번 성적이 좋지 않아서 엄마가 실망하셨어요. 형이 옆에서 "모르는 문제가 있으면 나에게 물어봐. 내가 가르쳐줄 수 있어."라고 그에게 말했어요. 티엔밍은 한 문제를 잘 몰라서 형에게 물어보러 갔어요. 형은 이 문제를 보고 자신도 잘 몰라 매우 창피했어요.

▶ 这次 zhè cì 이번 | 失望 shīwàng 통 실망하다 | 明白 míngbai 통 알다, 이해하다 | 道 dào 양 [문제 등을 세는 단위] | 觉得 juéde 통 ~라고 여기다[자세한 내용은 05과 p.50 참조] | 丢脸 diūliǎn 통 체면을 잃다, 창피를 당하다

모범답안 1. 都 dōu 2. 对 duì 3. 和 hé/跟 gēn 4. 常常 chángcháng 5. 一起 yìqǐ 6. 给 gěi 7. 也 yě
8. 给 gěi 9. 才 cái 10. 对 duì, 也 yě

TSC 실전맛보기

다음은 TSC 실전 문제입니다. 각각의 문제를 잘 듣고 중국어로 대답해 보세요.

① 제시된 그림과 함께 문제를 듣고 상황에 알맞게 대화를 완성해 보세요. 🎧 2-02

제3부분   상대방의 제안에 대한 자신의 의사를 이야기할 때 응용하여 표현할 수 있다.

질문   **我们在这里拍张照片，怎么样?** 우리 여기에서 사진 한 장 찍는 거 어때요?
        Wǒmen zài zhèli pāi zhāng zhàopiàn, zěnmeyàng?

② 문제를 듣고 주제에 알맞게 대답해 보세요. 🎧 2-03

제4부분   습관 및 기호 관련 질문에 대한 대답으로 응용하여 표현할 수 있다.

질문   **你常常给亲戚朋友买礼物吗?** 당신은 자주 친척, 친구들에게 선물을 사 주나요?
        Nǐ chángcháng gěi qīnqi péngyou mǎi lǐwù ma?

③ 문제를 듣고 자신의 생각을 말해 보세요. 🎧 2-04

제5부분   교육관에 대한 견해를 묻는 질문에 대한 대답으로 응용하여 표현할 수 있다.

질문   **教育孩子的时候称赞很重要吗? 请说说你的看法。**
        Jiàoyù háizi de shíhou chēngzàn hěn zhòngyào ma? Qǐng shuōshuo nǐ de kànfǎ.
        아이를 교육할 때 칭찬이 중요한가요? 당신의 견해를 말해 보세요.

▶ **看法** kànfǎ 명 견해

❹ 제시된 그림과 함께 문제를 듣고 상황에 대응하여 대답해 보세요. 🎧 2-05

제6부분 문제의 해결 방법을 묻는 질문에 대한 대답으로 응용하여 표현할 수 있다.

질문 **你在书店买书以后发现书有问题，你给书店打电话怎么说明？**

Nǐ zài shūdiàn mǎi shū yǐhòu fāxiàn shū yǒu wèntí, nǐ gěi shūdiàn dǎ diànhuà zěnme shuōmíng?

당신이 서점에서 책을 사고 난 후에 책에 문제가 있는 것을 알게 되었다면, 당신은 서점에 전화를 걸어 어떻게 설명하겠어요?

▶ 说明 shuōmíng 동 설명하다

❺ 주어진 4개의 연속된 그림을 보고, 그림의 내용에 따라 하나의 이야기를 만들어 말해 보세요.

제7부분 교육 관련 내용에 응용하여 이야기를 구성할 수 있다.

①

②

③

④

TSC 실전맛보기 **모범 답안**

녹음을 듣고 따라 읽어 보세요. 🎧 2-06

① 질문　我们在这里拍张照片，怎么样？

　　 대답　好啊，这里的风景很美，我们一起拍一张照片吧。
　　　　　Hǎo a, zhèli de fēngjǐng hěn měi, wǒmen yìqǐ pāi yì zhāng zhàopiàn ba.
　　　　　좋아요. 이곳 풍경이 매우 아름다우니, 우리 함께 사진 한 장 찍어요.

② 질문　你常常给亲戚朋友买礼物吗？

　　 대답　我常常给亲戚朋友买礼物，特别是他们过生日的时候。
　　　　　Wǒ chángcháng gěi qīnqi péngyou mǎi lǐwù, tèbié shì tāmen guò shēngrì de shíhou.
　　　　　나는 자주 친척, 친구들에게 선물을 사 줘요. 특히 그들의 생일 때요.

③ 질문　教育孩子的时候称赞很重要吗？请说说你的看法。

　　 대답　教育孩子的时候称赞很重要，称赞能给孩子带来信心，
　　　　　Jiàoyù háizi de shíhou chēngzàn hěn zhòngyào, chēngzàn néng gěi háizi dàilái xìnxīn,

　　　　　父母应该称赞孩子。
　　　　　fùmǔ yīnggāi chēngzàn háizi.
　　　　　아이를 교육할 때 칭찬이 매우 중요해요. 칭찬은 아이에게 자신감을 가져다 줄 수 있거든요. 부모는 아이를 칭찬해주어야 해요.

④ 질문　你在书店买书以后发现书有问题，你给书店打电话怎么说明？

　　 대답　喂，您好，是新华书店吗？我回家以后才发现书里面有几页有问题，
　　　　　Wéi, nín hǎo, shì Xīnhuá shūdiàn ma? Wǒ huíjiā yǐhòu cái fāxiàn shū lǐmiàn yǒu jǐ yè yǒu wèntí,

　　　　　能不能换一本？
　　　　　néng bu néng huàn yì běn?
　　　　　여보세요, 안녕하세요, 신화서점이죠? 제가 집에 온 후에야 책 안 쪽 몇 페이지에 문제가 있는 것을 발견했는데, 다른 것으로 바꿀 수 있을까요?

⑤ 대답　① 天明这次考试成绩不好，妈妈很失望。
　　　　　　Tiānmíng zhè cì kǎoshì chéngjì bù hǎo, māma hěn shīwàng.
　　　　　　티엔밍은 이번 성적이 좋지 않아서 엄마가 실망하셨어요.

　　　　　② 哥哥在旁边对他说，"你有不明白的问题就问我，我可以教你。"
　　　　　　Gēge zài pángbiān duì tā shuō, "Nǐ yǒu bù míngbai de wèntí jiù wèn wǒ, wǒ kěyǐ jiāo nǐ."
　　　　　　형이 옆에서 "모르는 문제가 있으면 나에게 물어봐. 내가 가르쳐줄 수 있어."라고 그에게 말했어요.

　　　　　③ 天明有一道题不明白，就去问哥哥。
　　　　　　Tiānmíng yǒu yí dào tí bù míngbai, jiù qù wèn gēge.
　　　　　　티엔밍은 한 문제를 잘 몰라서 형에게 물어보러 갔어요.

　　　　　④ 哥哥看了这道题，自己也不明白，觉得很丢脸。
　　　　　　Gēge kànle zhè dào tí, zìjǐ yě bù míngbai, juéde hěn diūliǎn.
　　　　　　형은 이 문제를 보고 자신도 잘 몰라 매우 창피했어요.

02

妈妈跟邻居一边喝咖啡，
Māma gēn línjū yìbiān hē kāfēi,

一边聊天儿。
yìbiān liáotiānr.

엄마는 이웃과 커피를 마시며 이야기를 해요.

| 여러 가지 관련사어

● 여러 가지 관련사어

논리적으로 이야기를 이어가려면, 여러 가지 접속사와 이와 호응하는 부사를 이용하여 복문으로 말을 하게 된다. 복문이란 두 개 이상의 절로 구성된 문장으로, 여러 가지 관련사어가 절과 절 사이의 논리적 관계를 설명해 준다. 각 관계별로 관련사어를 다음과 같이 나누어 살펴보도록 하자.

1 병렬 관계

서술어를 병렬하여 두 동작이 동시에 출현하거나, 동시에 존재하는 두 가지 상황을 나타낸다. '一边……, 一边……'은 동시 동작을 나타내고, '又……, 又……'는 동시 상황을 나타내는데, '又……, 又……'는 일반적으로 형용사 혹은 비동작동사를 사용하여 말한다.

一边……, 一边…… ~하면서 ~하다
yìbiān……, yìbiān……

妈妈跟邻居一边喝咖啡，一边聊天儿。
Māma gēn línjū yìbiān hē kāfēi, yìbiān liáotiānr.
엄마는 이웃과 커피를 마시며 이야기를 하신다.

爸爸在书房里一边听音乐，一边写报告。
Bàba zài shūfáng li yìbiān tīng yīnyuè, yìbiān xiě bàogào.
아빠는 서재에서 음악을 들으며 보고서를 작성하신다.

又 / 既……, 又…… ~하기도 하고 ~하기도 하다
yòu / jì……, yòu……

这件衣服又漂亮又便宜。
Zhè jiàn yīfu yòu piàoliang yòu piányi.
이 옷은 예쁘기도 하고, 싸기도 하다.

我家附近既有地铁站又有公共汽车站，交通很方便。
Wǒ jiā fùjìn jì yǒu dìtiě zhàn yòu yǒu gōnggòngqìchē zhàn, jiāotōng hěn fāngbiàn.
우리 집 근처에는 지하철 역도 있고 버스정류장도 있어, 교통이 매우 편리하다.

▶ 交通 jiāotōng 명 교통

2 역접 관계

뒤 절의 내용이 앞 절의 내용에 상반되는 의미를 나타낸다.

> ……，不过 / 可是 / 但是…… ~하지만 ~하다
> ……, búguò / kěshì / dànshì……

我很喜欢运动，但是没时间去运动。
Wǒ hěn xǐhuan yùndòng, dànshì méi shíjiān qù yùndòng.
나는 운동을 좋아하지만, 운동하러 갈 시간이 없다.

这个书包很漂亮，可是很贵。
Zhège shūbāo hěn piàoliang, kěshì hěn guì.
이 책가방은 매우 예쁘지만 비싸다.

> 虽然……，不过 / 可是 / 但是…… 비록 ~하지만, ~하다
> suīrán……, búguò / kěshì / dànshì……

虽然我不会打篮球，但是喜欢看篮球比赛。
Suīrán wǒ bú huì dǎ lánqiú, dànshì xǐhuan kàn lánqiú bǐsài.
비록 나는 농구를 할 줄 모르지만, 농구 경기 보는 것은 좋아한다.

爸爸虽然很生气，但是没发火。
Bàba suīrán hěn shēngqì, dànshì méi fāhuǒ.
아빠는 비록 화가 났지만, 화를 내지 않았다.

▶ 发火 fāhuǒ 동 화를 내다

> A是A，不过 / 可是 / 但是…… A하긴 A한데, 그러나 ~하다
> A shì A, búguò / kěshì / dànshì

喜欢是喜欢，不过太贵了。
Xǐhuan shì xǐhuan, búguò tài guì le.
좋긴 좋은데 너무 비싸다.

打扮重要是重要，但是学习更重要。
Dǎban zhòngyào shì zhòngyào, dànshì xuéxí gèng zhòngyào.
화장하고 꾸미는 것이 중요하긴 중요하나, 공부가 더 중요하다.

▶ 重要 zhòngyào 형 중요하다 | 更 gèng 부 더욱, 더

| 보충 | '太……了'에 대한 자세한 설명은 03과 p.32 참조

3 인과 관계

앞 절이 원인이 되어 뒤 절의 결과가 나타나게 되었음을 의미한다.

> **因为……，所以……** 왜냐하면 ~이기 때문에 ~하다
> yīnwèi……, suǒyǐ……

因为成绩不好，**所以**孩子很失望。
Yīnwèi chéngjì bù hǎo, suǒyǐ háizi hěn shīwàng.
성적이 좋지 않아서 아이는 매우 실망했어요.

因为弟弟每天很晚才睡觉，**所以**早上经常迟到。
Yīnwèi dìdi měitiān hěn wǎn cái shuìjiào, suǒyǐ zǎoshang jīngcháng chídào.
남동생은 매일 늦게 자서 아침에 자주 지각을 한다.

4 점층 관계

뒤 절이 앞 절에 비해 의미가 한층 더 확대되거나 정도가 강해짐을 나타낸다.

> **除了……(以外)，还 / 也 / 都……** ~외에/~를 제외하고, ~도 모두 ~하다
> chúle……(yǐwài), hái / yě / dōu……

除了游泳(以外)，我**还**喜欢爬山。
Chúle yóuyǒng (yǐwài), wǒ hái xǐhuan páshān.
나는 수영 이외에 등산도 좋아한다.

除了我(以外)，弟弟**也**想去那儿。
Chúle wǒ (yǐwài), dìdi yě xiǎng qù nàr.
나 외에 동생도 그곳에 가고 싶어 한다.

除了辣的(以外)，我什么**都**喜欢吃。
Chúle là de (yǐwài), wǒ shénme dōu xǐhuan chī.
매운 것을 제외하고, 나는 아무 음식이나 다 잘 먹어요.

> **不但 / 不仅……，而且 / 还……** ~뿐만 아니라, 게다가 ~하다
> búdàn / bùjǐn……, érqiě / hái……

那个职员**不但**很有能力，**而且**人品也很好。
Nàge zhíyuán búdàn hěn yǒu nénglì, érqiě rénpǐn yě hěn hǎo.
그 직원은 능력이 있을 뿐만 아니라, 인품도 매우 좋다.

他**不仅**喜欢学习，**还**喜欢运动。
Tā bùjǐn xǐhuan xuéxí, hái xǐhuan yùndòng.
그는 공부를 좋아할 뿐만 아니라, 운동도 좋아한다.

▶ **职员** zhíyuán 명 직원 | **能力** nénglì 명 능력 | **人品** rénpǐn 명 인품

5 가정 관계

앞 절은 가정의 조건을 제시하고, 뒤 절은 그에 따른 결과를 나타낸다. 아래 구문 중 '的话'를 생략하거나 '……的话'만 쓸 수도 있다.

> **如果 / 要是……(的话)，(就/那么)……** 만약에 ~한다면, (그러면) ~하다
> rúguǒ / yàoshi……(dehuà), (jiù / nàme)……

如果你想考上大学，**就**得努力学习。
Rúguǒ nǐ xiǎng kǎoshàng dàxué, jiù děi nǔlì xuéxí.
네가 대학에 들어가고 싶으면, 열심히 공부해야 해.

你有时间**的话**，咱们一起去看演唱会吧。
Nǐ yǒu shíjiān dehuà, zánmen yìqǐ qù kàn yǎnchànghuì ba.
만약 너 시간 있으면, 우리 같이 콘서트 보러 가자.

▶ **考上** kǎoshàng 시험에 합격하다 | **咱们** zánmen 때 우리[화자와 청자 모두 포함] | **演唱会** yǎnchànghuì 명 콘서트

6 조건 관계

앞 절은 조건을 나타내고 뒤 절은 그 결과를 나타낸다.

> **只要……，就……** ~하기만 하면 ~하다
> zhǐyào……, jiù……

只要努力，**就**能成功。
Zhǐyào nǔlì, jiù néng chénggōng.
열심히 노력하기만 하면, 성공할 수 있다.

只要多休息，身体**就**会好的。
Zhǐyào duō xiūxi, shēntǐ jiù huì hǎo de.
많이 휴식을 취하기만 하면, 건강이 좋아질 것이다.

| 보충 | '会……(的) huì……(de)'는 '~할 것이다'라는 뜻으로 여기서 '的'는 강조의 역할을 한다.

▶ **成功** chénggōng 명 성공 | **休息** xiūxi 동 쉬다, 휴식하다

只有……，才…… ~해야만 비로소 ~하다
zhǐyǒu……, cái……

只有努力学习，**才**能考上大学。
Zhǐyǒu nǔlì xuéxí, cái néng kǎoshàng dàxué.
열심히 공부해야만 비로소 대학에 합격할 수 있다.

只有坚持运动，**才**能减肥。
Zhǐyǒu jiānchí yùndòng, cái néng jiǎnféi.
꾸준히 운동해야만 살을 뺄 수 있다.

▶ 坚持 jiānchí 통 견지하다, 유지하다 | 减肥 jiǎnféi 통 살을 빼다, 다이어트하다

不管 / 无论……都 / 也…… ~를 막론하고 모두 ~하다
bùguǎn / wúlùn ……dōu / yě……

不管什么颜色，你穿**都**很漂亮。
Bùguǎn shénme yánsè, nǐ chuān dōu hěn piàoliang.
어떤 색깔이든 네가 입으면 다 예뻐.

无论什么减肥方法，**也**要注意健康。
Wúlùn shénme jiǎnféi fāngfǎ, yě yào zhùyì jiànkāng.
어떤 다이어트 방법이든지 건강에 주의해야 한다.

▶ 颜色 yánsè 명 색, 색깔 | 方法 fāngfǎ 명 방법 | 健康 jiànkāng 명·형 건강(하다)

……，要不然 / 否则…… ~해야지, 그렇지 않으면 ~하다
……, yàoburán / fǒuzé……

你应该努力学习，**要不然**不能进入好的大学。
Nǐ yīnggāi nǔlì xuéxí, yàoburán bù néng jìnrù hǎo de dàxué.
너는 열심히 공부해야 해. 그렇지 않으면 좋은 대학에 들어갈 수 없어.

你到中国就给妈妈打电话，**否则**妈妈会担心。
Nǐ dào Zhōngguó jiù gěi māma dǎ diànhuà, fǒuzé māma huì dānxīn.
너 중국에 도착하면 엄마한테 전화해. 그렇지 않으면 엄마가 걱정할 거야.

▶ 进入 jìnrù 통 (어떤 시기·상태·범위에) 들다

7 연속 관계

두 가지 일이 순서에 따라 연속으로 발생함을 나타낸다.

> **先……, 然后(再)……** 우선 ~하고, 그 다음에 ~하다
> xiān……, ránhòu (zài)……

先买衣服，**然后再**买鞋吧。
Xiān mǎi yīfu, ránhòu zài mǎi xié ba.
먼저 옷부터 사고, 그리고 나서 신발을 사자.

先做作业，**然后**出去玩儿吧。
Xiān zuò zuòyè, ránhòu chūqù wánr ba.
우선 숙제부터 하고, 그리고 나서 나가서 놀도록 해.

> **一……, 就……** ~하자마자 ~하다/~하기만 하면 ~하다
> yī……, jiù……

孩子**一**放学回家**就**出去玩儿。
Háizi yí fàngxué huíjiā jiù chūqù wánr.
아이는 집에 돌아오자마자 바로 놀러 나간다.[아이는 집에 돌아오기만 하면 바로 놀러 나간다.]

我**一**到公司**就**喝咖啡。
Wǒ yí dào gōngsī jiù hē kāfēi.
나는 회사에 도착하자마자 커피를 마신다.

8 목적 관계

어떤 목적과 그 목적을 달성하기 위한 행동을 나타낼 때 사용한다.

> **为(了)……** ~하기 위하여
> wèi(le) ……

他**为了**考上大学，每天认真学习。
Tā wèile kǎoshàng dàxué, měitiān rènzhēn xuéxí.
그는 대학에 합격하기 위해 매일 열심히 공부한다.

为了保护环境，应该少用一次性用品。
Wèile bǎohù huánjìng, yīnggāi shǎo yòng yícìxìng yòngpǐn.
환경을 보호하기 위해 일회용품을 적게 써야 한다.

▶ **保护** bǎohù 동 보호하다 | **环境** huánjìng 명 환경 | **少** shǎo 부 약간, 조금 | **一次性用品** yícìxìng yòngpǐn 일회용품

TSC속 표현 다루기

다음 해석에 알맞은 중국어 표현을 써 넣은 후, 녹음을 듣고 따라 읽으며 표현을 익혀 보세요. 🎧 2-07

❶ 他_____走路，_____打电话。 그는 걸으면서 전화를 한다.
　Tā _____ zǒulù, _____ dǎ diànhuà.

❷ 你早点儿回去休息吧。_____多休息，很快_____会康复的。
　Nǐ zǎodiǎnr huíqù xiūxi ba. _____ duō xiūxi, hěn kuài _____ huì kāngfù de.
　좀 일찍 돌아가서 쉬세요. 많이 쉬기만 하면 곧 건강을 회복할 거예요.

　▶ 康复 kāngfù 통 건강을 회복하다

❸ 我平时喜欢拍照，_____有漂亮的东西_____用手机拍照。
　Wǒ píngshí xǐhuan pāizhào, _____ yǒu piàoliang de dōngxi _____ yòng shǒujī pāizhào.
　나는 평소에 사진 찍는 것을 좋아해요. 예쁜 물건이 있기만 하면 바로 휴대전화로 사진을 찍어요.

❹ 为了孩子的全面发展，_____学习，_____要锻炼身体。
　Wèile háizi de quánmiàn fāzhǎn, _____ xuéxí, _____ yào duànliàn shēntǐ.
　아이의 전인 교육을 위해, 공부하는 것 이외에 신체도 단련해야 합니다.

　▶ 全面 quánmiàn 명 전면, 전체 형 전면적이다 ｜ 发展 fāzhǎn 통 발전하다 ｜ 锻炼 duànliàn 통 몸을 단련하다

❺ 我家附近有超市，那里的菜_____新鲜_____便宜，我经常去那里买菜。
　Wǒ jiā fùjìn yǒu chāoshì, nàli de cài _____ xīnxiān _____ piányi, wǒ jīngcháng qù nàli mǎi cài.
　우리 집 근처에 슈퍼마켓이 있어요. 그곳의 채소는 신선하고 싸요. 나는 자주 그곳에 채소를 사러 가요.

❻ 我不太喜欢在咖啡厅学习，_____我比较喜欢安静的氛围，
　Wǒ bú tài xǐhuan zài kāfēitīng xuéxí, _____ wǒ bǐjiào xǐhuan ānjìng de fēnwéi,
　_____我常在图书馆学习。
　_____ wǒ cháng zài túshūguǎn xuéxí.
　나는 카페에서 공부하는 것을 별로 좋아하지 않아요. 왜냐하면 비교적 조용한 분위기를 좋아하기 때문이죠.
　그래서 나는 자주 도서관에서 공부해요.

　▶ 安静 ānjìng 형 조용하다, 고요하다 ｜ 氛围 fēnwéi 명 분위기

❼ 你这个周末有时间吗?
　Nǐ zhège zhōumò yǒu shíjiān ma?
　_____有时间的话，_____来我家尝尝我的拿手菜，好不好?
　_____ yǒu shíjiān dehuà, _____ lái wǒ jiā chángchang wǒ de náshǒu cài, hǎo bu hǎo?
　너 이번 주말에 시간 있니? 만약 시간 있으면 우리 집에 와서 내가 가장 잘 만드는 요리 맛 좀 봐, 어때?

　▶ 拿手 náshǒu 형 뛰어나다, 능하다, 자신있다

❽ 在韩国，最近双职工越来越多。我觉得_____减轻妻子的压力，
Zài Hánguó, zuìjìn shuāngzhígōng yuèláiyuè duō. Wǒ juéde _____ jiǎnqīng qīzi de yālì,

爸爸也要照顾孩子。这是一种社会的进步。
bàba yě yào zhàogù háizi. Zhè shì yì zhǒng shèhuì de jìnbù.

한국에서는 요즘 맞벌이 부부가 점점 많아집니다. 나는 아내의 스트레스를 줄여주기 위해 아빠도 아이를 돌봐야 한다고 생각합니다. 이것은 일종의 사회가 진보된 모습입니다.

▶ 双职工 shuāngzhígōng 명 맞벌이 부부 | 减轻 jiǎnqīng 동 줄다, 경감하다 | 压力 yālì 명 스트레스, 과중한 부담 | 照顾 zhàogù 동 돌보다, 보살피다 | 照顾孩子 zhàogù háizi 아이를 돌보다 | 种 zhǒng 양 종류 | 社会 shèhuì 명 사회 | 进步 jìnbù 명동 진보(하다)

|보충| '越来越+형용사'는 '갈수록 ~해지다'라는 뜻이다. [자세한 내용은 '발음부터 2급까지' p.157 참조]

❾ 孩子，你别伤心，_____这次演讲比赛没得奖，_____你还小，
Háizi, nǐ bié shāngxīn, _____ zhè cì yǎnjiǎng bǐsài méi dé jiǎng, _____ nǐ hái xiǎo,

以后还有很多机会。我相信你下次一定会得奖的。加油吧！
yǐhòu hái yǒu hěn duō jīhuì. Wǒ xiāngxìn nǐ xià cì yídìng huì dé jiǎng de. Jiāyóu ba!

얘야, 상심하지 말아라. 비록 이번 말하기 대회에서 상은 못 탔지만, 너는 아직 어리고, 앞으로 기회가 많단다. 나는 네가 다음 번엔 꼭 상을 타리라고 믿는다. 힘내!

▶ 伤心 shāngxīn 동 상심하다, 슬퍼하다 | 演讲 yǎnjiǎng 명 강연, 연설, 웅변 | 得奖 dé jiǎng 상을 받다 | 机会 jīhuì 명 기회 | 相信 xiāngxìn 동 믿다 | 加油 jiāyóu 동 힘내다, 파이팅하다

❿ 今天孩子的学校有个活动，_____妈妈去学校。_____，
Jīntiān háizi de xuéxiào yǒu ge huódòng, _____ māma qù xuéxiào. _____,

孩子没举手回答，妈妈很伤心。妈妈在孩子的后边告诉孩子答案，
háizi méi jǔ shǒu huídá, māma hěn shāngxīn. Māma zài háizi de hòubian gàosu háizi dá'àn,

然后孩子回答问题。没想到，答案不对，妈妈和孩子都很丢脸。
ránhòu háizi huídá wèntí. Méi xiǎngdào, dá'àn bú duì, māma hé háizi dōu hěn diūliǎn.

오늘은 아이의 학교에 행사가 있어서, 엄마는 학교에 갔어요. 그러나 아이가 손 들고 발표를 안 해서 엄마는 상심했어요. 엄마는 아이의 뒤에서 아이에게 답을 가르쳐줬어요. 그러자 아이는 대답을 했어요. 뜻밖에 답이 틀려서 엄마와 아이 모두 매우 창피했어요.

▶ 活动 huódòng 명 행사, 활동 | 举手 jǔ shǒu 손을 들다 | 答案 dá'àn 명 답안, 답 | 没想到 méi xiǎngdào 생각지 못하다, 뜻밖에도 [자세한 내용은 05과 p.52 참조]

모범답안 1. 一边 yìbiān, 一边 yìbiān 2. 只要 zhǐyào, 就 jiù 3. 一 yì, 就 jiù 4. 除了 chúle, 还 hái 5. 又 yòu, 又 yòu 6. 因为 yīnwèi, 所以 suǒyǐ 7. 如果 Rúguǒ, 就 jiù 8. 为了 wèile 9. 虽然 suīrán, 但是 dànshì 10. 所以 suǒyǐ, 可是 Kěshì

TSC 실전맛보기

다음은 TSC 실전 문제입니다. 각각의 문제를 잘 듣고 중국어로 대답해 보세요.

❶ 제시된 그림과 함께 문제를 듣고 상황에 알맞게 대화를 완성해 보세요. 🎧 2-08

제3부분 지역 관련 질문에 대한 대답으로 응용하여 표현할 수 있다.

질문 **你家附近有超市吗?** 당신 집 근처에 슈퍼마켓이 있나요?
Nǐ jiā fùjìn yǒu chāoshì ma?

❷ 문제를 듣고 주제에 알맞게 대답해 보세요. 🎧 2-09

제4부분 취미 관련 질문에 대한 대답으로 응용하여 표현할 수 있다.

질문 **你平时喜欢拍照吗?** 당신은 평소에 사진 찍는 것을 좋아하시나요?
Nǐ píngshí xǐhuan pāizhào ma?

❸ 문제를 듣고 자신의 생각을 말해 보세요. 🎧 2-10

제5부분 일반적인 사회 현상에 대한 견해를 묻는 질문에 대한 대답으로 응용하여 표현할 수 있다.

질문 **最近很多爸爸照顾孩子, 你对这件事有什么看法?**
Zuìjìn hěn duō bàba zhàogù háizi, nǐ duì zhè jiàn shì yǒu shénme kànfǎ?
요즘 많은 아빠들이 아이를 돌보는데, 당신은 이 일에 대해 어떤 견해를 가지고 있나요?

❹ 제시된 그림과 함께 문제를 듣고 상황에 대응하여 대답해 보세요. 🎧 2-11

제6부분 상대방을 위로를 하는 내용에 응용하여 표현할 수 있다.

질문 **孩子在这次演讲比赛中没得奖，你作为妈妈怎么安慰他？**

Háizi zài zhè cì yǎnjiǎng bǐsài zhōng méi dé jiǎng, nǐ zuòwéi māma zěnme ānwèi tā?

아이가 이번 말하기 대회에서 상을 못 탔어요. 당신은 엄마로서 어떻게 아이를 위로해 주겠습니까?

▶ 作为 zuòwéi 깨 ~의 신분[자격]으로서 ｜ 安慰 ānwèi 동 위로하다

❺ 주어진 4개의 연속된 그림을 보고, 그림의 내용에 따라 하나의 이야기를 만들어 말해 보세요.

제7부분 당황스러운 일의 발생과 관련한 내용에 응용하여 이야기를 구성할 수 있다.

①

②

③

④

TSC 실전맛보기 모범 답안

녹음을 듣고 따라 읽어 보세요. 🎧 2-12

❶ 질문 你家附近有超市吗?

대답 我家附近有超市，那里的菜又新鲜又便宜，我经常去那里买菜。
Wǒ jiā fùjìn yǒu chāoshì, nàli de cài yòu xīnxiān yòu piányi, wǒ jīngcháng qù nàli mǎi cài.
우리 집 근처에 슈퍼마켓이 있어요. 그곳의 채소는 신선하고 싸요. 나는 자주 그곳에 채소를 사러 가요.

❷ 질문 你平时喜欢拍照吗?

대답 我平时喜欢拍照，一有漂亮的东西就用手机拍照。
Wǒ píngshí xǐhuan pāizhào, yì yǒu piàoliang de dōngxi jiù yòng shǒujī pāizhào.
나는 평소에 사진 찍는 것을 좋아해요. 예쁜 물건이 있기만 하면 바로 휴대전화로 사진을 찍어요.

❸ 질문 最近很多爸爸照顾孩子，你对这件事有什么看法?

대답 在韩国，最近双职工越来越多。我觉得为了减轻妻子的压力，
Zài Hánguó, zuìjìn shuāngzhígōng yuèláiyuè duō. Wǒ juéde wèile jiǎnqīng qīzi de yālì,

爸爸也要照顾孩子。这是一种社会的进步。
bàba yě yào zhàogù háizi. Zhè shì yì zhǒng shèhuì de jìnbù.
한국에서는 요즘 맞벌이 부부가 점점 많아집니다. 나는 아내의 스트레스를 줄여주기 위해 아빠도 아이를 돌봐야 한다고 생각합니다. 이것은 일종의 사회가 진보된 모습입니다.

❹ 질문 孩子在这次演讲比赛中没得奖，你作为妈妈怎么安慰他?

대답 孩子，你别伤心，虽然这次演讲比赛没得奖，但是你还小，
Háizi, nǐ bié shāngxīn, suīrán zhè cì yǎnjiǎng bǐsài méi dé jiǎng, dànshì nǐ hái xiǎo,

以后还有很多机会。我相信你下次一定会得奖的。加油吧!
yǐhòu hái yǒu hěn duō jīhuì. Wǒ xiāngxìn nǐ xià cì yídìng huì dé jiǎng de. Jiāyóu ba!
얘야, 상심하지 말아라. 비록 이번 말하기 대회에서 상은 못 탔지만, 너는 아직 어리고, 앞으로 기회가 많단다. 나는 네가 다음 번엔 꼭 상을 타리라고 믿는다. 힘내!

❺ 대답 ① 今天孩子的学校有个活动，所以妈妈去学校。
Jīntiān háizi de xuéxiào yǒu ge huódòng, suǒyǐ māma qù xuéxiào.
오늘은 아이의 학교에 행사가 있어서, 엄마는 학교에 갔어요.

② 可是，孩子没举手回答，妈妈很伤心。
Kěshì, háizi méi jǔ shǒu huídá, māma hěn shāngxīn.
그러나 아이가 손 들고 발표를 안 해서 엄마는 상심했어요.

③ 妈妈在孩子的后边告诉孩子答案，然后孩子回答问题。
Māma zài háizi de hòubian gàosu háizi dá'àn, ránhòu háizi huídá wèntí.
엄마는 아이의 뒤에서 아이에게 답을 가르쳐줬어요. 그러자 아이는 대답을 했어요.

④ 没想到，答案不对，妈妈和孩子都很丢脸。
Méi xiǎngdào, dá'àn bú duì, māma hé háizi dōu hěn diūliǎn.
뜻밖에 답이 틀려서 엄마와 아이 모두 매우 창피했어요.

03

我昨天买了一条裙子。
Wǒ zuótiān mǎile yì tiáo qúnzi.

나는 어제 치마 하나를 샀어요.

조사 了

● 조사 了

조사 '了 le'는 동태조사와 어기조사의 용법으로 구분된다.

1 동태조사 了

동태조사 '了'는 술어 뒤에 쓰여 동작이 이미 완성되었음을 나타낸다. '了' 뒤에 오는 목적어는 일반적으로 수량사나 기타 한정어의 수식을 받는다.

1) 기본 형식

> 술어[동사] + 了 + (목적어)

我昨天买了一条裙子。 나는 어제 치마 하나를 샀다.
Wǒ zuótiān mǎile yì tiáo qúnzi.

他已经说了这句话。 그는 이미 이 말을 했다.
Tā yǐjīng shuōle zhè jù huà.

▶ 句 jù 양 마디, 구[언어나 시문을 세는 단위]

2) 부정형

술어 앞에 '没 méi'를 붙여 부정형을 만들며, 이때 술어 뒤에 '了'는 함께 쓰지 않는다.

> 没 + 술어[동사]

昨天我没来上课。 어제 나는 수업에 오지 않았다.
Zuótiān wǒ méi lái shàngkè.

昨天我没来上了课。(✗)

我还没吃饭。 나는 아직 밥을 먹지 않았다.
Wǒ hái méi chīfàn.

3) 의문형

동태조사 '了'가 쓰인 문장의 의문형은 문장 끝에 '吗'를 쓰거나, 정반의문문의 형식으로 '没有'를 문장 뒤에 써서 만든다.

你做饭了吗? 당신은 밥을 했나요?
Nǐ zuòfànle ma?

你做饭了没有? 당신은 밥을 했나요?
Nǐ zuòfànle méiyǒu?

4) 주요 특징

연동문의 경우 두 번째 술어 뒤에 '了'를 쓴다.

他去商店买了一瓶可乐。 그는 상점에 가서 콜라 한 병을 샀다.
Tā qù shāngdiàn mǎile yì píng kělè.

我去图书馆借了一本小说。 나는 도서관에 가서 소설책 한 권을 빌렸다.
Wǒ qù túshūguǎn jièle yì běn xiǎoshuō.

▶ 小说 xiǎoshuō 명 소설

습관적인 동작을 나타낼 때 쓰는 부사 '常常, 每天, 一直, 总是' 등이 올 경우, '了'를 쓰지 않는다.

上高中的时候，我每天晚上都去打篮球。
Shàng gāozhōng de shíhou, wǒ měitiān wǎnshang dōu qù dǎ lánqiú.
고등학교에 다닐 때, 나는 매일 저녁 농구하러 갔다.

上高中的时候，我每天晚上都去打了篮球。（✕）

▶ 高中 gāozhōng 명 고등학교

앞의 동작이 완성된 후 곧바로 뒤의 동작이 이어지는 경우, 보통 '동사+了……就……'의 형식으로 쓰여 '~하고 나서 곧 ~할 것이다'라는 뜻을 나타낸다.

我下了班就回家。 나는 퇴근하고 나서 바로 집으로 갈 것이다.
Wǒ xiàle bān jiù huíjiā.

明天晚上我吃了饭就去打篮球。 내일 저녁에 나는 밥 먹고 농구하러 갈 것이다.
Míngtiān wǎnshang wǒ chīle fàn jiù qù dǎ lánqiú.

2 어기조사 了

어기조사 '了'는 문장 끝에 위치하여 새로운 상황의 '출현'이나 상황에 어떤 '변화'가 발생하였음을 나타낸다.

1) 기본 형식

> 술어[동사] + 목적어 + 了

外边下雨了。 밖에 비가 온다. [조금 전까지는 안 왔는데, 이제 오기 시작한다.]
Wàibian xiàyǔ le.

他现在是医生了。 그는 지금 의사가 되었다. [전에는 의사가 아니었는데, 이제는 의사가 되었다.]
Tā xiànzài shì yīshēng le.

> 명사(구)/수량사/형용사(구) + 了

春天了。 봄이 되었다.
Chūntiān le.

二十多岁了。 20여 살이 되었다.
Èrshí duō suì le.

两点了。 두 시가 되었다.
Liǎng diǎn le.

天亮了。 날이 밝았다.
Tiān liàng le.

价格便宜了。 가격이 싸졌다.
Jiàgé piányi le.

주의!

'太……了'의 의미
'太……了'에서 '了'는 변화의 의미가 아니라, '太'와 호응하여 정도가 심함 또는 감탄의 어기를 나타내며, '너무 ~하다', '매우 ~하다'라는 뜻이다.

这件衣服太贵了。 이 옷은 너무 비싸다.
Zhè jiàn yīfu tài guì le.

真是太好了！ 정말 너무 좋아요!
Zhēnshi tài hǎo le!

2) 부정형

술어 앞에 '没'를 써서 부정형을 만들며, 이때 문장 끝에 '了'는 쓰지 않는다.

没 + 술어[형용사] + 목적어

天还**没**黑。 날이 아직 어두워지지지 않았다.
Tiān hái méi hēi.

天还**没**黑**了**。(×)

3) 주요 특징

'了'는 문장 끝에 쓰여 동작의 완성과 상황의 변화를 동시에 나타낼 수도 있다.

A 昨天你去哪儿**了**? 당신은 어제 어디 갔었나요?
 Zuótiān nǐ qù nǎr le?

B 我去超市**了**。 나는 슈퍼마켓에 갔었어요.
 Wǒ qù chāoshì le.

'了'는 '要……了 yào……le'의 형식으로 쓰여 가까운 미래를 나타낼 수 있다. 또한 '要……了' 외에 '就要 jiùyào, 快要 kuàiyào, 快 kuài'와도 호응하여 '곧 ~할 것이다'라는 뜻으로 쓰인다. 단, '就要……了' 앞에는 구체적인 시간명사를 쓸 수 있지만, '快(要)……了'에는 쓸 수 없다.

要下班**了**。 / **就要**下班**了**。 / **快要**下班**了**。 / **快**下班**了**。 곧 퇴근이다.
Yào xiàbān le.   Jiùyào xiàbān le.   Kuàiyào xiàbān le.   Kuài xiàbān le.

7点快(要)下班**了**。(×)

'了'는 문장 끝에 쓰여 저지, 명령을 나타낼 수 있다.

别哭**了**! 울지 마라!
Bié kū le!

你**不要**去那儿**了**! 너 거기에 가지 말아라!
Nǐ bú yào qù nàr le!

TSC속 표현 다루기

다음 해석에 알맞은 중국어 표현을 써 넣은 후, 녹음을 듣고 따라 읽으며 표현을 익혀 보세요. 🎧 2-13

① 对不起，我_____约会时间。미안해요, 약속 시간을 깜빡했어요.
Duìbuqǐ, wǒ _____ yuēhuì shíjiān.

▶ 忘 wàng 통 잊다

② 我上大学的时候，每天都____图书馆学习。
Wǒ shàng dàxué de shíhou, měitiān dōu ____ túshūguǎn xuéxí.

나는 대학교 다닐 때, 매일 도서관에 가서 공부했어요.

③ 我_____，一直流鼻涕、咳嗽，还发烧。
Wǒ _____, yìzhí liú bítì, késou, hái fāshāo.

나는 감기에 걸렸어요. 계속 콧물이 흐르고, 기침하고, 열도 나요.

▶ 流 liú 통 (물·액체가) 흐르다 | 鼻涕 bítì 명 콧물 | 流鼻涕 liú bítì 콧물이 나오다 | 咳嗽 késou 통 기침하다 | 发烧 fāshāo 통 열이 나다

④ 我在上学的路上不小心_____。
Wǒ zài shàngxué de lù shang bù xiǎoxīn _____.

나는 학교 가는 길에 조심하지 않아 넘어졌어요.

▶ 小心 xiǎoxīn 형 통 조심스럽다, 조심하다 | 摔倒 shuāidǎo 넘어지다, 자빠지다

| 보충 | '넘어지다'의 다른 표현으로는 '跌倒了(diēdǎo le 넘어졌다, 자빠졌다)', '摔伤了(shuāishāng le 넘어져서 다쳤다)', '滑倒了(huádǎo le 미끄러져 넘어졌다)', '撞倒了(zhuàngdǎo le 부딪쳐 넘어졌다)' 등이 있다.

⑤ 我去百货商店_____一件衬衫和一条牛仔裤。
Wǒ qù bǎihuò shāngdiàn _____ yí jiàn chènshān hé yì tiáo niúzǎikù.

나는 백화점에 가서 셔츠 한 벌과 청바지 한 벌을 샀어요.

▶ 牛仔裤 niúzǎikù 명 청바지

⑥ 我这个月_____一台笔记本电脑，又小又轻。
Wǒ zhè ge yuè _____ yì tái bǐjìběn diànnǎo, yòu xiǎo yòu qīng.

나는 이번 달에 노트북 컴퓨터를 하나 새로 샀어요. 작고 가벼워요.

⑦ 对不起，我已经_____。下次一起去看别的电影，好不好?
Duìbuqǐ, wǒ yǐjīng _____. Xià cì yìqǐ qù kàn biéde diànyǐng, hǎo bu hǎo?

미안해. 나 이미 봤어. 다음에 다른 영화 같이 보러 갈래?

| 보충 | '已经'은 이미, 벌써 라는 뜻의 부사어로 '了'와 자주 호응해서 쓰인다.

⑧ 昨天我_____一把伞，回家发现质量有问题，
Zuótiān wǒ _____ yì bǎ sǎn, huíjiā fāxiàn zhìliàng yǒu wèntí,

所以我想退货，可以吗?
suǒyǐ wǒ xiǎng tuìhuò, kěyǐ ma?

어제 제가 당신의 가게에서 우산 하나를 샀는데, 집에 돌아간 후 품질에 문제가 있는 것을 알게 됐어요. 그래서 반품하려고 하는데, 가능한가요?

▶ 质量 zhìliàng 명 품질 | 退货 tuìhuò 동 반품하다

⑨ 我减过，减肥以后不仅身材_____，还_____自信。
Wǒ jiǎnguo, jiǎnféi yǐhòu bùjǐn shēncái _____, hái _____ zìxìn.

但减肥时一定要注意健康。
Dàn jiǎnféi shí yídìng yào zhùyì jiànkāng.

저는 다이어트를 해 봤어요. 다이어트 이후 몸매가 날씬해졌을 뿐만 아니라, 자신감도 올라갔습니다. 그렇지만 다이어트를 할 때에는 건강에 주의해야 합니다.

▶ 身材 shēncái 명 몸매 | 苗条 miáotiao 형 날씬하다 | 提高 tígāo 동 (위치·수준·질·수량 등을) 향상시키다, 높이다
自信 zìxìn 명 자신감

⑩ _____，儿子不学习，在房间里玩儿游戏，妈妈发现了，
_____, érzi bù xuéxí, zài fángjiān li wánr yóuxì, māma fāxiàn le,

狠狠地_____他，儿子只好开始学习了。
hěnhěn de _____ tā, érzi zhǐhǎo kāishǐ xuéxí le.

곧 시험인데, 아들이 공부는 안 하고, 방에서 게임을 하고 있어요. 엄마가 보고 아들을 호되게 야단치자, 아들은 할 수 없이 공부를 시작했어요.

▶ 狠狠 hěnhěn 부 호되게, 무섭게 | 批评 pīpíng 동 꾸짖다, 나무라다 | 只好 zhǐhǎo 부 어쩔 수 없이, 할 수 없이

모범답안 1. 忘了 wàngle 2. 去 qù 3. 感冒了 gǎnmào le 4. 摔倒了 shuāidǎo le 5. 买了 mǎile 6. 新买了 xīn mǎi le 7. 看过了 kànguo le 8. 在你们商场买了 zài nǐmen shāngchǎng mǎile 9. 苗条了 miáotiao le, 提高了 tígāole 10. 快要考试了 Kuàiyào kǎoshì le, 批评了 pīpíngle

TSC 실전맛보기

다음은 TSC 실전 문제입니다. 각각의 문제를 잘 듣고 중국어로 대답해 보세요.

❶ 제시된 그림과 함께 문제를 듣고 상황에 알맞게 대화를 완성해 보세요. 🎧 2-14

제3, 6부분 초대에 대한 거절로 응용하여 표현할 수 있다.

질문 **这个星期天我们一起去看《狼族少年》吧。**
Zhè ge xīngqītiān wǒmen yìqǐ qù kàn 《Láng zú shàonián》 ba.
이번 주 일요일에 우리 〈늑대소년〉 보러 가자.

▶ 狼族少年 Láng zú shàonián 늑대소년[영화명]

❷ 문제를 듣고 주제에 알맞게 대답해 보세요. 🎧 2-15

제4부분 쇼핑 관련 질문에 대한 대답으로 응용하여 표현할 수 있다.

질문 **你最近买了什么东西?** 당신은 최근에 무슨 물건을 샀나요?
Nǐ zuìjìn mǎile shénme dōngxi?

❸ 문제를 듣고 자신의 생각을 말해 보세요. 🎧 2-16

제4, 5부분 다이어트 및 운동 등의 경험을 묻는 질문에 대한 대답으로 응용하여 표현할 수 있다.

질문 **你减过肥吗?** 당신은 다이어트를 해본 적이 있나요?
Nǐ jiǎnguo féi ma?

④ 제시된 그림과 함께 문제를 듣고 상황에 대응하여 대답해 보세요. 🎧 2-17

제6부분 환불과 관련한 요구로 응용하여 표현할 수 있다.

질문 **你昨天新买的雨伞有问题，现在你去商场给服务员**
Nǐ zuótiān xīn mǎi de yǔsǎn yǒu wèntí, xiànzài nǐ qù shāngchǎng gěi fúwùyuán

说明一下情况。
shuōmíng yíxià qíngkuàng.

당신이 어제 새로 산 우산에 문제가 있어요. 지금 당신은 상점에 가서 종업원에게 상황을 설명해 보세요.

▶ 情况 qíngkuàng 명 상황

⑤ 주어진 4개의 연속된 그림을 보고, 그림의 내용에 따라 하나의 이야기를 만들어 말해 보세요.

제7부분 교육 및 상황 설명과 관련한 내용에 응용하여 이야기를 구성할 수 있다.

①

②

③

④

TSC 실전맛보기 모범 답안

녹음을 듣고 따라 읽어 보세요. 🎧 2-18

① 질문 这个星期天我们一起去看《狼族少年》吧。

대답 **对不起，我已经看过了。下次一起去看别的电影，好不好?**
Duìbuqǐ, wǒ yǐjīng kànguo le. Xià cì yìqǐ qù kàn biéde diànyǐng, hǎo bu hǎo?
미안해. 나 이미 봤어. 다음에 다른 영화 같이 보러 갈래?

② 질문 你最近买了什么东西?

대답 **我这个月新买了一台笔记本电脑，又小又轻。**
Wǒ zhè ge yuè xīn mǎile yì tái bǐjìběn diànnǎo, yòu xiǎo yòu qīng.
나는 이번 달에 노트북 컴퓨터를 하나 새로 샀어요. 작고 가벼워요.

③ 질문 你减过肥吗?

대답 **我减过，减肥以后不仅身材苗条了，还提高了自信。**
Wǒ jiǎnguo, jiǎnféi yǐhòu bùjǐn shēncái miáotiao le, hái tígāole zìxìn.

但减肥时一定要注意健康。
Dàn jiǎnféi shí yídìng yào zhùyì jiànkāng.
저는 다이어트를 해 봤어요. 다이어트 이후 몸매가 날씬해졌을 뿐만 아니라, 자신감도 올라갔습니다.
그렇지만 다이어트를 할 때에는 건강에 주의해야 합니다.

④ 질문 你昨天新买的雨伞有问题，现在你去商场给服务员说明一下情况。

대답 **昨天我在你们商场买了一把伞，回家发现质量有问题，**
Zuótiān wǒ zài nǐmen shāngchǎng mǎile yì bǎ sǎn, huíjiā fāxiàn zhìliàng yǒu wèntí,

所以我想退货，可以吗?
suǒyǐ wǒ xiǎng tuìhuò, kěyǐ ma?
어제 제가 당신의 가게에서 우산 하나를 샀는데, 집에 돌아간 후에 품질에 문제가 있는 것을 알게 됐어요. 그래서 반품하려고 하는데, 가능한가요?

⑤ 대답 ① **快要考试了，** 곧 시험인데,
Kuàiyào kǎoshì le,

② **儿子不学习，在房间里玩儿游戏，** 아들이 공부는 안하고, 방에서 게임을 하고 있어요.
érzi bù xuéxí, zài fángjiān li wánr yóuxì,

③ **妈妈发现了，狠狠地批评了他，** 엄마가 보고 아들을 호되게 야단치자,
māma fāxiàn le, hěnhěn de pīpíngle tā,

④ **儿子只好开始学习了。** 아들은 할 수 없이 공부를 시작했어요.
érzi zhǐhǎo kāishǐ xuéxí le.

04

我学了一年汉语。

Wǒ xuéle yì nián Hànyǔ.

나는 중국어를 1년간 공부했어요.

| 수량보어

● 수량보어

보어란 술어 뒤에서 술어가 표현하는 동작이나 상태를 보충 설명해주는 성분이다. 동작의 횟수나 지속 시간을 보충해주는 보어를 수량보어라고 하는데, 크게 시량보어와 동량보어로 나뉜다.

1 시량보어

시량보어란 술어 뒤에서 동작이 지속되는 시간을 나타내는 보어이다.

자주 쓰이는 시량보어					
一分钟 yì fēnzhōng 1분 동안	一个小时 yí ge xiǎoshí 1시간 동안	一天 yì tiān 하루 종일	一个星期 yí ge xīngqī 일주일 동안	一个月 yí ge yuè 한 달 동안	一年 yì nián 1년 동안

1) 기본 형식

목적어가 없을 경우, 시량보어는 술어 뒤에 위치한다. 문장 중 '每天, 常常, 总是' 등이 와서 습관적인 동작을 나타낼 때는 '了'를 쓰지 않는다. [자세한 내용은 03과 p.30 참조]

술어[동사] + (了/过) + 시량보어

我休息了三天。 나는 3일 동안 쉬었다.
Wǒ xiūxile sān tiān.

我每天工作八个小时。 나는 매일 8시간 일한다.
Wǒ měitiān gōngzuò bā ge xiǎoshí.

我每天工作了八个小时。(✕)

목적어가 일반명사일 경우, 시량보어는 목적어 앞에 위치한다.

술어[동사] + (了/过) + 시량보어 + (的) + 일반명사 목적어

我学了一年(的)汉语。 나는 중국어를 1년간 공부했다.
Wǒ xuéle yì nián (de) Hànyǔ.

我们打了两个小时(的)篮球。 우리는 2시간 동안 농구했다.
Wǒmen dǎle liǎng ge xiǎoshí (de) lánqiú.

목적어가 인칭대명사일 경우, 시량보어는 목적어 뒤에 위치한다.

> 술어[동사] + (了/过) + 인칭대명사 목적어 + 시량보어

我找了你一天。 나는 너를 하루 종일 찾았다.
Wǒ zhǎole nǐ yì tiān.

妈妈教训了我三十分钟。 엄마는 나를 30분 동안 꾸짖으셨다.
Māma jiàoxùnle wǒ sānshí fēnzhōng.

▶ 教训 jiàoxùn 동 훈계하다, 꾸짖다

목적어의 종류에 상관 없이 목적어 뒤에 술어를 반복하여 쓰고 시량보어를 쓸 수 있다.

> 술어[동사] + 목적어 + 술어[동사] + (了/过) + 시량보어

他等我等了一个小时。 그는 나를 1시간 동안 기다렸다.
Tā děng wǒ děngle yí ge xiǎoshí.

我看电视看了两个小时。 나는 2시간 동안 텔레비전을 보았다.
Wǒ kàn diànshì kànle liǎng ge xiǎoshí.

2) 시량보어와 비지속동사

'来 lái, 去 qù, 走 zǒu, 结婚 jiéhūn, 离开 líkāi' 등 비지속동사가 술어로 쓰일 경우, 시량보어는 동작 발생 후 현재까지 경과된 시간을 나타낸다.

> 술어[동사] + (목적어) + 시량보어 + 了

他来韩国三年了。 그가 한국에 온 지 3년이 되었다.
Tā lái Hánguó sān nián le.

他们结婚十年了。 그들은 결혼한 지 10년이 되었다.
Tāmen jiéhūn shí nián le.

▶ 结婚 jiéhūn 동 결혼하다

2 동량보어

동량보어란 술어 뒤에서 동작이 진행되는 횟수를 나타내는 보어이다.

자주 쓰이는 동량보어	
一次 yí cì 한 번 [동작의 횟수를 나타냄]	一遍 yí biàn 한 번, 한 차례, 한 회 [한 동작의 전 과정을 나타냄]
一趟 yí tàng 한 차례 [왕래한 횟수를 나타냄]	一顿 yí dùn 한 번, 한 차례, 한바탕 [식사·질책·권고 등의 횟수를 나타냄]

1) 목적어가 없을 경우

목적어가 없을 경우, 동량보어는 술어 뒤에 위치한다.

> 술어[동사] + (了/过) + 동량보어

我去过两次。 나는 두 번 가봤다.
Wǒ qùguo liǎng cì.

老师，请再说一遍。 선생님, 다시 한 번 말씀해 주세요.
Lǎoshī, qǐng zài shuō yí biàn.

2) 목적어가 있을 경우

목적어가 일반명사일 경우, 동량보어는 목적어 앞에 위치한다.

> 술어[동사] + (了/过) + 동량보어 + 일반명사 목적어

我看了两遍《冰雪奇缘》。 나는 〈겨울왕국〉을 두 번 봤다.
Wǒ kànle liǎng biàn《Bīngxuě qíyuán》.

我打了几次电话。 나는 전화를 몇 번 했다.
Wǒ dǎle jǐ cì diànhuà.

▶ 冰雪奇缘 Bīngxuě qíyuán 겨울왕국[영화명]

목적어가 인칭대명사일 경우, 동량보어는 목적어 뒤에 위치한다.

술어[동사] + (了/过) + 인칭대명사 목적어 + 동량보어

上午我找了你三次。 오전에 나는 너를 세 번 찾았다.
Shàngwǔ wǒ zhǎole nǐ sān cì.

妈妈批评了我一顿。 엄마는 나를 한바탕 나무라셨다.
Māma pīpíngle wǒ yí dùn.

목적어가 지명(地名)을 나타내는 명사일 경우, 동량보어는 목적어 앞뒤 모두에 위치할 수 있다.

술어[동사] + (了/过) + 지명 목적어 + 동량보어

我去过上海两次。 나는 상하이에 두 번 가봤다.
Wǒ qùguo Shànghǎi liǎng cì.

술어[동사] + (了/过) + 동량보어 + 지명 목적어

我去过三次北京。 나는 베이징에 세 번 가봤다.
Wǒ qùguo sān cì Běijīng.

TIP | 수량보어 및 조사 '了'의 용법

술어[동사] + 동태조사 了 + 수량보어

과거에 발생한 동작이 말하는 시점까지 이미 완성되었음을 나타낸다.

这个音乐我听了五遍。
Zhège yīnyuè wǒ tīngle wǔ biàn.
이 음악을 나는 다섯 번 들었다. [현재까지 계속 듣고 있는지, 또 앞으로도 들을 것인지에 대한 의미는 없다.]

술어[동사] + 동태조사 了 + 수량보어 + 어기조사 了

과거에 발생한 동작의 시작부터 현재까지 경과된 시간이나 횟수를 나타낸다. 이 동작은 앞으로도 계속 진행될 가능성이 크다.

这部电影我已经看了一个半小时了。
Zhè bù diànyǐng wǒ yǐjīng kànle yí ge bàn xiǎoshí le.
이 영화를 나는 이미 한 시간 반 동안 봤다. [이 영화를 이미 보기 시작하여 한 시간 반 동안 보고 있으며, 앞으로도 볼 것이다.]

TSC 속 표현 다루기

다음 해석에 알맞은 중국어 표현을 써 넣은 후, 녹음을 듣고 따라 읽으며 표현을 익혀 보세요. 🎧 2-19

❶ 我早上等车_____。 나는 아침에 차를 오랫동안 기다렸어요.
　Wǒ zǎoshang děng chē _____.

❷ 我牙疼，已经_____。
　Wǒ yá téng, yǐjīng _____.
　나는 이가 아파요. 이미 일주일째 아파요.
　|보충| '술어[형용사]+了+수량보어+了'는 과거시점에 변화가 발생하기 시작하여 지금까지 계속되고 있음을 나타낸다.

❸ 从我家到公司坐班车_____。
　Cóng wǒ jiā dào gōngsī zuò bānchē _____.
　우리 집에서 회사까지 통근차를 타고 40분쯤 걸려요.
　▸ 要 yào 통 (시간이) 필요하다, 걸리다

❹ _____你也没出来，我只好先回家了。
　_____ nǐ yě méi chūlái, wǒ zhǐhǎo xiān huíjiā le.
　한참을 기다려도 당신이 나오지 않아서, 할 수 없이 먼저 집에 갔어요.
　▸ 半天 bàntiān 명 한나절, 한참 | 出来 chūlái 통 나오다 | 先 xiān 명 앞, 처음

❺ 我上大学的时候_____北京，我觉得北京的风景特别美。
　Wǒ shàng dàxué de shíhou _____ Běijīng, wǒ juéde Běijīng de fēngjǐng tèbié měi.
　나는 대학 다닐 때 베이징에 한 번 가봤어요. 베이징의 경치가 특히 아름다웠어요.

❻ 大力，真对不起，今天我起床太晚了，你能不能_____？
　Dàlì, zhēn duìbuqǐ, jīntiān wǒ qǐchuáng tài wǎn le, nǐ néng bu néng _____?
　따리, 정말 미안해. 오늘 내가 너무 늦게 일어났어. 너 나를 조금만 기다려 줄 수 있니?
　▸ 真 zhēn 부 정말로, 진실로

❼ 上个月在你们那儿买了一台冰箱，一个月已经_____，我想退货。
　Shàng ge yuè zài nǐmen nàr mǎile yì tái bīngxiāng, yí ge yuè yǐjīng _____, wǒ xiǎng tuìhuò.
　지난달에 거기서 냉장고 한 대를 샀는데, 한 달에 이미 세 번이나 고장이 났어요. 환불하고 싶어요.

❽ 我一般每个星期给父母_____，但是平时工作很忙，
Wǒ yìbān měi ge xīngqī gěi fùmǔ _____, dànshì píngshí gōngzuò hěn máng,

只有周末的时候才能_____。
zhǐyǒu zhōumò de shíhou cái néng _____.

나는 보통 매주 한 번 부모님께 전화를 드려요. 그렇지만 평소에는 일이 바빠서 주말에서야 전화를 한 번 드릴 수 있어요.

▶ 每 měi 때 매, 각, ~마다, 모두

❾ 为了保持健康，第一，多吃健康食品；第二，每周_____
Wèile bǎochí jiànkāng, dì-yī, duō chī jiànkāng shípǐn; dì-èr, měi zhōu _____

以上；第三，每天_____。
yǐshàng; dì-sān, měitiān _____.

건강을 유지하기 위해서는 첫째, 웰빙식품을 많이 먹고, 둘째, 매주 세 번 이상 운동을 하며, 셋째, 매일 7, 8시간 자도록 합니다.

▶ 保持 bǎochí 통 유지하다 | 食品 shípǐn 명 식품 | 以上 yǐshàng 명 이상

|보충| 자신의 주장이나 견해를 뒷받침하는 근거를 논리적으로 나열할 때, '第一(dì yī 첫째), 第二(dì èr 둘째), 第三(dì sān 셋째)……(所以 suǒyǐ 그러므로)……'를 사용하여 말할 수 있다. 주로 TSC 제5부분 대답에 적용한다.

❿ 昨天晚上_____，很晚才睡觉。
Zuótiān wǎnshang _____, hěn wǎn cái shuìjiào.

早上妈妈_____，可我还是没醒。起床后看闹钟，
Zǎoshang māma _____, kě wǒ háishi méi xǐng. Qǐchuáng hòu kàn nàozhōng,

已经八点五十分了，九点开始上课，我怕迟到，所以坐出租车去学校了。
yǐjīng bā diǎn wǔshí fēn le, jiǔ diǎn kāishǐ shàngkè, wǒ pà chídào, suǒyǐ zuò chūzūchē qù xuéxiào le.

我忘了今天是星期天，难怪同学们都没来上课。
Wǒ wàngle jīntiān shì xīngqītiān, nánguài tóngxuémen dōu méi lái shàngkè.

어제 저녁 휴대전화를 오랫동안 보다가 늦게서야 잠들었다. 아침에 엄마가 나를 세 번이나 불렀는데도 깨지 않고 계속 잤다. 일어나서 시계를 보니 이미 8시 50분이 되었다. 9시에 수업이 시작이라 나는 늦을까 봐 택시를 타고 학교에 갔다. 나는 오늘이 일요일인 것을 깜빡했다. 어쩐지 친구들이 아무도 안 왔다.

▶ 还是 háishi 부 여전히, 변함없이 | 醒 xǐng 통 (잠에서) 깨다 | 闹钟 nàozhōng 명 자명종, 알람시계 | 怕 pà 통 근심하다, 걱정하다 | 难怪 nánguài 부 어쩐지

모범답안 1. 等了很长时间 děngle hěn cháng shíjiān 2. 疼了一个星期了 téngle yí ge xīngqī le 3. 要四十分钟左右 yào sìshí fēnzhōng zuǒyòu 4. 等了你半天 Děngle nǐ bàntiān 5. 去过一次 qùguo yí cì 6. 等我一会儿 děng wǒ yíhuìr 7. 坏了三次 huàile sān cì 8. 打一次电话 dǎ yí cì diànhuà, 打一次电话 dǎ yí cì diànhuà 9. 锻炼三次 duànliàn sān cì, 睡七八个小时 shuì qī bā ge xiǎoshí 10. 看手机看了很长时间 kàn shǒujī kànle hěn cháng shíjiān, 叫了我三次 jiàole wǒ sān cì

TSC 실전맛보기

다음은 TSC 실전 문제입니다. 각각의 문제를 잘 듣고 중국어로 대답해 보세요.

❶ 제시된 그림과 함께 문제를 듣고 상황에 알맞게 대화를 완성해 보세요. 🎧 2-20

제3부분 건강 관련 질문에 대한 대답으로 응용하여 표현할 수 있다.

질문 你怎么了? 왜 그래요?
　　　Nǐ zěnme le?

❷ 문제를 듣고 주제에 알맞게 대답해 보세요. 🎧 2-21

제4부분 일상생활과 관련하여 동작의 빈도를 묻는 질문에 대한 대답으로 응용하여 표현할 수 있다.

질문 你多长时间给父母打一次电话?
　　　Nǐ duō cháng shíjiān gěi fùmǔ dǎ yí cì diànhuà?

당신은 얼마만에 한 번씩 부모님께 전화를 드리나요?

| 보충 | 동작의 빈도를 물어볼 때는 일반적으로 '多长时间+동사+一次+(명사)? (얼마만에 한 번 ~를 ~하나요?)'의 형식을 사용한다. 예를 들면 '你多长时间剪一次头发? (Nǐ duō cháng shíjiān jiǎn yí cì tóufa?, 당신은 얼마에 한 번 머리카락을 자르시나요?)'라고 묻는다.

❸ 문제를 듣고 자신의 생각을 말해 보세요. 🎧 2-22

제5부분 건강 문제에 대한 견해를 묻는 질문에 대한 대답으로 응용하여 표현할 수 있다.

질문 保持健康有哪些好方法? 请说说你的看法。
　　　Bǎochí jiànkāng yǒu nǎxiē hǎo fāngfǎ? Qǐng shuōshuo nǐ de kànfǎ.

건강을 유지하는 데 어떤 좋은 방법이 있나요? 당신의 견해를 말해 보세요.

④ 제시된 그림과 함께 문제를 듣고 상황에 대응하여 대답해 보세요. 🎧 2-23

제6부분 상황 설명과 관련한 대답으로 응용하여 표현할 수 있다.

질문 今天你和朋友有个约会，但是你起床太晚了，
Jīntiān nǐ hé péngyou yǒu ge yuēhuì, dànshì nǐ qǐchuáng tài wǎn le,

现在你给朋友打电话说明一下情况。
xiànzài nǐ gěi péngyou dǎ diànhuà shuōmíng yíxià qíngkuàng.

오늘 당신이 친구와 약속이 있는데, 너무 늦게 일어났어요. 지금 당신은 친구에게 전화해서 상황을 설명해 보세요.

⑤ 주어진 4개의 연속된 그림을 보고, 그림의 내용에 따라 하나의 이야기를 만들어 말해 보세요.

제7, 4부분 제7부분 황당한 일의 발생과 관련한 내용에 응용하여 이야기를 구성할 수 있으며, 제4부분 생활 습관과 관련한 질문에 대한 대답으로도 응용하여 표현할 수 있다.

04 我学了一年汉语。 47

TSC 실전맛보기 **모범 답안**

녹음을 듣고 따라 읽어 보세요. 🎧 2-24

❶ 질문 你怎么了?

대답 我牙疼，已经疼了一个星期了。 나는 이가 아파요. 이미 일주일째 아파요.
Wǒ yá téng, yǐjīng téngle yí ge xīngqī le.

❷ 질문 你多长时间给父母打一次电话?

대답 我一般每个星期给父母打一次电话，但是平时工作很忙，
Wǒ yìbān měi ge xīngqī gěi fùmǔ dǎ yí cì diànhuà, dànshì píngshí gōngzuò hěn máng,

只有周末的时候才能打一次电话。
zhǐyǒu zhōumò de shíhou cái néng dǎ yí cì diànhuà.

나는 보통 매주 한 번 부모님께 전화를 드려요. 그렇지만 평소에는 일이 바빠서 주말에서야 전화를 한 번 드릴 수 있어요.

❸ 질문 保持健康有哪些好方法? 请说说你的看法。

대답 为了保持健康，第一，多吃健康食品；第二，每周锻炼三次以上；
Wèile bǎochí jiànkāng, dì-yī, duō chī jiànkāng shípǐn; dì-èr, měi zhōu duànliàn sān cì yǐshàng;

第三，每天睡七八个小时。
dì-sān, měitiān shuì qī bā ge xiǎoshí.

건강을 유지하기 위해서는 첫째, 웰빙식품을 많이 먹고, 둘째, 매주 세 번 이상 운동을 하며 셋째, 매일 7, 8시간 자도록 합니다.

❹ 질문 今天你和朋友有个约会，但是你起床太晚了，现在你给朋友打电话说明一下情况。

대답 大力，真对不起，今天我起床太晚了，你能不能等我一会儿?
Dàlì, zhēn duìbuqǐ, jīntiān wǒ qǐchuáng tài wǎn le, nǐ néng bu néng děng wǒ yíhuìr?

따리, 정말 미안해. 오늘 내가 너무 늦게 일어났어. 너 나를 조금만 기다려 줄 수 있니?

❺ 대답 ① 昨天晚上看手机看了很长时间，很晚才睡觉。
Zuótiān wǎnshang kàn shǒujī kànle hěn cháng shíjiān, hěn wǎn cái shuìjiào.
어제 저녁에 휴대전화를 오랫동안 보다가 늦게서야 잠들었다.

② 早上妈妈叫了我三次，可我还是没醒。
Zǎoshang māma jiàole wǒ sān cì, kě wǒ háishi méi xǐng.
아침에 엄마가 세 번이나 불렀는데도 깨지 않고 계속 잤다.

③ 起床后看闹钟，已经八点五十分了，九点开始上课，我怕迟到，
Qǐchuáng hòu kàn nàozhōng, yǐjīng bā diǎn wǔshí fēn le, jiǔ diǎn kāishǐ shàngkè, wǒ pà chídào,

所以坐出租车去学校了。
suǒyǐ zuò chūzūchē qù xuéxiào le.

일어나서 시계를 보니 이미 8시 50분이 되었다. 9시에 수업이 시작이라 나는 늦을까 봐 택시를 타고 학교에 갔다.

④ 我忘了今天是星期天，难怪同学们都没来上课。
Wǒ wàngle jīntiān shì xīngqītiān, nánguài tóngxuémen dōu méi lái shàngkè.
나는 오늘이 일요일인 것을 깜빡했다. 어쩐지 친구들이 아무도 안 왔다.

05

我觉得今天有点儿热。
Wǒ juéde jīntiān yǒudiǎnr rè.

나는 오늘 좀 더운 것 같네요.

| 생각, 계획, 발견을 나타내는 동사

● 생각, 계획, 발견을 나타내는 동사

대부분의 동사가 명사, 대명사, 수량사를 목적어로 갖지만, 동사(구), 형용사(구), 주술구를 목적어로 갖는 동사도 있다. 그중 TSC의 시험 문제로 자주 등장하는 동사를 살펴 보자.

1 생각, 견해를 나타내는 동사

'~라고 생각한다'와 같이 자신의 생각 및 주장을 표현할 때 다음과 같은 동사들을 사용할 수 있다.

1) 觉得

'觉得 juéde'는 '~라고 여기다, ~라고 생각한다'라는 뜻으로, 회화에서 주로 쓰이며 자신의 주관적인 느낌이나 생각을 표현할 때 사용하는 동사이다.

我**觉得**她很漂亮。 나는 그녀가 매우 아름답다고 생각해요.
Wǒ juéde tā hěn piàoliang.

我**觉得**今天有点儿热。 나는 오늘 좀 더운 것 같네요.
Wǒ juéde jīntiān yǒudiǎnr rè.

2) 认为

'认为 rènwéi'는 '~라고 생각한다'라는 뜻으로, 객관적인 판단이나 견해를 나타낼 때 주로 쓰이고 문어체적 성격이 강하다.

我**认为**健康很重要。 나는 건강이 매우 중요하다고 생각해요.
Wǒ rènwéi jiànkāng hěn zhòngyào.

我**认为**开会时应该关机。 나는 회의 때에는 휴대전화를 꺼 놓아야 한다고 생각해요.
Wǒ rènwéi kāihuì shí yīnggāi guānjī.

▶ 关机 guānjī 동 전원을 끄다, 휴대전화를 끄다

3) 以为

'以为 yǐwéi' 역시 '~라고 생각하다'라는 뜻이지만, '认为'와는 달리 사실이 자신이 생각과 다를 때 쓰여, '~라고 생각했는데, (알고보니) ~이다'라고 해석한다. '原来 yuánlái(알고보니)'와 자주 호응한다.

我**以为**他是老师，**原来**他是学生。
Wǒ yǐwéi tā shì lǎoshī, yuánlái tā shì xuésheng.
나는 그가 선생님인 줄 알았는데, 알고보니 그는 학생이네요.

我**以为**她是你姐姐，**原来**是你妈妈！
Wǒ yǐwéi tā shì nǐ jiějie, yuánlái shì nǐ māma!
나는 그녀가 당신 언니인 줄 알았는데, 알고보니 당신 엄마였네요!

TIP | '原来'의 또 다른 의미

'原来'는 '원래'라는 뜻으로, 같은 의미로는 '本来 běnlái'가 있다.

我**原来**打算这个月去美国旅行，但是工作太忙不能去了。
Wǒ yuánlái dǎsuan zhè ge yuè qù Měiguó lǚxíng, dànshì gōngzuò tài máng bù néng qù le.
나는 원래 이번 달에 미국에 여행 가려고 했는데, 일이 너무 바빠서 갈 수가 없게 되었어요.

▶ 旅行 lǚxíng 동 여행하다

4) 想

'想 xiǎng'은 '~라고 생각하다'라는 뜻으로, 주로 추측, 짐작, 예상에 쓰인다.

我**想**他会喜欢这件礼物。 나는 그가 이 선물을 좋아할거라고 생각해요.
Wǒ xiǎng tā huì xǐhuan zhè jiàn lǐwù.

我**想**明天不会下雨。 나는 내일 비가 오지 않을 거라고 생각해요.
Wǒ xiǎng míngtiān bú huì xiàyǔ.

2 결심, 계획을 나타내는 동사

'~하기로 결정하다, ~할 작정이다'와 같이 자신의 결심과 계획을 표현할 때 다음과 같은 동사들을 사용할 수 있다.

1) 决定

'决定 juédìng'은 '~하기로 결정하다'라는 뜻이다.

我**决定**从今天开始减肥。 나는 오늘부터 다이어트를 하기로 결심했다.
Wǒ juédìng cóng jīntiān kāishǐ jiǎnféi.

我**决定**在中国工作。 나는 중국에서 일하기로 결정했다.
Wǒ juédìng zài Zhōngguó gōngzuò.

2) 打算

'打算 dǎsuan'은 '~할 계획이다, ~할 작정이다'라는 뜻이다.

我**打算**这次放假去中国旅游。 나는 이번 방학에 중국으로 여행 갈 계획이다.
Wǒ dǎsuan zhè cì fàngjià qù Zhōngguó lǚyóu.

星期天我**打算**在家休息。 일요일에 나는 집에서 쉴 작정이다.
Xīngqītiān wǒ dǎsuan zài jiā xiūxi.

▶ 放假 fàngjià 동 방학하다, (학교나 직장이) 쉬다

3 새로운 사실에 대한 인지, 발견을 나타내는 동사

몰랐던 새로운 사실, 주의를 기울이지 않았던 일이나 상황 등을 나중에서야 깨닫게 될 때 다음과 같은 동사들을 사용할 수 있다.

1) 发现

'发现 fāxiàn'은 '~을 알아차리다, ~을 발견하다'라는 뜻이다.

回家后**发现**鞋子质量有问题。 집에 돌아온 후 신발 품질에 문제가 있는 것을 알게 되었다.
Huíjiā hòu fāxiàn xiézi zhìliàng yǒu wèntí.

她上学后才**发现**自己没带作业。
Tā shàngxué hòu cái fāxiàn zìjǐ méi dài zuòyè.
그녀는 등교 후에 자신이 숙제를 가져오지 않은 것을 알게 되었다.

2) 没想到

'没想到 méi xiǎngdào'는 '생각지 못하다'라는 뜻이다.

他身体一直很健康，我们都**没想到**他却得了重病。
Tā shēntǐ yìzhí hěn jiànkāng, wǒmen dōu méi xiǎngdào tā què déle zhòngbìng.
그는 줄곧 건강이 좋아서, 우리 모두 그가 중병에 걸릴 줄은 생각지 못했다. [뜻밖에도 그가 중병에 걸렸다.]

孩子打碎了花瓶，他没想到妈妈没生气。
Háizi dǎsuìle huāpíng, tā méi xiǎngdào māma méi shēngqì.
아이가 화병을 깼는데, 엄마가 화내지 않을 줄은 생각지 못했다.[뜻밖에 엄마가 화를 내지 않았다.]

▶ 却 què 〈부〉 도리어, 오히려 | 得 dé 〈동〉 얻다, 획득하다, 받다 | 重病 zhòngbìng 〈명〉 중병 | 打碎 dǎsuì 부수다, 깨지다
花瓶 huāpíng 〈명〉 화병

TSC속 표현 다루기

다음 해석에 알맞은 중국어 표현을 써 넣은 후, 녹음을 듣고 따라 읽으며 표현을 익혀 보세요. 🎧 2-25

① 我_____他很热情。 나는 그가 매우 친절하다고 생각해요.
   Wǒ _____ tā hěn rèqíng.

   ▶ 热情 rèqíng ⑱ 친절하다, 열정적이다

② 我_____汉语难是难，但是很有意思。
   Wǒ _____ Hànyǔ nán shì nán, dànshì hěn yǒu yìsi.
   나는 중국어가 어렵긴 하지만 매우 재미있다고 생각해요.

③ 我非常喜欢去游乐场，_____很有意思。
   Wǒ fēicháng xǐhuan qù yóulèchǎng, _____ hěn yǒu yìsi.
   나는 놀이공원에 가는 것을 매우 좋아해요. 아주 재미있어요.

④ 我_____你穿黄色的毛衣很漂亮，跟红色的裙子很配。
   Wǒ _____ nǐ chuān huángsè de máoyī hěn piàoliang, gēn hóngsè de qúnzi hěn pèi.
   제 생각에는 당신이 노란색 스웨터를 입는것이 예쁜 것 같네요. 빨간색 치마와 잘 어울려요.

   ▶ 黄色 huángsè ⑲ 노란색 | 红色 hóngsè ⑲ 빨간색 | 配 pèi ⑧ ~에 어울리다

   |보충| '跟……配'는 '~와 잘 어울린다'는 뜻으로 자주 호응해서 쓰인다.

⑤ 我最喜欢看足球比赛，球员们射门时我_____特别精彩。
   Wǒ zuì xǐhuan kàn zúqiú bǐsài, qiúyuánmen shèmén shí wǒ _____ tèbié jīngcǎi.
   나는 축구 경기 보는 것을 가장 좋아해요. 축구 선수들이 슛을 할 때 특히 멋지지요.

   ▶ 球员 qiúyuán ⑲ (구기운동의) 선수 | 射门 shèmén ⑧ 슛하다 | 精彩 jīngcǎi ⑱ 뛰어나다, 훌륭하다

⑥ 我_____运动对减肥最有效果，我每天吃晚饭后都跑步。
   Wǒ _____ yùndòng duì jiǎnféi zuì yǒu xiàoguǒ, wǒ měitiān chī wǎnfàn hòu dōu pǎobù.
   나는 운동이 다이어트에 가장 효과가 있다고 생각해요. 나는 매일 저녁을 먹은 후 달리기를 해요.

   ▶ 效果 xiàoguǒ ⑲ 효과

❼ 我_____手机打电话的功能最有用，除了打电话功能以外，
Wǒ _____ shǒujī dǎ diànhuà de gōngnéng zuì yǒuyòng, chúle dǎ diànhuà gōngnéng yǐwài,

听音乐、拍照的功能也很有用。
tīng yīnyuè、pāizhào de gōngnéng yě hěn yǒuyòng.

나는 휴대전화는 전화 기능이 가장 유용하고, 전화 기능 이외에 음악 듣는 기능과 사진 찍는 기능도 유용하**다고 생각해요**.

▶ 有用 yǒuyòng 동 유용하다, 쓸모가 있다

❽ 我_____孩子在学习，_____他在看小说呢!
Wǒ _____ háizi zài xuéxí, _____ tā zài kàn xiǎoshuō ne!

나는 아이가 공부하고 있**는 줄 알았는데, 알고 보니** 소설을 보고 있네요!

❾ 你_____杯面有营养吗?
Nǐ _____ bēimiàn yǒu yíngyǎng ma?

_____没有营养，你应该少吃方便食品。
_____ méiyǒu yíngyǎng, nǐ yīnggāi shǎo chī fāngbiàn shípǐn.

너는 컵라면이 영양가가 있**다고 생각하니? 사실** 영양가는 없어. 너는 인스턴트 식품을 적게 먹어야 해.

▶ 杯面 bēimiàn 명 컵라면 | 营养 yíngyǎng 명동 영양(을 보충하다) | 其实 qíshí 부 사실

| 보충 | '以为……其实……'는 '~인줄 알았는데, 사실은 ~이다'라는 뜻으로 자주 호응해서 쓰인다.

❿ 我平时喜欢的一家商店正在打8折，
Wǒ píngshí xǐhuan de yì jiā shāngdiàn zhèngzài dǎ bā zhé,

她家的衣服质量又好款式又新，就很高兴地买了一件。
tā jiā de yīfu zhìliàng yòu hǎo kuǎnshì yòu xīn, jiù hěn gāoxìng de mǎile yí jiàn.

但是，没想到一个星期后发现她家同样的衣服又打6折了，
Dànshì, méi xiǎngdào yí ge xīngqī hòu fāxiàn tā jiā tóngyàng de yīfu yòu dǎ liù zhé le,

我_____我买的已经很便宜了，_____不是。
wǒ _____ wǒ mǎi de yǐjīng hěn piányi le, _____ bú shì.

내가 평소에 좋아하는 상점이 20% 할인을 하고 있다. 그 상점의 옷은 품질도 좋고 디자인도 새로워서 기쁘게 한 벌을 샀다. 그러나 뜻밖에도 일주일 후에 그 상점은 같은 옷을 또 40% 할인해 주는 것이었다. 나는 내가 산 것이 매우 싸**다고 생각했는데, 알고 보니** 아니었다.

▶ 款式 kuǎnshì 명 스타일, 타입, 양식 | 同样 tóngyàng 형 서로 같다

모범답안 1. 觉得 juéde 2. 觉得 juéde 3. 觉得 juéde 4. 觉得 juéde 5. 觉得 juéde 6. 认为 rènwéi/觉得 juéde 7. 认为 rènwéi/觉得 juéde 8. 以为 yǐwéi, 原来 yuánlái 9. 以为 yǐwéi, 其实 Qíshí 10. 以为 yǐwéi, 原来 yuánlái

TSC 실전맛보기

다음은 TSC 실전 문제입니다. 각각의 문제를 잘 듣고 중국어로 대답해 보세요.

❶ 제시된 그림과 함께 문제를 듣고 상황에 알맞게 대화를 완성해 보세요. 🎧 2-26

    제3부분   학습 관련 질문에 대한 대답으로 응용하여 표현할 수 있다.

  질문   **你觉得汉语难不难?**   당신은 중국어가 어렵다고 생각하나요?
          Nǐ juéde Hànyǔ nán bu nán?

❷ 문제를 듣고 주제에 알맞게 대답해 보세요. 🎧 2-27

    제4부분   취미 및 기호 관련 질문에 대한 대답으로 응용하여 표현할 수 있다.

  질문   **你喜欢去游乐场吗?**   당신은 놀이공원에 가는 것을 좋아하나요?
          Nǐ xǐhuan qù yóulèchǎng ma?

❸ 문제를 듣고 자신의 생각을 말해 보세요. 🎧 2-28

    제5부분   여러 가지 주제에 대한 효과적인 방법 제시와 관련한 대답으로 응용하여 표현할 수 있다.

  질문   **你认为哪种减肥方法最有效果?**
          Nǐ rènwéi nǎ zhǒng jiǎnféi fāngfǎ zuì yǒu xiàoguǒ?
          당신은 어떤 다이어트 방법이 가장 효과가 있다고 생각하나요?

❹ 제시된 그림과 함께 문제를 듣고 상황에 대응하여 대답해 보세요. 🎧 2-29

제6부분 충고와 관련한 대답으로 응용하여 표현할 수 있다.

질문 朋友不吃饭经常吃杯面，你对他怎么说？
　　　Péngyou bù chīfàn jīngcháng chī bēimiàn, nǐ duì tā zěnme shuō?

　　　친구가 밥을 안 먹고 컵라면을 자주 먹어요. 당신은 그에게 어떻게 말해 주겠어요?

❺ 주어진 4개의 연속된 그림을 보고, 그림의 내용에 따라 하나의 이야기를 만들어 말해 보세요.

제7부분 실망을 표현하는 내용에 응용하여 이야기를 구성할 수 있다.

①

②

③

④

TSC 실전맛보기 모범 답안

녹음을 듣고 따라 읽어 보세요. 🎧 2-30

❶ 질문 你觉得汉语难不难?

대답 我觉得汉语难是难，但是很有意思。
Wǒ juéde Hànyǔ nán shì nán, dànshì hěn yǒu yìsi.
나는 중국어가 어렵긴 하지만 매우 재미있다고 생각해요.

❷ 질문 你喜欢去游乐场吗?

대답 我非常喜欢去游乐场，觉得很有意思。
Wǒ fēicháng xǐhuan qù yóulèchǎng, juéde hěn yǒu yìsi.
나는 놀이공원에 가는 것을 매우 좋아해요. 아주 재미있어요.

❸ 질문 你认为哪种减肥方法最有效果?

대답 我认为运动对减肥最有效果，我每天吃晚饭后都跑步。
Wǒ rènwéi yùndòng duì jiǎnféi zuì yǒu xiàoguǒ, wǒ měitiān chī wǎnfàn hòu dōu pǎobù.
나는 운동이 다이어트에 가장 효과가 있다고 생각해요. 나는 매일 저녁을 먹은 후 달리기를 해요.

❹ 질문 朋友不吃饭经常吃杯面，你对他怎么说?

대답 你以为杯面有营养吗? 其实没有营养，你应该少吃方便食品。
Nǐ yǐwéi bēimiàn yǒu yíngyǎng ma? Qíshí méiyǒu yíngyǎng, nǐ yīnggāi shǎo chī fāngbiàn shípǐn.
너는 컵라면이 영양가가 있다고 생각하니? 사실 영양가는 없어. 너는 인스턴트 식품을 적게 먹어야해.

❺ 대답 ① 我平时喜欢的一家商店正在打8折,
Wǒ píngshí xǐhuan de yì jiā shāngdiàn zhèngzài dǎ bā zhé,
내가 평소에 좋아하는 상점이 20% 할인을 하고 있다.

② 她家的衣服质量又好款式又新，就很高兴地买了一件。
tā jiā de yīfu zhìliàng yòu hǎo kuǎnshì yòu xīn, jiù hěn gāoxìng de mǎile yí jiàn.
그 상점의 옷은 품질도 좋고 디자인도 새로워서 기쁘게 한 벌을 샀다.

③ 但是，没想到一个星期后发现她家同样的衣服又打6折了,
Dànshì, méi xiǎngdào yí ge xīngqī hòu fāxiàn tā jiā tóngyàng de yīfu yòu dǎ liù zhé le,
그러나 뜻밖에도 일주일 후에 그 상점은 같은 옷을 또 40% 할인을 해 주는 것이었다.

④ 我以为我买的已经很便宜了，原来不是。
wǒ yǐwéi wǒ mǎi de yǐjīng hěn piányi le, yuánlái bú shì.
나는 내가 산 것이 매우 싸다고 생각했는데, 알고 보니 아니었다.

06

姐姐今天穿得很漂亮。
Jiějie jīntiān chuān de hěn piàoliang.

언니는 오늘 옷을 예쁘게 입었어요.

| 정도보어

어법 익히기

● **정도보어**

정도보어란 술어 뒤에 사용되어 어떤 동작이나 상태의 정도를 보충 설명해주는 성분을 말한다.

1 기본 형식

1) 목적어가 없을 경우

목적어가 없을 경우, 정도보어는 구조조사 '得'와 함께 술어 뒤에 위치한다. 주로 부사, 형용사(구), 동사(구), 주술구 등이 정도보어에 쓰일 수 있다.

> 술어[동사/형용사] + 得 + 정도보어

他跑得很快。 그는 빨리 달린다.
Tā pǎo de hěn kuài.

今天我忙得没有时间吃饭。 오늘 나는 밥 먹을 시간도 없을 정도로 바쁘다.
Jīntiān wǒ máng de méiyǒu shíjiān chīfàn.

2) 목적어가 있을 경우

술어 뒤에 목적어가 있을 경우, 술어를 반복하고 '得+정도보어'를 붙인다. 첫 번째 술어는 생략할 수 있지만 두 번째 술어는 생략할 수 없다.

> (술어[동사]) + 목적어 + 술어[동사] + 得 + 정도보어

他(打)篮球打得很好。 그는 농구를 잘 한다.
Tā (dǎ) lánqiú dǎ de hěn hǎo.

他(说)汉语说得很流利。 그는 중국어를 유창하게 한다.
Tā (shuō) Hànyǔ shuō de hěn liúlì.

他说汉语得很流利。(✕)

▶ 流利 liúlì 형 (말·문장이) 유창하다

3) 부정형

정도보어 부분을 부정해서 부정형을 만들다.

他长得不帅。
Tā zhǎng de bú shuài.
그는 잘생기지 않았다.

▶ 长 zhǎng 동 생기다, 자라다

弟弟学得不好。 남동생은 공부를 잘 못한다.
Dìdi xué de bù hǎo.

2 정도가 심함을 나타내는 정도보어의 형식

1) '得'가 있는 경우

'술어+得' 뒤에 '很 hěn, 不得了 bù dé liǎo, 多 duō, 厉害 lìhai' 등이 쓰여 정도가 심함을 나타낸다. '厉害'는 견디기 어려울 만큼 정도가 심할 경우에 쓰인다.

술어[동사/형용사] + 得 + 很/不得了/多/厉害

今天天气冷得很。 오늘은 매우 춥다.
Jīntiān tiānqì lěng de hěn.

孩子高兴得不得了。 아이가 매우 기뻐한다.
Háizi gāoxìng de bù dé liǎo.

这家商店的东西不太贵，那家商店的东西贵得多。
Zhè jiā shāngdiàn de dōngxi bú tài guì, nà jiā shāngdiàn de dōngxi guì de duō.
이 상점의 물건은 그다지 비싸지 않다. 그 상점의 물건이 훨씬 비싸다.

路上车堵得厉害。 길에 차가 심하게 막힌다.
Lù shang chē dǔ de lìhai.

2) '得'가 없는 경우

술어 뒤에 구조조사 '得' 없이 '极了 jí le, 多了 duō le, 死了 sǐ le' 등이 바로 쓰여 정도의 심함을 나타낼 수 있다. '死了'는 주로 좋지 않은 방면에 쓰인다.

술어[동사/형용사] + 极了/多了/死了

孩子伤心极了。 아이는 매우 상심했다.
Háizi shāngxīn jí le.

今年夏天热多了。 올해 여름이 훨씬 무덥다.
Jīnnián xiàtiān rè duō le.

今天冷死了。 오늘 추워 죽겠다.
Jīntiān lěng sǐ le.

TSC속 표현 다루기

다음 해석에 알맞은 중국어 표현을 써 넣은 후, 녹음을 듣고 따라 읽으며 표현을 익혀 보세요. 🎧 2-31

① 我是一个很节俭的人，花钱_____不太多。
Wǒ shì yí ge hěn jiéjiǎn de rén, huā qián _____ bú tài duō.
나는 매우 검소한 사람이에요. 돈을 그다지 많이 쓰지 않아요.

▶ 节俭 jiéjiǎn 형 절약하다, 검소하다 | 花钱 huā qián 돈을 쓰다, 소비하다

② 我平时工作太忙了，_____很，只想在家休息。
Wǒ píngshí gōngzuò tài máng le, _____ hěn, zhǐ xiǎng zài jiā xiūxi.
나는 평소에 일이 너무 바빠서 매우 피곤해요. 오직 집에서 쉬고 싶을 뿐이에요.

③ 对不起，今天早上为孩子上学做准备_____太早了。
Duìbuqǐ, jīntiān zǎoshang wèi háizi shàngxué zuò zhǔnbèi _____ tài zǎo le.
죄송해요, 오늘 아침에 아이 등교를 준비하느라고 너무 일찍 일어났어요.

④ 虽然我足球_____不怎么样，但是很喜欢参加足球比赛。
Suīrán wǒ zúqiú _____ bù zěnmeyàng, dànshì hěn xǐhuan cānjiā zúqiú bǐsài.
비록 나는 축구를 그리 잘 하지는 못하지만, 축구 경기에 참가하는 것을 좋아한다.

▶ 不怎么样 bù zěnmeyàng 그리 좋지 않다[= 不太好 bú tài hǎo]

⑤ 我非常喜欢看电视剧，经常看电视剧_____忘了吃饭。
Wǒ fēicháng xǐhuan kàn diànshìjù, jīngcháng kàn diànshìjù _____ wàngle chīfàn.
저는 드라마 보는 것을 매우 좋아해서, 종종 밥 먹는 것도 잊은 채 드라마를 본답니다.

▶ 电视剧 diànshìjù 명 텔레비전 드라마

⑥ 今天你_____，这件蓝色的衬衫很适合你。
Jīntiān nǐ _____, zhè jiàn lánsè de chènshān hěn shìhé nǐ.
오늘 당신 옷 입은 것이 매우 예뻐요. 이 파란색 블라우스가 당신한테 잘 어울려요.

▶ 蓝色 lánsè 명 파란색 | 适合 shìhé 동 적합하다, 알맞다, 어울리다

⑦ 你每天咖啡_____，这样对身体不好，少喝点儿吧。
Nǐ měitiān kāfēi _____, zhèyàng duì shēntǐ bù hǎo, shǎo hē diǎnr ba.
너는 매일 커피를 너무 많이 마셔. 이러면 건강에 좋지 않아. 좀 적게 마셔 봐.

▶ 这样 zhèyàng 대 이렇다, 이렇게

⑧ 我一般坐地铁去上班，
Wǒ yìbān zuò dìtiě qù shàngbān,

因为开车，上下班的时间路上车_____。
yīnwèi kāichē, shàngxiàbān de shíjiān lù shang chē _____.

나는 보통 지하철을 타고 출근해요. 차를 몰고 가면, 출퇴근 시간에는 길에 차가 심하게 막히거든요.

⑨ 最近大部分孩子放学后还去补习班学习，这些孩子天天_____，
Zuìjìn dàbùfen háizi fàngxué hòu hái qù bǔxíbān xuéxí, zhèxiē háizi tiāntiān _____,

没有时间玩儿，所以压力很大，父母应该帮助孩子减轻压力。
méiyǒu shíjiān wánr, suǒyǐ yālì hěn dà, fùmǔ yīnggāi bāngzhù háizi jiǎnqīng yālì.

요즘에 대부분의 아이들이 방과 후 또 학원에 가서 공부합니다. 이 아이들은 매일 공부를 너무 많이 하고, 놀 시간이 없어서 스트레스가 많아요. 부모는 아이가 스트레스를 줄일 수 있도록 도와줘야 합니다.

▶ 大部分 dàbùfen 대부분 | 天天 tiāntiān 📖 매일, 날마다

⑩ 孩子很想买辆新自行车，所以天天攒零用钱，
Háizi hěn xiǎng mǎi liàng xīn zìxíngchē, suǒyǐ tiāntiān zǎn língyòngqián,

可是今天跟朋友们一起玩儿的时候，丢了钱包。
kěshì jīntiān gēn péngyoumen yìqǐ wánr de shíhou, diūle qiánbāo.

回家后才发现钱包不见了，孩子伤心极了。妈妈知道了这件事，
Huíjiā hòu cái fāxiàn qiánbāo bú jiàn le, háizi shāngxīn jí le. Māma zhīdàole zhè jiàn shì,

给他买了一辆新自行车，孩子_____。
gěi tā mǎile yí liàng xīn zìxíngchē, háizi _____.

아이는 새 자전거 한 대를 사고 싶어서 매일 용돈을 모았어요. 그러나 오늘은 친구와 함께 놀 때 지갑을 잃어버렸어요. 집에 돌아와서 지갑이 없어진 것을 알고는 아이는 매우 상심했어요. 엄마가 이 사실을 알고, 아이에게 새 자전거를 하나 사 줬어요. 아이는 매우 기뻐했어요.

▶ 辆 liàng 📖 대[자동차, 자전거 등 차량을 세는 단위] | 攒 zǎn 📖 모으다, 저축하다 | 零用钱 língyòngqián 📖 용돈

모범답안 1. 花得 huā de 2. 累得 lèi de 3. 起得 qǐ de 4. 踢得 tī de 5. 看得 kàn de 6. 穿得很漂亮 chuān de hěn piàoliang 7. 喝得太多了 hē de tài duō le 8. 堵得很厉害 dǔ de hěn lìhai 9. 学得太多了 xué de tài duō le 10. 高兴得不得了 gāoxìng de bù dé liǎo

TSC 실전맛보기

다음은 TSC 실전 문제입니다. 각각의 문제를 잘 듣고 중국어로 대답해 보세요.

❶ 제시된 그림과 함께 문제를 듣고 상황에 알맞게 대화를 완성해 보세요. 🎧 2-32

제3, 6, 7부분 제3부분 불만 제기에 대한 대답으로 응용하여 표현할 수 있다. 그밖에 제6부분 상대방에 대한 충고, 제7부분 그림에 대한 상황 설명으로 각각 응용하여 표현할 수 있다.

질문 你怎么一直打瞌睡呢? 당신 어째서 계속 졸고 있는 거예요?
Nǐ zěnme yìzhí dǎ kēshuì ne?

▶ 打瞌睡 dǎ kēshuì 동 졸다

❷ 문제를 듣고 주제에 알맞게 대답해 보세요. 🎧 2-33

제4부분 교통 관련 문제에서 자주 이용하는 교통수단 및 이유를 설명하는 대답으로 응용하여 표현할 수 있다.

질문 你平时怎么去上班? 당신은 평소에 무엇을 타고 출근하시나요?
Nǐ píngshí zěnme qù shàngbān?

❸ 문제를 듣고 자신의 생각을 말해 보세요. 🎧 2-34

제4, 5부분 교육 및 사회 현상에 대한 견해를 묻는 질문에 대한 대답으로 응용하여 표현할 수 있다.

질문 最近大部分孩子放学后还去补习班学习，你对这件事有什么看法?
Zuìjìn dàbùfen háizi fàngxué hòu hái qù bǔxíbān xuéxí, nǐ duì zhè jiàn shì yǒu shénme kànfǎ?
요즘에 대부분의 아이들이 방과 후 또 학원에 가서 공부합니다. 당신은 이 일에 대해 어떤 견해를 가지고 있나요?

❹ 제시된 그림과 함께 문제를 듣고 상황에 대응하여 대답해 보세요. 🎧 2-35

제6부분 충고와 관련한 대답으로 응용하여 표현할 수 있다.

질문 你同事每天咖啡喝得太多了，好好儿劝劝她吧。
Nǐ tóngshì měitiān kāfēi hē de tài duō le, hǎohāor quànquan tā ba.
당신의 동료가 매일 커피를 너무 많이 마셔요. 그녀를 잘 타일러 보세요.

▶ 劝 quàn 동 권하다, 타이르다, 설득하다

❺ 주어진 4개의 연속된 그림을 보고, 그림의 내용에 따라 하나의 이야기를 만들어 말해 보세요.

제7부분 실망 또는 감동과 관련한 내용에 응용하여 이야기를 구성할 수 있다.

①

②

③

④

TSC 실전맛보기 모범 답안

녹음을 듣고 따라 읽어 보세요. 🎧 2-36

① 질문 你怎么一直打瞌睡呢？

대답 对不起，今天早上为孩子上学做准备起得太早了。
Duìbuqǐ, jīntiān zǎoshang wèi háizi shàngxué zuò zhǔnbèi qǐ de tài zǎo le.
죄송해요, 오늘 아침에 아이 등교를 준비하느라고 너무 일찍 일어났어요.

② 질문 你平时怎么去上班？

대답 我一般坐地铁去上班，因为开车，
Wǒ yìbān zuò dìtiě qù shàngbān, yīnwèi kāichē,
在上下班的时间路上车堵得很厉害。
zài shàngxiàbān de shíjiān lù shang chē dǔ de hěn lìhai.
나는 보통 지하철을 타고 출근해요. 차를 몰고 가면, 출퇴근 시간에는 길에 차가 심하게 막히거든요.

③ 질문 最近大部分孩子放学后还去补习班学习，你对这件事有什么看法？

대답 最近大部分孩子放学后还去补习班学习，这些孩子天天学得太多了，
Zuìjìn dàbùfen háizi fàngxué hòu hái qù bǔxíbān xuéxí, zhè xiē háizi tiāntiān xué de tài duō le,
没有时间玩儿，所以压力很大，父母应该帮助孩子减轻压力。
méiyǒu shíjiān wánr, suǒyǐ yālì hěn dà, fùmǔ yīnggāi bāngzhù háizi jiǎnqīng yālì.
요즘에 대부분의 아이들이 방과후 또 학원에 가서 공부합니다. 이 아이들은 매일 공부를 너무 많이 하고, 놀 시간이 없어서 스트레스가 많아요. 부모는 아이가 스트레스를 줄일 수 있도록 도와줘야 합니다.

④ 질문 你同事每天咖啡喝得太多了，好好儿劝劝她吧。

대답 你每天咖啡喝得太多了，这样对身体不好，少喝点儿吧。
Nǐ měitiān kāfēi hē de tài duō le, zhèyàng duì shēntǐ bù hǎo, shǎo hē diǎnr ba.
당신은 매일 커피를 너무 많이 마시는데, 이러면 건강에 좋지 않아요. 좀 적게 마셔 봐요.

⑤ 대답 ① 孩子很想买辆新自行车，所以天天攒零用钱。
Háizi hěn xiǎng mǎi liàng xīn zìxíngchē, suǒyǐ tiāntiān zǎn língyòngqián.
아이는 새 자전거 한 대를 사고 싶어서 매일 용돈을 모았어요.

② 可是今天跟朋友们一起玩儿的时候，丢了钱包。
Kěshì jīntiān gēn péngyoumen yìqǐ wánr de shíhou, diūle qiánbāo.
그러나 오늘 친구와 함께 놀 때 지갑을 잃어버렸어요.

③ 回家后才发现钱包不见了，孩子伤心极了。
Huíjiā hòu cái fāxiàn qiánbāo bú jiàn le, háizi shāngxīn jí le.
집에 돌아와서 지갑이 없어진 것을 알고는 아이는 매우 상심했어요.

④ 妈妈知道了这件事，给他买了一辆新自行车，孩子高兴得不得了。
Māma zhīdàole zhè jiàn shì, gěi tā mǎile yí liàng xīn zìxíngchē, háizi gāoxìng de bù dé liǎo.
엄마가 이 사실을 알고, 아이에게 새 자전거를 하나 사 줬어요. 아이는 매우 기뻐했어요.

07

我的身体比昨天好多了。
Wǒ de shēntǐ bǐ zuótiān hǎo duō le.

나의 건강이 어제보다 많이 좋아졌어요.

비교문

● 비교문

비교문이란 두 가지의 사물이나 사람을 비교하는 문장을 말하며, 자주 쓰이는 비교문으로 '比' 비교문과 '跟……一样' 비교문이 있다.

1 比 비교문

'比 bǐ' 비교문이란 주어와 비교 대상 간의 성질이나 정도의 차이를 나타내는 문장이다.

1) 기본 형식

기본적으로 비교 대상 앞에 전치사 '比 bǐ'가 쓰이며, 'A는 B보다 ~하다'라고 해석한다. 단, 비교문에서 술어 앞에 '很, 非常, 太, 有点儿' 등과 같은 정도부사를 쓸 수 없다.

A[주어] + 比 + B[비교 대상] + 술어

我　　　比　　　你　　　高。 나는 너보다 키가 크다.
Wǒ　　　bǐ　　　nǐ　　　gāo.

我比你很高。(✕)

他　　　比　　　我　　　大。 그는 나보다 나이가 많다.
Tā　　　bǐ　　　wǒ　　　dà.

부사 '更 gèng, 还 hái'를 사용하여 차이의 정도를 나타낼 수 있다.

A[주어] + 比 + B[비교 대상] + 更/还 + 술어

这支铅笔　比　那支铅笔　　更　　长。 이 연필은 저 연필보다 더 길다.
Zhè zhī qiānbǐ　bǐ　nà zhī qiānbǐ　gèng　cháng.

今天　　比　　昨天　　还　　热。 오늘은 어제보다 더 덥다.
Jīntiān　bǐ　zuótiān　hái　rè.

2) 대략적 차이를 나타낼 경우

주어와 비교 대상 간의 차이가 클 경우, 술어 뒤에 '多了 duō le, 得多 de duō'를 사용한다.

> A[주어] + 比 + B[비교 대상] + 술어 + 多了/得多

这件衣服　比　那件衣服　贵　多了。
Zhè jiàn yīfu　bǐ　nà jiàn yīfu　guì　duō le.
이 옷은 저 옷보다 훨씬 비싸다.

哥哥　比　弟弟　大　得多。
Gēge　bǐ　dìdi　dà　de duō.
형은 남동생보다 나이가 훨씬 많다.

차이가 크지 않을 경우, 술어 뒤에 '一点儿 yìdiǎnr, 一些 yìxiē'를 사용한다.

> A[주어] + 比 + B[비교 대상] + 술어 + 一点儿/一些

这条裙子　比　那条裙子　短　一点儿。
Zhè tiáo qúnzi　bǐ　nà tiáo qúnzi　duǎn　yìdiǎnr.
이 치마는 저 치마보다 조금 더 짧다.

这次的成绩　比　上次　好　一些。
Zhè cì de chéngjì bǐ　shàngcì　hǎo　yìxiē.
이번 성적이 지난 번보다 조금 더 좋다.

3) 구체적 차이를 나타낼 경우

수량사를 이용해 대상 간의 구체적인 차이를 나타낼 수 있다.

> A[주어] + 比 + B[비교 대상] + 술어 + 수량사

我　比　你　高　两厘米。　나는 너보다 키가 2cm 더 커.
Wǒ　bǐ　nǐ　gāo　liǎng límǐ.

姐姐　比　我　大　十岁。　언니는 나보다 10살이 더 많아요.
Jiějie　bǐ　wǒ　dà　shí suì.

4) 부정형

부정형은 비교 대상 앞에 '没有 méiyǒu, 不如 bùrú'를 붙여 만들며, 'A는 B만 못하다'라고 해석한다.

A[주어] + 没有 + B[비교 대상] + 술어

我的手艺　　没有　　你　　好。 내 솜씨는 너만 못하다.
Wǒ de shǒuyì　méiyǒu　nǐ　hǎo.

船　　没有　　飞机　　快。 배는 비행기만큼 빠르지 않다.
Chuán　méiyǒu　fēijī　kuài.

▶ 手艺 shǒuyì 몡 손재간, 솜씨

'不如' 형식에서는 술어로 긍정적 의미의 형용사가 쓰인다. 또한 앞 절에 이미 술어가 출현했을 경우, '不如' 구문에서는 '不如' 자체가 술어로 쓰여 비교 대상 뒤에 나오는 술어를 생략할 수 있다. 그러나 '没有' 형식에서는 생략할 수 없다.

A[주어] + 不如 + B[비교 대상] + 술어[형용사]

她不如你漂亮。
Tā bùrú nǐ piàoliang.
그녀는 너보다 예쁘지 않아.

你很漂亮，她不如你(漂亮)。
Nǐ hěn piàoliang, tā bùrú nǐ (piàoliang).
너는 예쁜데, 그녀는 너보다 못해.[그녀는 너보다 예쁘지 않다.]

现在妈妈身体不如以前好。
Xiànzài māma shēntǐ bùrú yǐqián hǎo.
지금 엄마는 건강이 예전만큼 좋지 않아요.

妈妈以前身体很好，现在妈妈身体不如以前(好)。
Māma yǐqián shēntǐ hěn hǎo, xiànzài māma shēntǐ bùrú yǐqián (hǎo).
엄마는 예전에 건강이 좋았는데, 지금은 건강이 예전만 못해요.[엄마는 지금 건강이 예전만큼 좋지 않다.]

> **주의!**
>
> 'A+不比+B' 구문은 'A는 B와 비슷하다'라는 뜻이다.
>
> | A[주어] + 不比 + B[비교 대상] + 술어 |
> |---|
>
> 你　　不比　　我　　高。
> Nǐ　bù bǐ　wǒ　gāo.
> 너는 나와 키가 비슷하다.[너는 나와 키가 같거나 나보다 약간 작다.]

2 跟……一样 비교문

'跟……一样 gēn……yíyàng' 비교문이란 주어와 비교 대상 간의 성질이나 상태가 '같음'을 나타내는 문장이다.

1) 기본 형식

비교 대상 앞에 '跟'이 쓰이며, 'A는 B와 똑같다'라고 해석한다.

| A [주어] + 跟 + B [비교 대상] + 一样 |

他的帽子　　跟　　朋友的　　一样。 그의 모자는 친구 것과 똑같다.
Tā de màozi　gēn　péngyou de　yíyàng.

你的手机　　跟　　我的　　　一样。 너의 휴대전화는 내 것과 똑같다.
Nǐ de shǒujī　gēn　wǒ de　　yíyàng.

'一样' 뒤에 술어를 붙여 구체적으로 비교할 수 있다. 주로 형용사(구), 동사(구)가 쓰이며 'A는 B와 똑같이 ~하다'라고 해석한다.

| A [주어] + 跟 + B [비교 대상] + 一样 + 술어 |

爸爸　　跟　　我　　一样　　高。 아빠는 나와 똑같이 키가 크다.
Bàba　gēn　wǒ　yíyàng　gāo.

朋友　　跟　　我　　一样　　喜欢看电影。
Péngyou　gēn　wǒ　yíyàng　xǐhuan kàn diànyǐng.
친구는 나와 똑같이 영화 보는 것을 좋아한다.

TIP
두 대상의 상태가 비슷함을 나타낼 때는 '一样' 대신에 '비슷하다'라는 뜻을 가진 형용사 '差不多 chàbuduō'를 쓴다.
我的个子跟你差不多。 내 키는 너와 비슷해.
Wǒ de gèzi gēn nǐ chàbuduō.

2) 부정형

부정형은 '一样' 앞에 '不'를 붙여 만들며, 'A는 B와 다르다'라고 해석한다.

| A [주어] + 跟 + B [비교 대상] + 不一样 |

他的性格　　跟　　我　　不一样。 그의 성격은 나와 다르다.
Tā de xìnggé　gēn　wǒ　bù yíyàng.

他的爱好　　跟　　我　　不一样。 그의 취미는 나와 다르다.
Tā de àihào　gēn　wǒ　bù yíyàng.

▶ 性格 xìnggé 명 성격 | 爱好 àihào 명 취미, 기호

TSC속 표현 다루기

다음 해석에 알맞은 중국어 표현을 써 넣은 후, 녹음을 듣고 따라 읽으며 표현을 익혀 보세요. 🎧 2-37

❶ 今天_____昨天_____两度。 오늘은 어제보다 2도 낮아요.
　Jīntiān _____ zuótiān _____ liǎng dù.

❷ 左边的铅笔_____右边的铅笔_____。 왼쪽 연필이 오른쪽 연필보다 더 길어요.
　Zuǒbian de qiānbǐ _____ yòubian de qiānbǐ _____.

❸ 我觉得去山里玩儿_____去海边玩儿_____。
　Wǒ juéde qù shān li wánr _____ qù hǎibiān wánr _____.
　나는 산에 가서 노는 것이 바닷가에 가서 노는 것보다 좋다고 생각해요.

❹ 我比较喜欢在家吃。因为妈妈做的_____外边卖的_____。
　Wǒ bǐjiào xǐhuan zài jiā chī. Yīnwèi māma zuò de _____ wàibian mài de _____.
　저는 비교적 집에서 먹는 것을 좋아해요. 왜냐하면 엄마가 해주시는 것이 밖에서 파는 것보다 맛있기 때문이에요.

❺ 我比较喜欢送礼券。因为我觉得这个_____别的东西_____。
　Wǒ bǐjiào xǐhuan sòng lǐquàn. Yīnwèi wǒ juéde zhège _____ biéde dōngxi _____.
　나는 상품권을 선물하는 것을 비교적 좋아해요. 왜냐하면 이것이 다른 물건보다 더 실용적인 것 같기 때문이에요.

▸ 礼券 lǐquàn 명 상품권 | 实用 shíyòng 형 실용적이다

❻ 哥哥，我做的_____你做的_____，能不能帮我写一下这个报告？
　Gēge, wǒ zuò de _____ nǐ zuò de _____, néng bu néng bāng wǒ xiě yíxià zhège bàogào?
　오빠, 내가 하는 것이 오빠가 하는 것보다 못한데, 나를 도와서 이 레포트 좀 작성해 줄 수 있어?

❼ 我觉得面包_____。 빵이 밥보다 맛있지는 않다고 생각해요.
　Wǒ juéde miànbāo _____.

72

⑧ 我觉得我长得像我爸爸，眼睛和鼻子_____。
　　Wǒ juéde wǒ zhǎng de xiàng wǒ bàba, yǎnjing hé bízi _____.
　　나는 아빠를 닮은 것 같아요. 눈과 코가 아빠랑 똑같아요.

▶ 像 xiàng 동 비슷하다, 닮다 ｜ 一模一样 yìmúyíyàng 성 모양이(생김새가) 완전히 같다

⑨ 我觉得老年人退休以后继续工作_____。
　　Wǒ juéde lǎoniánrén tuìxiū yǐhòu jìxù gōngzuò _____.
　　因为这样不会觉得孤单，对精神健康有好处。
　　Yīnwèi zhèyàng bú huì juéde gūdān, duì jīngshén jiànkāng yǒu hǎochù.
　　나는 노인이 퇴직 후 계속 일하는 것이 집에서 쉬는 것보다 좋다고 생각해요. 왜냐하면 이렇게 하면 고독하지 않고 정신 건강에 좋기 때문이에요.

▶ 老年人 lǎoniánrén 노인 ｜ 退休 tuìxiū 동 퇴직하다, 은퇴하다 ｜ 继续 jìxù 동 계속하다 ｜ 孤单 gūdān 형 고독하다, 쓸쓸하다 ｜ 精神 jīngshén 명 정신 ｜ 好处 hǎochù 명 장점, 좋은 점 [↔ 坏处 huàichù]

⑩ 今天孩子在学校考试了。不过，考得不太好，因为这次考试
　　Jīntiān háizi zài xuéxiào kǎoshì le. Búguò, kǎo de bú tài hǎo, yīnwèi zhè cì kǎoshì
　　_____。孩子很担心妈妈会生气。
　　_____. Háizi hěn dānxīn māma huì shēngqì.
　　她没想到，妈妈不仅没生气，还鼓励了孩子。
　　Tā méi xiǎngdào, māma bùjǐn méi shēngqì, hái gǔlìle háizi.
　　아이가 오늘 학교에서 시험을 봤어요. 그런데 시험을 잘 못 봤어요. 이번 시험이 지난 번 시험보다 많이 어려웠거든요. 아이는 엄마가 화내실까 봐 걱정했어요. 뜻밖에 엄마가 화내지 않으셨을 뿐만 아니라, 격려도 해 주셨어요.

▶ 担心 dānxīn 동 염려하다, 걱정하다 ｜ 鼓励 gǔlì 동 격려하다, (용기를) 북돋우다

모범답안 1. 比 bǐ, 低 dī　2. 比 bǐ, 更长 gèng cháng　3. 比 bǐ, 好 hǎo　4. 比 bǐ, 好吃 hǎochī　5. 比 bǐ, 更实用 gèng shíyòng　6. 没有 méiyǒu, 好 hǎo　7. 没有米饭好吃 méiyǒu mǐfàn hǎochī　8. 跟爸爸一模一样 gēn bàba yìmúyíyàng　9. 比在家休息好 bǐ zài jiā xiūxi hǎo　10. 比上次考试难得多 bǐ shàng cì kǎoshì nán de duō

TSC 실전맛보기

다음은 TSC 실전 문제입니다. 각각의 문제를 잘 듣고 중국어로 대답해 보세요.

1 제시된 그림과 함께 문제를 듣고 알맞게 대답해 보세요. 🎧 2-38

제2부분 비교 관련 문제에 자주 나오는 유형으로, 대답 표현을 잘 익혀 두도록 한다.

질문 **哪个更长?** 어느 것이 더 긴가요?
　　　Năge gèng cháng?

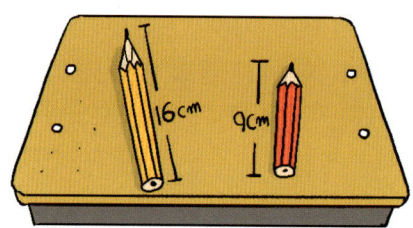

2 제시된 그림과 함께 문제를 듣고 상황에 알맞게 대화를 완성해 보세요. 🎧 2-39

제3, 4, 6부분 제3, 4부분에서 외식과 관련한 자신의 기호 및 이유에 대한 대답으로 응용하여 표현할 수 있다. 그밖에 제6부분에서 잦은 외식에 대한 충고와 관련된 대답으로 응용하여 표현할 수 있다.

질문 **你喜欢在外边吃饭还是在家吃?**
　　　Nǐ xǐhuan zài wàibian chīfàn háishi zài jiā chī?

　　　당신은 외식하는 것을 좋아하나요? 집에서 먹는 것을 좋아하나요?

❸ 문제를 듣고 자신의 생각을 말해 보세요. 🎧 2-40

제4부분 기호, 습관, 일상생활에 대한 대답으로 응용하여 표현할 수 있다.

질문 **你喜欢送父母什么样的礼物?**
Nǐ xǐhuan sòng fùmǔ shénme yàng de lǐwù?
당신은 부모님께 어떤 선물을 드리는 것을 좋아합니까?

❹ 문제를 듣고 주제에 알맞게 대답해 보세요. 🎧 2-41

제5부분 노인 문제에 대한 자신의 견해를 묻는 질문에 대한 대답으로 응용하여 표현할 수 있다.

질문 **你觉得老年人退休以后继续工作好还是在家休息好?**
Nǐ juéde lǎoniánrén tuìxiū yǐhòu jìxù gōngzuò hǎo háishi zài jiā xiūxi hǎo?

请说说你的看法。
Qǐng shuōshuo nǐ de kànfǎ.

당신은 노인이 퇴직 후에도 계속 일하는 것이 좋다고 생각하나요, 아니면 집에서 쉬는 것이 좋다고 생각하나요? 당신의 견해를 말해 보세요.

❺ 주어진 4개의 연속된 그림을 보고, 그림의 내용에 따라 하나의 이야기를 만들어 말해 보세요.

제7부분 뜻밖의 감동과 관련한 내용에 응용하여 이야기를 구성할 수 있다.

①

②

③

④

TSC 실전맛보기 모범 답안

녹음을 듣고 따라 읽어 보세요. 🎧 2-42

1 질문 **哪个更长？**

　대답 ① **左边的铅笔比右边的铅笔更长。** 왼쪽 연필이 오른쪽 연필보다 더 길어요.
　　　　Zuǒbian de qiānbǐ bǐ yòubian de qiānbǐ gèng cháng.

　　　② **黄色的铅笔比红色的铅笔更长。** 노란색 연필이 빨간색 연필보다 더 길어요.
　　　　Huángsè de qiānbǐ bǐ hóngsè de qiānbǐ gèng cháng.

　　　|보충| '右边的铅笔更长吗?'로 판단을 묻는 경우도 있다. 그에 대한 대답은 '不是，左边的铅笔比右边的铅笔更长。'으로 할 수 있다.

2 질문 **你喜欢在外边吃饭还是在家吃？**

　대답 **我比较喜欢在家吃。因为妈妈做的比外边卖的好吃。**
　　　Wǒ bǐjiào xǐhuan zài jiā chī. Yīnwèi māma zuò de bǐ wàibian mài de hǎochī.
　　　저는 비교적 집에서 먹는 것을 좋아해요. 왜냐하면 엄마가 해주시는 것이 밖에서 파는 것보다 맛있기 때문이에요.

3 질문 **你喜欢送父母什么样的礼物？**

　대답 **我比较喜欢送礼券。因为我觉得这个比别的东西更实用。**
　　　Wǒ bǐjiào xǐhuan sòng lǐquàn. Yīnwèi wǒ juéde zhège bǐ biéde dōngxi gèng shíyòng.
　　　나는 상품권을 선물하는 것을 비교적 좋아해요. 왜냐하면 이것이 다른 물건보다 더 실용적이라고 생각하기 때문이에요.

4 질문 **你觉得老年人退休以后继续工作好还是在家休息好？请说说你的看法。**

　대답 **我觉得老年人退休以后继续工作比在家休息好。**
　　　Wǒ juéde lǎoniánrén tuìxiū yǐhòu jìxù gōngzuò bǐ zài jiā xiūxi hǎo.

　　　因为这样不会觉得孤单，对精神健康有好处。
　　　Yīnwèi zhèyàng bú huì juéde gūdān, duì jīngshén jiànkāng yǒu hǎochù.
　　　나는 노인이 퇴직 후에도 계속 일하는 것이 집에서 쉬는 것보다 좋다고 생각해요. 왜냐하면 이렇게 하면 고독하지 않고 정신 건강에 좋기 때문이에요.

5 대답 ① **今天孩子在学校考试了。** 아이가 오늘 학교에서 시험을 봤어요.
　　　　Jīntiān háizi zài xuéxiào kǎoshì le.

　　　② **不过，考得不太好，因为这次考试比上次考试难得多。**
　　　　Búguò, kǎo de bú tài hǎo, yīnwèi zhè cì kǎoshì bǐ shàng cì kǎoshì nán de duō.
　　　　그런데 시험을 잘 못 봤어요. 이번 시험이 지난 번 시험보다 많이 어려웠거든요.

　　　③ **孩子很担心妈妈会生气。** 아이는 엄마가 화내실까 봐 걱정했어요.
　　　　Háizi hěn dānxīn māma huì shēngqì.

　　　④ **她没想到，妈妈不仅没生气，还鼓励了孩子。**
　　　　Tā méi xiǎngdào, māma bùjǐn méi shēngqì, hái gǔlìle háizi.
　　　　뜻밖에 엄마가 화내지 않으셨을 뿐만 아니라 격려도 해 주셨어요.

08

我找到了我的钱包。
Wǒ zhǎodàole wǒ de qiánbāo.

나는 나의 지갑을 찾았어요.

| 결과보어

결과보어

결과보어란 술어 뒤에 쓰여 동작이나 상태에 변화가 발생했을 때 그 결과가 어떠한지를 나타내는 성분이다.

1 기본 형식

결과보어로는 주로 동사나 형용사가 쓰이며, 동작의 완료를 나타내는 동태조사 '了'와 함께 쓰이는 경우가 많다.

> 술어 [동사] + 결과보어 + (了) + 목적어

我买到了火车票。 나는 기차표를 샀다.
Wǒ mǎidàole huǒchē piào.

孩子听见了妈妈的声音。 아이는 엄마의 목소리를 들었다.
Háizi tīngjiànle māma de shēngyīn.

▶ 声音 shēngyīn 명 소리, 목소리

2 부정형

부정형은 일반적으로 술어 앞에 '没(有)'를 붙여 만든다. 이때 동태조사 '了'는 쓰지 않는다.

> 没(有) + 술어 [동사] + 결과보어 + 목적어

我没听懂她的话。 나는 그녀의 말을 알아듣지 못했어요.
Wǒ méi tīngdǒng tā de huà.

我还没找到我的孩子。 나는 아이를 아직 찾지 못했어요.
Wǒ hái méi zhǎodào wǒ de háizi.

3 의문형

결과보어의 의문형은 문장 끝에 의문 어기조사 '吗'를 붙이거나, 정반의문문 형식으로 '没有'를 문장 끝에 붙여 만든다.

你吃完饭了吗? 당신은 밥을 다 먹었나요?
Nǐ chīwán fàn le ma?

你看到熊猫了没有? 너는 판다를 봤니?
Nǐ kàndào xióngmāo le méiyǒu?

4 결과보어의 종류

자주 쓰이는 결과보어					
到 dào ~에 이르다	见 jiàn 감지하다	完 wán 끝마치다	好 hǎo 완성되다	住 zhù 고정시키다	在 zài ~에 놓이다
给 gěi ~에게 주다	懂 dǒng 이해하다	光 guāng 모두 비우다	错 cuò 틀리다	晚 wǎn 늦다	清楚 qīngchu 분명하다

1) 到

동작이 일정한 정도에 이르거나 목적 달성 또는 일정 시간까지 지속되었음을 나타낸다.

我找到了我的钱包。 나는 나의 지갑을 찾았어요.
Wǒ zhǎodàole wǒ de qiánbāo.

我昨天晚上工作到十二点。 나는 어제 저녁 12시까지 일했어요.
Wǒ zuótiān wǎnshang gōngzuò dào shí'èr diǎn.

2) 见

'到'와 거의 같은 뜻으로 사용되나, 시각, 청각, 후각 등을 나타내는 감각동사에 주로 쓰인다.

声音这么大，你没听见吗? 소리가 이렇게 큰데 너 못 들었어?
Shēngyīn zhème dà, nǐ méi tīngjiàn ma?

孩子在动物园看见了一只老虎。 어제 아이는 동물원에서 호랑이 한 마리를 보았다.
Háizi zài dòngwùyuán kànjiànle yì zhī lǎohǔ.

▶ 老虎 lǎohǔ 명 호랑이

3) 完

동작의 완료를 나타낸다.

打折商品都卖完了。 할인 상품이 다 팔렸다.
Dǎzhé shāngpǐn dōu màiwán le.

孩子，你的作业做完了吗? 얘야, 숙제 다 했니?
Háizi, nǐ de zuòyè zuòwán le ma?

4) 好

'完'과 의미는 비슷하나 '好'는 동작이 완전하게 잘 완성되었음을 나타낸다.

你的电脑都修好了。 당신의 컴퓨터를 다 고쳤어요.
Nǐ de diànnǎo dōu xiūhǎo le.

我跟女朋友约好见面。 나는 여자 친구와 만나기로 약속했다.
Wǒ gēn nǚpéngyou yuēhǎo jiànmiàn.

▶ 修 xiū 동 수리하다

5) 住

사람이나 사물의 위치가 고정되었음을 나타낸다.

你站住! 서라!
Nǐ zhànzhù!

对不起，我没记住你的电话号码。
Duìbuqǐ, wǒ méi jìzhù nǐ de diànhuà hàomǎ.
죄송해요, 제가 당신의 전화번호를 기억해 두지 못했어요.

▶ 站 zhàn 동 바로 서다, 멈추다 | 记 jì 동 기억하다

6) 在

동작을 통해 사람이나 사물이 일정한 장소에 놓이게 됨을 나타낸다.

我的雨伞忘在办公室里了。 내 우산을 깜박 잊고 사무실에 놓고 왔다.
Wǒ de yǔsǎn wàngzài bàngōngshì li le.

爸爸坐在沙发上看报纸。 아빠는 소파에 앉아서 신문을 보신다.
Bàba zuòzài shāfā shang kàn bàozhǐ.

7) 给

어떤 사물이 어떤 대상에게 전달되거나 이동함을 나타낸다.

我送给爱人一件礼物。 나는 아내에게 선물을 주었다.
Wǒ sònggěi àiren yí jiàn lǐwù.

我借给她我的衣服。 나는 그녀에게 내 옷을 빌려 주었다.
Wǒ jiègěi tā wǒ de yīfu.

▶ 爱人 àiren 명 남편 혹은 아내

8) 懂

이해가 되었음을 나타낸다.

我看懂了中国小说。 나는 중국 소설을 이해했다.
Wǒ kàndǒngle Zhōngguó xiǎoshuō.

我没听懂老师的话。 나는 선생님 말씀을 알아듣지 못했다.
Wǒ méi tīngdǒng lǎoshī de huà.

9) 光

아무것도 남아있지 않은 상태를 나타낸다.

面包已经卖光了。 빵이 이미 다 팔렸어요.
Miànbāo yǐjīng màiguāng le.

小狗吃光了我的汉堡。 강아지가 내 햄버거를 다 먹어버렸어요.
Xiǎogǒu chīguāngle wǒ de hànbǎo.

10) 错

행위가 잘못되었음을 나타낸다.

他听错了我的话。 그는 내 말을 잘못 들었어요.
Tā tīngcuòle wǒ de huà.

对不起，我打错了。 미안해요, 전화를 잘못 걸었어요.
Duìbuqǐ, wǒ dǎcuò le.

11) 晚

행위가 늦었음을 나타낸다.

今天早上我起晚了。 오늘 아침에 나는 늦게 일어났어요.
Jīntiān zǎoshang wǒ qǐwǎn le.

对不起，我来晚了。 미안해요, 내가 늦게 왔어요.
Duìbuqǐ, wǒ láiwǎn le.

12) 清楚

동작의 결과가 분명하고 뚜렷함을 나타낸다.

你看清楚了吗? 너 확실하게 봤어?
Nǐ kàn qīngchu le ma?

你一定要说清楚这件事。 너 이 일은 꼭 명확히 말해야 해.
Nǐ yídìng yào shuō qīngchu zhè jiàn shì.

TSC속 표현 다루기

다음 해석에 알맞은 중국어 표현을 써 넣은 후, 녹음을 듣고 따라 읽으며 표현을 익혀 보세요. 🎧 2-43

① 女人_____椅子上，一边喝咖啡，一边看书。
Nǚrén _____ yǐzi shang, yìbiān hē kāfēi, yìbiān kàn shū.

여자는 의자에 앉아서 커피를 마시며 책을 보고 있어요.

▶ 女人 nǚrén 몡 여자, 여성

② 她刚刚_____妈妈的短信，所以很开心。
Tā gānggāng _____ māma de duǎnxìn, suǒyǐ hěn kāixīn.

그녀는 방금 엄마한테 문자를 받아서 매우 신이 났어요.

▶ 收到 shōudào 받다 | 短信 duǎnxìn 문자메시지 | 开心 kāixīn 형 기쁘다, 즐겁다

|보충| '收到'는 주로 '礼物 (lǐwù 선물)'나 '一封信 (yìfēngxìn 편지 한 통)' 등 주로 구체적인 사물에 쓴다. 같은 뜻의 '受到 shòudào'는 '批评 (pīpíng 꾸짖다)'이나 '欢迎 (huānyíng 환영하다)' 등 주로 추상적인 것에 쓴다.

③ 这是我的作业，请帮我_____老师。
Zhè shì wǒ de zuòyè, qǐng bāng wǒ _____ lǎoshī.

이것은 나의 숙제예요. 선생님께 제출해 주세요.

▶ 交 jiāo 동 건네주다, 제출하다

④ 对不起，我_____，没时间吃饭。
Duìbuqǐ, wǒ _____, méi shíjiān chīfàn.

죄송해요. 제가 늦게 일어나서 밥 먹을 시간이 없어요.

⑤ 我非常喜欢玩儿电脑游戏，一玩儿就_____很晚才睡觉。
Wǒ fēicháng xǐhuan wánr diànnǎo yóuxì, yì wánr jiù _____ hěn wǎn cái shuìjiào.

나는 컴퓨터 오락을 매우 좋아해요. 한번 놀았다 하면 아주 늦게까지 놀다 자요.

|보충| '一……就…… yī…… jiù……'는 '~하자마자 ~하다, ~하기만 하면 ~하다'라는 뜻으로 연속 관계를 나타낸다. [자세한 설명은 02과 p.23 참조]

⑥ 我_____，是三室一厅的，房间、厨房和客厅都比较大。
Wǒ _____, shì sān shì yì tīng de, fángjiān、chúfáng hé kètīng dōu bǐjiào dà.

나는 아파트에 살아요. 방 세 개에 거실이 하나 딸린 집인데, 방, 주방, 거실이 모두 비교적 커요.

▶ 住 zhù 동 살다, 거주하다 | 公寓 gōngyù 몡 아파트

|보충| 집의 구조를 말할 때 방은 '室 shì', 거실은 '厅 tīng'으로 쓴다.

82

❼ 今天是女朋友的生日，男人买了一条漂亮的连衣裙＿＿＿＿＿＿。
Jīntiān shì nǚpéngyou de shēngrì, nánrén mǎile yì tiáo piàoliang de liányīqún ＿＿＿＿＿＿.

오늘이 여자 친구의 생일이라 남자는 예쁜 원피스 한 벌을 사서 그녀에게 선물했어요.

▶ 男人 nánrén 명 남자, 남성

❽ 如果环境污染了，人们的生活会＿＿＿＿＿＿＿＿＿，为了环境
Rúguǒ huánjìng wūrǎn le, rénmen de shēnghuó huì ＿＿＿＿＿＿＿＿＿, wèile huánjìng

要少用一次性用品，常用公共交通工具等等。
yào shǎo yòng yícìxìng yòngpǐn, chángyòng gōnggòng jiāotōng gōngjù děngděng.

환경이 오염되면 사람들의 생활은 영향을 받게 된다. 환경을 위해서 우리는 일회용품을 적게 쓰고, 대중교통 수단을 자주 이용하는 등의 노력을 해야 한다.

▶ 污染 wūrǎn 동 오염되다, 오염시키다 | 影响 yǐngxiǎng 명동 영향(을 주다) | 受到影响 shòu dào yǐngxiǎng 영향을 받다 | 工具 gōngjù 명 수단

❾ 喂，小月，我是善美。今天晚上你有时间吗？我们一起吃饭吧。
Wéi, XiǎoYuè, wǒ shì Shànměi. Jīntiān wǎnshang nǐ yǒu shíjiān ma? Wǒmen yìqǐ chīfàn ba.

＿＿＿＿＿＿＿还可以逛街，好不好？
＿＿＿＿＿＿＿ hái kěyǐ guàngjiē, hǎo bu hǎo?

여보세요, 샤오위에, 나 선미야. 오늘 저녁에 시간 있어? 우리 같이 밥 먹자. 밥 먹고 나서 쇼핑해도 좋고, 어때?

❿ 女人刚＿＿＿＿＿＿＿＿＿。周末晚上她邀请了几个朋友。
Nǚrén gāng ＿＿＿＿＿＿＿＿＿. Zhōumò wǎnshang tā yāoqǐngle jǐ ge péngyou.

但地板太滑，她不小心摔倒了，她觉得真丢人。
Dàn dìbǎn tài huá, tā bù xiǎoxīn shuāidǎo le, tā juéde zhēn diūrén.

여자는 막 새 집으로 이사했다. 주말 저녁에 그녀는 친구 몇 명을 초대했다. 그런데 바닥이 너무 미끄러워서 그녀는 잘못하여 넘어졌다. 그녀는 너무 창피했다.

▶ 搬 bān 동 옮기다, 이사하다 | 邀请 yāoqǐng 동 초청하다, 초대하다 | 地板 dìbǎn 명 마루, 바닥 | 滑 huá 형 미끄럽다 동 미끄러지다

모범답안 1. 坐在 zuòzài 2. 收到 shōudào 3. 交给 jiāogěi 4. 起晚了 qǐwǎn le 5. 玩儿到 wánrdào
6. 住在公寓 zhùzài gōngyù 7. 送给她 sònggěi tā 8. 受到影响 shòudào yǐngxiǎng 9. 吃完饭 Chīwán fàn
10. 搬到新家 bāndào xīn jiā

TSC 실전 맛보기

다음은 TSC 실전 문제입니다. 각각의 문제를 잘 듣고 중국어로 대답해 보세요.

① 제시된 그림과 함께 문제를 듣고 상황에 알맞게 대화를 완성해 보세요. 🎧 2-44

제3, 7부분　제3부분 원망 및 불만 관련 질문에 대한 대답으로 응용하여 표현할 수 있다. 제7부분 늦게 일어나 서둘러 가는 장면 묘사에 응용하여 표현할 수 있다.

질문　**你怎么又不吃早饭啊?** 너 어째서 또 아침밥을 안 먹는 거니?
　　　Nǐ zěnme yòu bù chī zǎofàn a?

② 문제를 듣고 주제에 알맞게 대답해 보세요. 🎧 2-45

제4부분　자신이 살고 있는 곳과 관련된 질문에 대한 대답으로 응용하여 표현할 수 있다.

질문　**你住在什么样的房子?** 당신은 어떤 집에 살고 있나요?
　　　Nǐ zhùzài shénme yàng de fángzi?

③ 문제를 듣고 자신의 생각을 말해 보세요. 🎧 2-46

제5부분　환경 보호에 대한 견해를 묻는 질문에 대한 대답으로 응용하여 표현할 수 있다.

질문　**为了保护环境我们应该怎么做? 请说说你的看法。**
　　　Wèile bǎohù huánjìng wǒmen yīnggāi zěnme zuò? Qǐng shuōshuo nǐ de kànfǎ.
　　　환경을 보호하기 위해서 우리는 어떻게 해야 하나요? 당신의 의견을 말해 보세요.

❹ 제시된 그림과 함께 문제를 듣고 상황에 대응하여 대답해 보세요. 🎧 2-47

제6부분 초대에 대한 대답으로 응용하여 표현할 수 있다.

질문 今天晚上你想跟朋友一起吃饭，你给朋友打电话，
Jīntiān wǎnshang nǐ xiǎng gēn péngyou yìqǐ chīfàn, nǐ gěi péngyou dǎ diànhuà,

邀请她一起吃饭。
yāoqǐng tā yìqǐ chīfàn.

오늘 저녁에 당신은 친구와 함께 밥을 먹고 싶습니다. 당신이 친구에게 전화해서 함께 밥 먹자고 초대해 보세요.

❺ 주어진 4개의 연속된 그림을 보고, 그림의 내용에 따라 하나의 이야기를 만들어 말해 보세요.

제7부분 당황스러운 일과 관련한 내용에 응용하여 이야기를 구성할 수 있다.

①

②

③

④

TSC 실전맛보기 모범 답안

녹음을 듣고 따라 읽어 보세요. 🎧 2-48

① 질문 你怎么又不吃早饭啊?

대답 对不起，我起晚了，没时间吃饭。
Duìbuqǐ, wǒ qǐwǎn le, méi shíjiān chīfàn.
죄송해요, 제가 늦게 일어나서, 밥 먹을 시간이 없어요.

② 질문 你住在什么样的房子?

대답 我住在公寓，是三室一厅的，房间、厨房和客厅都比较大。
Wǒ zhùzài gōngyù, shì sān shì yì tīng de, fángjiān, chúfáng hé kètīng dōu bǐjiào dà.
나는 아파트에 살아요. 방 세 개에 거실이 하나 딸린 집인데, 방, 주방, 거실이 모두 비교적 커요.

③ 질문 为了保护环境我们应该怎么做? 请说说你的看法。

대답 如果环境污染了，人们的生活会受到影响，为了环境，
Rúguǒ huánjìng wūrǎn le, rénmen de shēnghuó huì shòudào yǐngxiǎng, wèile huánjìng,

要少用一次性用品，常用公共交通工具等等。
yào shǎo yòng yícìxìng yòngpǐn, chángyòng gōnggòng jiāotōng gōngjù děngděng.
환경이 오염되면 사람들의 생활은 영향을 받게 된다. 환경을 위해서 우리는 일회용품을 적게 쓰고, 대중교통 수단을 자주 이용하는 등의 노력을 해야 한다.

④ 질문 今天晚上你想跟朋友一起吃饭，你给朋友打电话，邀请她一起吃饭。

대답 喂，小月，我是善美。今天晚上你有时间吗? 我们一起吃饭吧。
Wéi, Xiǎo Yuè, wǒ shì Shànměi. Jīntiān wǎnshang nǐ yǒu shíjiān ma? Wǒmen yìqǐ chīfàn ba.

吃完饭还可以逛街，好不好?
Chīwán fàn hái kěyǐ guàngjiē, hǎo bu hǎo?
여보세요, 샤오위에, 나 선미야. 오늘 저녁에 시간 있어? 우리 같이 밥 먹자. 밥 먹고 나서 쇼핑해도 좋고, 어때?

⑤ 대답 ① 女人刚搬到新家。 여자는 막 새 집으로 이사했다.
Nǚrén gāng bāndào xīn jiā.

② 周末晚上她邀请了几个朋友。 주말 저녁에 그녀는 친구 몇 명을 초대했다.
Zhōumò wǎnshang tā yāoqǐngle jǐ ge péngyou.

③ 但地板太滑，她不小心摔倒了， 그런데 바닥이 너무 미끄러워서 그녀는 잘못하여 넘어졌다.
Dàn dìbǎn tài huá, tā bù xiǎoxīn shuāidǎo le,

④ 她觉得真丢人。 그녀는 너무 창피했다.
tā juéde zhēn diūrén.

09

丈夫高兴地跑了出去。
Zhàngfu gāoxìng de pǎole chūqu.

남편은 반갑게 뛰어 나갔어요.

| 방향보어

● 방향보어

방향보어란 술어 뒤에서 쓰여서 동작의 방향을 나타내는 성분이다. 방향보어는 단순방향보어와 복합방향보어로 나뉜다.

1 단순방향보어

단순방향보어로는 '来, 去, 上, 下, 进, 出, 回, 过, 起' 등이 있는데, 이 중 '来, 去'가 대표적이다.

来 lái	오다 [동작이 화자 쪽을 향해 진행]
去 qù	가다 [동작이 화자의 반대 방향으로 진행]
上 shàng	오르다 [동작이 낮은 쪽에서 높은 쪽으로 진행]
下 xià	내리다 [동작이 높은 쪽에서 낮은 쪽으로 진행]
进 jìn	들다 [동작이 밖에서 안으로 진행]
出 chū	나오다 [동작이 안에서 밖으로 진행]
回 huí	돌아오다 [사람이나 사물이 원래 있던 곳으로 돌아옴]
过 guò	지나가다 [사람이나 사물이 어떤 지점을 통과하여 지나감]
起 qǐ	일어나다 [동작이 낮은 쪽에서 높은 쪽으로 움직임]

1) 목적어가 없을 경우

> 술어[동사] + 단순방향보어

你快下来吧。 너 빨리 내려와라.
Nǐ kuài xiàlái ba.

我们回去吧。 우리 돌아가자.
Wǒmen huíqù ba.

2) 목적어가 장소일 경우

목적어가 장소일 경우, 목적어는 단순방향보어 '来'나 '去' 앞에 위치한다.

> 술어[동사] + 장소 목적어 + 단순방향보어[来/去]

他进办公室来了。 그는 사무실로 들어왔다.
Tā jìn bàngōngshì lái le.

你回家去吧! 너 집으로 돌아가라!
Nǐ huíjiā qù ba!

3) 목적어가 사람 또는 사물일 경우

목적어가 사람 또는 사물일 경우, 목적어는 단순방향보어 '来'나 '去'의 앞뒤 모두에 올 수 있다.

> 술어[동사] + 사람/사물 목적어 + 단순방향보어[来/去]

你带孩子去了吗? 당신은 아이를 데리고 갔나요?
Nǐ dài háizi qù le ma?

> 술어[동사] + 단순방향보어[来/去] + 사람/사물 목적어

他寄来了礼物。 그가 선물을 보내왔다.
Tā jì lái le lǐwù.

단, 동작이 아직 실현되지 않았을 경우, 목적어는 일반적으로 단순방향보어 '来'나 '去' 앞에 위치한다.

> 술어[동사] + 사람/사물 목적어 + 단순방향보어[来/去]

马上派人来吧。 바로 사람을 보내주세요.
Mǎshàng pài rén lái ba.

你拿东西去吧。 너는 물건을 가지고 가라.
Nǐ ná dōngxi qù ba.

▶ 派 pài 동 파견하다

2 복합방향보어

복합방향보어는 '上, 下, 进, 出, 回, 过, 起'의 뒤에 '来'나 '去'를 결합하여 나타낸다.

	上	下	进	出	回	过	起
来	上来 shànglai 올라오다	下来 xiàlai 내려오다	进来 jìnlai 들어오다	出来 chūlai 나오다	回来 huílai 돌아오다	过来 guòlai 건너오다	起来 qǐlai 일어나다
去	上去 shàngqu 올라가다	下去 xiàqu 내려가다	进去 jìnqu 들어가다	出去 chūqu 나가다	回去 huíqu 돌아가다	过去 guòqu 건너가다	

1) 목적어가 없을 경우

> 술어[동사] + 단순방향보어 + 단순방향보어[来/去]

桌子上的杯子掉下来了。 책상 위의 컵이 떨어졌다.
Zhuōzi shang de bēizi diào xiàlai le.

这个包，请帮我拿进去。 이 가방, 가지고 들어가 주세요.
Zhège bāo, qǐng bāng wǒ ná jìnqu.

▶ 掉 diào 동 떨어지다, 떨어뜨리다

2) 목적어가 장소일 경우

목적어가 장소일 경우, 목적어는 복합방향보어 사이에 위치한다.

> 술어[동사] + 단순방향보어 + 장소목적어 + 단순방향보어[来/去]

椅子都搬上楼来了。 의자를 다 위층으로 옮겨 왔다.
Yǐzi dōu bān shàng lóu lai le.

你快跑上楼去拿雨伞吧。 너 빨리 뛰어 올라가서 우산 가져와.
Nǐ kuài pǎo shàng lóu qu ná yǔsǎn ba.

3) 목적어가 사람 또는 사물일 경우

목적어가 사람 또는 사물일 경우, 목적어는 복합방향보어 사이 혹은 복합방향보어 뒤에 모두 올 수 있다. 단 동작이 아직 실현되지 않았을 경우, 목적어는 보통 복합방향보어의 사이에 온다.

> 술어[동사] + 단순방향보어 + 사람/사물 목적어 + 단순방향보어[来/去]

你从办公室里搬出一把椅子来吧。 너는 사무실에서 의자 하나를 옮겨 와라.
Nǐ cóng bàngōngshì li bān chū yì bǎ yǐzi lai ba.

> 술어[동사] + 단순방향보어 + 단순방향보어[来/去] + 사람/사물 목적어

他们从教室里搬出去了一张桌子。 그들은 교실에서 책상 하나를 옮겨 내갔다.
Tāmen cóng jiàoshì li bān chūqu le yì zhāng zhuōzi.

3 방향보어의 파생 의미

방향보어에는 방향을 나타내는 뜻 이외에 다음과 같이 파생된 뜻으로도 쓰인다.

1) 起来

'~하기 시작하다'라는 뜻으로, 어떤 동작이나 상황이 시작하여 지속됨을 나타낸다.

孩子突然哭起来了。 아이가 갑자기 울기 시작했다.
Háizi tūrán kū qǐlai le.

'~하기에'라는 뜻도 있으며, 화자의 생각을 나타낸다.

这件衣服看起来很贵。 이 옷은 보기에 비싼 것 같다.
Zhè jiàn yīfu kàn qǐlai hěn guì.

2) 出来

'~한 생각이 떠오르다'라는 뜻으로, 새로운 사실을 생각해냄을 나타낸다.

大家想出一个好办法来吧。 모두 좋은 방법을 생각해 내세요.
Dàjiā xiǎng chū yí ge hǎo bànfǎ lái ba.

'~을 알아차리다'라는 뜻으로, 어떤 사실이나 상태를 식별해냄을 나타낸다.

我能看出来他是好人。 나는 그가 좋은 사람이라는 것을 알 수 있었다.
Wǒ néng kàn chūlai tā shì hǎo rén.

3) 下去

'앞으로 계속 ~해나가다'라는 뜻으로, 어떤 동작의 지속을 나타낸다.

你一定要坚持下去。 너는 반드시 계속해나가야 한다.
Nǐ yídìng yào jiānchí xiàqu.

你要学下去。 너는 공부를 계속해야 한다.
Nǐ yào xué xiàqu.

4) 下来

'~해 두다, 계속 ~해 왔다'라는 뜻으로, 사물을 어떤 장소에 고정하거나 보류시킴을 나타낸다.

这是我奶奶攒下来的钱。 이것은 우리 할머니께서 모아 두신 돈이다.
Zhè shì wǒ nǎinai zǎn xiàlai de qián.

留下来做纪念吧。 기념으로 남겨 두어라.
Liú xiàlai zuò jìniàn ba.

▶ 纪念 jìniàn 명 기념

다음 해석에 알맞은 중국어 표현을 써 넣은 후, 녹음을 듣고 따라 읽으며 표현을 익혀 보세요. 🎧 2-49

① 这么晚的时间外面很危险，你以后早点儿_____！
Zhème wǎn de shíjiān wàimian hěn wēixiǎn, nǐ yǐhòu zǎo diǎnr _____!
이렇게 늦은 시간엔 바깥이 매우 위험해. 이후로는 좀 일찍 돌아와!

▶ 危险 wēixiǎn 혱 위험하다

② 我认为自信非常重要，自信能给我们_____很大的力量和勇气。
Wǒ rènwéi zìxìn fēicháng zhòngyào, zìxìn néng gěi wǒmen _____ hěn dà de lìliang hé yǒngqì.
나는 자신감이 매우 중요하다고 생각합니다. 자신감은 우리에게 큰 힘과 용기를 가져다줄 수 있습니다.

▶ 自信 zìxìn 몡 자신감 | 力量 lìliang 몡 힘, 능력, 역량 | 勇气 yǒngqì 몡 용기

③ 我觉得这部手机很好，_____很方便。
Wǒ juéde zhè bù shǒujī hěn hǎo, _____ hěn fāngbiàn.
이 휴대전화는 참 좋네요. 듣기에 편해요.

④ 我最近买了一条裤子，_____很漂亮，_____也很舒服，
Wǒ zuìjìn mǎile yì tiáo kùzi, _____ hěn piàoliang, _____ yě hěn shūfu,
我很喜欢这条裤子。
wǒ hěn xǐhuan zhè tiáo kùzi.
나는 최근에 바지 한 벌을 샀어요. 보기에 예쁘고 입기에도 편해서, 나는 이 바지가 매우 좋아요.

⑤ 她上学的时候没带雨伞，所以_____拿雨伞了。
Tā shàngxué de shíhou méi dài yǔsǎn, suǒyǐ _____ ná yǔsǎn le.
그녀는 등교할 때 우산을 가져오지 않아서 뛰어 돌아가 우산을 가져왔다.

⑥ 妻子带来了会议材料，所以丈夫高兴地_____拿材料。
Qīzi dàiláile huìyì cáiliào, suǒyǐ zhàngfu gāoxìng de _____ ná cáiliào.
아내가 회의 자료를 가져와서, 남편은 반갑게 뛰어 나가 자료를 받았다.

▶ 材料 cáiliào 몡 자료, 재료

❼ 今天开会的内容我都给他＿＿＿＿＿＿＿＿＿＿＿。
Jīntiān kāihuì de nèiróng wǒ dōu gěi tā＿＿＿＿＿＿＿＿＿＿＿.

오늘 회의 내용은 모두 제가 그에게 (메일로) 보냈어요.

▶ 内容 nèiróng 명 내용

❽ 他在今天的比赛中一个球也＿＿＿＿＿＿＿＿，结果他们队输了。
Tā zài jīntiān de bǐsài zhōng yí ge qiú yě ＿＿＿＿＿＿＿＿, jiéguǒ tāmen duì shū le.

그는 오늘 경기 중에 한 골도 못 넣어서 그들 팀이 졌다.

▶ 结果 jiéguǒ 명 결과 | 队 duì 명 팀 | 输 shū 통 지다, 패하다

|보충| '一 + 양사 + (명사) + 也 + 没/不……'는 '하나의 (명사)도 ~하지 않(았)다'라는 뜻이다.

❾ 您好，这是昨天在你们商店刚买的，穿了不到一天
Nín hǎo, zhè shì zuótiān zài nǐmen shāngdiàn gāng mǎi de, chuānle búdào yì tiān

扣子都＿＿＿＿＿＿＿＿，质量太差了。我要换新的，可以吗?
kòuzi dōu＿＿＿＿＿＿＿＿, zhìliàng tài chà le. Wǒ yào huàn xīn de, kěyǐ ma?

안녕하세요, 이건 어제 막 당신 상점에서 산 것인데요. 입은 지 하루도 안 되어서 단추가 다 떨어졌어요. 품질이 너무 안 좋네요. 새것으로 바꾸고 싶은데, 가능한가요?

▶ 不到 búdào (일정한 수량에) 미치지 못하다 | 扣子 kòuzi 명 단추 | 差 chà 형 나쁘다, 부족하다

❿ 昨天是母亲节。所以我买了一条围巾，下午一下课就＿＿＿＿＿＿＿＿
Zuótiān shì Mǔqīn Jié. Suǒyǐ wǒ mǎile yì tiáo wéijīn, xiàwǔ yí xiàkè jiù ＿＿＿＿＿＿＿＿

送给妈妈。晚上弟弟也＿＿＿＿＿＿＿＿一个蛋糕，
sònggěi māma. Wǎnshang dìdi yě ＿＿＿＿＿＿＿＿ yí ge dàngāo,

我们一起庆祝了母亲节，妈妈非常高兴。
wǒmen yìqǐ qìngzhùle Mǔqīn Jié, māma fēicháng gāoxìng.

어제는 어머니날이었다. 그래서 나는 머플러 하나를 사서, 오후에 수업 끝나자마자 바로 집으로 뛰어 돌아가 엄마께 선물해 드렸다. 저녁에 동생도 케이크를 사 왔고, 우리는 함께 어머니날을 축하했다. 엄마가 매우 기뻐하셨다.

▶ 母亲节 Mǔqīn Jié 고유 어머니날 | 庆祝 qìngzhù 통 경축하다

모범답안 1. 回来 huílái 2. 带来 dàilái 3. 拿起来 ná qǐlai 4. 看起来 kàn qǐlai, 穿起来 chuān qǐlai 5. 跑回去 pǎo huíqu 6. 跑了出去 pǎo le chūqu 7. 发过去了 fā guòqu le 8. 没踢进去 méi tī jìnqu 9. 掉下来了 diào xiàlai le 10. 跑回家去 pǎo huíjiā qu, 买回来 mǎi huílai

TSC 실전맛보기

다음은 TSC 실전 문제입니다. 각각의 문제를 잘 듣고 중국어로 대답해 보세요.

① 제시된 그림과 함께 문제를 듣고 상황에 알맞게 대화를 완성해 보세요. 🎧 2-50

제3부분 상품과 관련하여 상대방의 생각을 묻는 질문에 대한 대답으로 응용하여 표현할 수 있다.

질문　**你觉得这部手机怎么样?** 이 휴대전화 어때요?
　　　Nǐ juéde zhè bù shǒujī zěnmeyàng?

② 문제를 듣고 주제에 알맞게 대답해 보세요. 🎧 2-51

제4부분 쇼핑한 물건을 묻는 질문에 대한 대답으로 응용하여 표현할 수 있다.

질문　**最近你买了什么东西?** 최근에 당신은 어떤 물건을 샀나요?
　　　Zuìjìn nǐ mǎile shénme dōngxi?

③ 문제를 듣고 자신의 생각을 말해 보세요. 🎧 2-52

제5부분 자신감에 대한 견해를 묻는 질문에 대한 대답으로 응용하여 표현할 수 있다. 특히 '~에게 ~을 가져다 주다'라고 표현할 때 '给……带来……' 구문을 활용해 보자.

질문　**你认为自信重要吗? 请说说你的看法。**
　　　Nǐ rènwéi zìxìn zhòngyào ma? Qǐng shuōshuo nǐ de kànfǎ.
　　　당신은 자신감이 중요하다고 생각하시나요? 당신의 견해를 말해 보세요.

❹ 제시된 그림과 함께 문제를 듣고 상황에 대응하여 대답해 보세요. 🎧 2-53

제6부분 구매한 상품에 대한 불만을 제기하며 교환 및 환불을 요구할 때 구체적으로 응용하여 표현할 수 있다.

질문 **如果你买了新衣服，可是回家一看，质量太差了。**
Rúguǒ nǐ mǎile xīn yīfu, kěshì huíjiā yí kàn, zhìliàng tài chà le.

你要去商店换衣服，跟服务员怎么说好呢？
Nǐ yào qù shāngdiàn huàn yīfu, gēn fúwùyuán zěnme shuō hǎo ne?

만약 당신이 새 옷을 샀는데 집에 돌아와서 보니 품질이 너무 좋지 않습니다. 당신이 상점에 가서 옷을 바꾸려 할 때 종업원에게 어떻게 말하면 좋을까요?

❺ 주어진 4개의 연속된 그림을 보고, 그림의 내용에 따라 하나의 이야기를 만들어 말해 보세요.

제7부분 이벤트 혹은 감동 받은 일과 관련한 내용에 응용하여 이야기를 구성할 수 있다.

①

②

③

④

TSC 실전맛보기 **모범 답안**

녹음을 듣고 따라 읽어 보세요. 🎧 2-54

❶ 질문 你觉得这部手机怎么样?

대답 我觉得这部手机很好，拿起来很方便。 이 휴대전화는 참 좋네요. 들기에 편해요.
Wǒ juéde zhè bù shǒujī hěn hǎo, ná qǐlai hěn fāngbiàn.

❷ 질문 最近你买了什么东西?

대답 我最近买了一条裤子，看起来很漂亮，穿起来也很舒服，
Wǒ zuìjìn mǎile yì tiáo kùzi, kàn qǐlai hěn piàoliang, chuān qǐlai yě hěn shūfu,

我很喜欢这条裤子。
wǒ hěn xǐhuan zhè tiáo kùzi.

나는 최근에 바지 한 벌을 샀어요. 보기에 예쁘고 입기에도 편해서, 나는 이 바지가 매우 좋아요.

❸ 질문 你认为自信很重要吗? 请说说你的看法。

대답 我认为自信非常重要，自信能给我们带来很大的力量和勇气。
Wǒ rènwéi zìxìn fēicháng zhòngyào, zìxìn néng gěi wǒmen dàilái hěn dà de lìliang hé yǒngqì.

나는 자신감이 매우 중요하다고 생각합니다. 자신감은 우리에게 큰 힘과 용기를 가져다 줄 수 있습니다.

❹ 질문 如果你买了新衣服，可是回家一看，质量太差了，你要去商店换衣服，跟服务员怎么说好呢?

대답 您好，这是昨天在你们商店刚买的，
Nín hǎo, zhè shì zuótiān zài nǐmen shāngdiàn gāng mǎi de,

穿了不到一天扣子都掉下来了，质量太差了。我要换新的，可以吗?
chuānle bú dào yì tiān kòuzi dōu diào xiàlai le, zhìliàng tài chà le. Wǒ yào huàn xīn de, kěyǐ ma?

안녕하세요, 이건 어제 막 당신 상점에서 산 것인데요. 입은 지 하루도 안 되어서 단추가 다 떨어졌어요. 품질이 너무 안 좋네요. 새것으로 바꾸고 싶은데, 가능한가요?

❺ 대답 ① 昨天是母亲节。 어제는 어머니날이었다.
Zuótiān shì Mǔqīn Jié.

② 所以我买了一条围巾，下午一下课就跑回家去送给妈妈。
Suǒyǐ wǒ mǎile yì tiáo wéijīn, xiàwǔ yí xiàkè jiù pǎo huíjiā qù sònggěi māma.
그래서 나는 머플러 하나를 사서, 오후에 수업 끝나자마자 바로 집으로 뛰어 돌아가 엄마께 선물해 드렸다.

③ 晚上弟弟也买回来一个蛋糕， 저녁에 동생도 케이크를 사 왔고,
Wǎnshang dìdi yě mǎi huílai yí ge dàngāo,

④ 我们一起庆祝了母亲节，妈妈非常高兴。
wǒmen yìqǐ qìngzhùle Mǔqīn Jié, māma fēicháng gāoxìng.
우리는 함께 어머니날을 축하했다. 엄마가 매우 기뻐하셨다.

10

爸爸在沙发上坐着。
Bàba zài shāfā shang zuòzhe.

아빠는 소파에 앉아 계세요.

| 동태조사 著
| 존현문

어법 익히기

● **동태조사 着**

동태조사 '着 zhe'는 술어 뒤에 쓰여 동작이나 상태가 지속되고 있음을 나타낸다.

1 기본 형식

> 술어[동사] + 着 + (목적어)

爸爸在沙发上坐着。 아빠는 소파에 앉아 계신다. [아빠가 소파에 앉아 계신 모습임]
Bàba zài shāfā shang zuòzhe.

他戴着帽子。 그는 모자를 쓰고 있다. [모자를 쓴 차림새임]
Tā dàizhe màozi.

|보충| '他正在戴帽子。'가 '그는 모자를 쓰고 있는 중이다'라는 동작의 진행을 서술하는 데 반해, '他戴着帽子。'는 모자를 쓴 모습을 묘사한 것이다.

2 주요 특징

1) 동작의 방식이나 상태 표현

문장에 두 개의 술어가 있을 경우, 첫 번째 술어 뒤에 '着'를 쓰면, 첫 번째 술어가 두 번째 술어의 방식이나 상태를 나타낸다. '~한 상태로 ~하다, ~하면서 ~하다'라고 해석한다.

> 술어[동사1] + 着 + (목적어) + 술어[동사2] + (목적어)

弟弟躺着看电视。 동생은 누워서 텔레비전을 본다.
Dìdi tǎngzhe kàn diànshì.

姐姐听着音乐看书。 언니는 음악을 들으며 책을 본다.
Jiějie tīngzhe yīnyuè kàn shū.

▶ 躺 tǎng 동 눕다

2) 동작의 진행 중 또 다른 동작의 발생 표현

'동사+着'를 반복하여 쓸 경우, 첫 번째 동작이 진행 중일 때 자신도 모르는 사이에 두 번째 동작이 발생함을 나타내며, '~하다가 ~하다'라고 해석한다.

> 술어[동사1] + 着 + 술어[동사1] + 着 + (就) + 술어[동사2]

孩子画着画着就画到地上了。 아이가 그림을 그리다 땅바닥에까지 그렸다.
Háizi huàzhe huàzhe jiù huàdào dì shang le.

昨天我骑自行车的时候,骑着骑着就摔倒了。
Zuótiān wǒ qí zìxíngchē de shíhou, qízhe qízhe jiù shuāidǎo le.
어제 내가 자전거를 탈 때, 타다가 넘어졌다.

3) 동작의 진행 표현

동작의 진행을 나타내는 '正在, 正, 在, ······呢'와 함께 쓸 수 있다.

> 正在 + 술어[동사/형용사] + 着 ······ 呢

最近我一直在忙着写报告。 요즘 나는 줄곧 바쁘게 보고서를 쓰고 있다.
Zuìjìn wǒ yìzhí zài mángzhe xiě bàogào.

我去他那儿的时候，他正在看着电视哈哈大笑呢。
Wǒ qù tā nàr de shíhou, tā zhèngzài kànzhe diànshì hāhā dà xiào ne.
내가 그에게 갔을 때, 그는 텔레비전을 보며 크게 웃고 있었다.

▶ 哈哈大笑 hāhā dà xiào 크게 웃다

● 존현문

존현문이란 어떤 장소에 사람이나 사물의 존재, 출현 및 소실을 묘사한 문장을 말한다.

1 존재

'존재'를 나타내는 존현문에서 술어는 동태조사 '着'와 함께 쓰여 사람이나 사물이 동작 후 어떤 장소에 존재함을 나타낸다. 목적어는 일반적으로 불특정한 사람이나 사물이 오는데 대체로 수량사나 기타 한정어의 수식을 받는다.

> 주어[장소] + 술어[동사] + 着 + 목적어[사람/사물]

桌子上放着一杯咖啡。 책상 위에 커피 한 잔이 놓여 있다.
Zhuōzi shang fàngzhe yì bēi kāfēi.

公园长椅上坐着一对恋人。 공원 벤치에 연인 한 쌍이 앉아 있다.
Gōngyuán chángyǐ shang zuòzhe yí duì liànrén.

▶ 放 fàng 동 두다, 놓다 | 长椅 chángyǐ 명 벤치 | 恋人 liànrén 명 연인

2 출현 및 소실

사람이나 사물의 '출현' 및 '소실'을 나타내는 존현문에서 목적어는 불특정한 대상이 온다.

> 주어[장소] + 술어[동사] + 결과보어/방향보어/了 + 목적어[사람/사물]

前边走过来了两个坏人。 앞에 나쁜 사람 두 명이 걸어왔다.
Qiánbian zǒu guòlaile liǎng ge huàirén.

今天我们公寓搬走了一家。 오늘 우리 아파트에 한 집이 이사를 갔다.
Jīntiān wǒmen gōngyù bānzǒule yì jiā.

TSC속 표현다루기

다음 해석에 알맞은 중국어 표현을 써 넣은 후, 녹음을 듣고 따라 읽으며 표현을 익혀 보세요. 🎧 2-55

① 桌子上_____一本书和一杯水。책상 위에 책 한 권과 물 한 잔이 놓여 있다.
Zhuōzi shang _____ yì běn shū hé yì bēi shuǐ.

| 보충 | TSC 제2부분 '존재' 관련 출제 문항에서 '桌子上有什么?'와 같은 질문에 대한 대답으로, '桌子上有一本书。' 외에 '桌子上放着一本书。'와 같이 존현문으로 대답할 수도 있다.

② 手提包里_____一副黑色的手套。핸드백 안에 검은색 장갑 한 켤레가 들어 있다.
Shǒutíbāo li _____ yí fù hēisè de shǒutào.

▶ 副 fù 양 켤레, 쌍[장갑, 안경 등을 세는 단위] | 黑色 hēisè 명 검은색 | 手套 shǒutào 명 장갑

③ 门上_____房间号码201。문에 201호라고 방 번호가 쓰여 있다.
Mén shang _____ fángjiān hàomǎ èr líng yāo.

④ 这件白色的毛衣非常漂亮，你_____很合适。
Zhè jiàn báisè de máoyī fēicháng piàoliang, nǐ _____ hěn héshì.

이 흰색 스웨터가 참 예쁘네요. 당신이 입으니 잘 어울려요.

▶ 白色 báisè 명 흰색 | 合适 héshì 형 적합하다, 알맞다

⑤ 孩子从房间里_____盘子走出来。아이가 방에서 접시를 가지고 나오고 있어요.
Háizi cóng fángjiān li _____ pánzi zǒu chūlai.

▶ 盘子 pánzi 명 접시

⑥ 小狗在旁边，嘴里_____，高兴地玩儿着。
Xiǎogǒu zài pángbiān, zuǐ li _____, gāoxìng de wánrzhe.

강아지는 옆에서, 입에 장난감 뼈다귀를 물고 신나게 놀고 있어요.

▶ 咬 yǎo 동 물다, 깨물다 | 骨头 gǔtou 명 뼈

⑦ 我觉得新职员_____正装上班比较合适。
Wǒ juéde xīn zhíyuán _____ zhèngzhuāng shàngbān bǐjiào héshì.

首先，这样可以给别人的感觉很端正，其次，也可以给人留下好印象。
Shǒuxiān, zhèyàng kěyǐ gěi biérén de gǎnjué hěn duānzhèng, qícì, yě kěyǐ gěi rén liúxià hǎo yìnxiàng.

신입사원은 정장을 입고 출근하는 것이 비교적 적합하다고 생각해요. 우선, 이렇게 하면 다른 사람에게 단정한 느낌을 주고, 둘째로, 사람들에게 좋은 인상을 심어줄 수도 있어요.

▶ 正装 zhèngzhuāng 명 정장 | 端正 duānzhèng 형 단정하다

|보충| '首先 shǒuxiān……, 其次 qícì……, 所以 suǒyǐ……'는 '첫째로~, 둘째로~, 그래서~'라는 뜻으로, 주장에 대한 이유나 근거를 나열하고 마지막에 결론을 말할 때 쓰는 표현이다. 주로 TSC 제5부분에 적용하여 대답한다.
'给……留下……印象 gěi……liú xià……yìnxiàng'은 '~에게 ~한 인상을 주다'라는 뜻이다.

⑧ 我很喜欢听音乐。在学习时经常_____，一边听音乐一边学习。
Wǒ hěn xǐhuan tīng yīnyuè. Zài xuéxí shí jīngcháng _____, yìbiān tīng yīnyuè yìbiān xuéxí.

나는 음악 듣는 것을 매우 좋아해요. 공부할 때 자주 음악을 틀어 놓고, 음악을 들으며 공부합니다.

⑨ 小妹，你怎么每次都偷偷地_____出去呢？
Xiǎo mèi, nǐ zěnme měi cì dōu tōutōu de _____ chūqù ne?

以后你一定要提前告诉我，好吗？
Yǐhòu nǐ yídìng yào tíqián gàosu wǒ, hǎo ma?

막내야, 너는 어째서 매번 몰래 내 옷을 입고 나가는 거니? 앞으로는 미리 나에게 말해야 해, 알았니?

▶ 每次 měi cì 매번 | 偷偷 tōutōude 남몰래, 살짝 | 提前 tíqián 통 (예정된 시간, 위치를) 앞당기다

⑩ 今天是我的生日，我一直_____，
Jīntiān shì wǒ de shēngrì, wǒ yìzhí _____,

可是等了一天他也没来送我礼物，所以下班后我很失望地回家了，
kěshì děngle yì tiān tā yě méi lái sòng wǒ lǐwù, suǒyǐ xiàbān hòu wǒ hěn shīwàng de huíjiā le,

当我下车的时候看见男朋友手里拿着一束花，
dāng wǒ xiàchē de shíhou kànjiàn nánpéngyou shǒu li názhe yí shù huā,

站在车站_____，我非常感动，也觉得很幸福。
zhàn zài chēzhàn _____, wǒ fēicháng gǎndòng, yě juéde hěn xìngfú.

오늘은 내 생일이에요. 나는 줄곧 남자 친구의 선물을 기다렸지요. 그러나 하루 종일 기다려도 그는 나에게 선물을 주러 오지 않았어요. 그래서 퇴근 후 나는 매우 실망해서 집에 돌아오고 있었어요. 내가 막 차에서 내리려고 할 때, 남자 친구가 손에 꽃 한 다발을 들고 정류장에 서서 나를 기다리고 있는 것이 보였어요. 나는 무척 감동했고 매우 행복했어요.

▶ 等 děng 통 기다리다 | 束 shù 양 다발 | 感动 gǎndòng 통 감동하다, 감동시키다 | 幸福 xìngfú 명형 행복(하다)

|보충| '当……的时候 dāng……de shíhou'는 '~할 때에'라는 뜻이다.

모범답안 1. 放着 fàngzhe 2. 放着 fàngzhe 3. 写着 xiězhe 4. 穿着 chuānzhe 5. 拿着 názhe 6. 咬着玩具骨头 yǎozhe wánjù gǔtóu 7. 穿着 chuānzhe 8. 放着音乐 fàngzhe yīnyuè 9. 穿着我的衣服 chuānzhe wǒ de yīfu 10. 等着男朋友的礼物 děngzhe nánpéngyou de lǐwù, 等着我 děngzhe wǒ

TSC 실전맛보기

다음은 TSC 실전 문제입니다. 각각의 문제를 잘 듣고 중국어로 대답해 보세요.

❶ 제시된 그림과 함께 문제를 듣고 상황에 알맞게 대화를 완성해 보세요. 🎧 2-56

　　제3부분　쇼핑한 상품과 관련하여 상대방의 의견을 묻는 질문에 대한 대답으로 응용하여 표현할 수 있다.

질문　**你觉得这件毛衣漂亮吗?** 이 스웨터 예쁜가요?
　　　Nǐ juéde zhè jiàn máoyī piàoliang ma?

❷ 문제를 듣고 주제에 알맞게 대답해 보세요. 🎧 2-57

　　제4부분　취미와 관련한 질문에 대한 대답으로 응용하여 표현할 수 있다.

질문　**你喜欢听音乐吗?** 당신은 음악 듣는 것을 좋아하나요?
　　　Nǐ xǐhuan tīng yīnyuè ma?

❸ 문제를 듣고 자신의 생각을 말해 보세요. 🎧 2-58

　　제5부분　직장생활 예절을 묻는 질문에 대한 대답으로 응용하여 표현할 수 있다.

질문　**刚进公司的新职员穿着什么样的衣服上班比较合适?**
　　　Gāng jìn gōngsī de xīn zhíyuán chuānzhe shénme yàng de yīfu shàngbān bǐjiào héshì?

　　　请说说你的看法。
　　　Qǐng shuōshuo nǐ de kànfǎ.

　　　갓 입사한 신입사원이 어떤 옷을 입고 출근하는 것이 비교적 적합할까요? 당신의 견해를 말해 보세요.

④ 제시된 그림과 함께 문제를 듣고 상황에 대응하여 대답해 보세요. 🎧 2-59

제6부분 상대방에게 불만을 표시하는 내용에 응용하여 표현할 수 있다.

질문 妹妹常常偷偷地穿着你的衣服出去，现在你对她表示不满。

Mèimei chángcháng tōutōu de chuānzhe nǐ de yīfu chūqù, xiànzài nǐ duì tā biǎoshì bùmǎn.

여동생이 자주 몰래 당신의 옷을 입고 나갑니다. 지금 당신은 그녀에게 불만을 표시해 보세요.

▶ 表示 biǎoshì 동 의미하다, 나타내다 | 不满 bùmǎn 명동 불만(스럽다)

⑤ 주어진 4개의 연속된 그림을 보고, 그림의 내용에 따라 하나의 이야기를 만들어 말해 보세요.

제7부분 실망 및 감동과 관련한 내용에 응용하여 이야기를 구성할 수 있다.

①

②

③

④

TSC 실전맛보기 모범 답안

녹음을 듣고 따라 읽어 보세요. 🎧 2-60

① 질문 你觉得这件毛衣漂亮吗?

대답 这件白色的毛衣非常漂亮，你穿着很合适。
Zhè jiàn báisè de máoyī fēicháng piàoliang, nǐ chuānzhe hěn héshì.
이 흰색 스웨터가 참 예쁘네요. 당신이 입으니 잘 어울려요.

|보충| '你穿着很合适。당신이 입기에 잘 어울린다.'는 자주 쓰이는 표현이니 잘 익혀 두도록 한다.

② 질문 你喜欢听音乐吗?

대답 我很喜欢听音乐。在学习时经常放着音乐，一边听音乐一边学习。
Wǒ hěn xǐhuan tīng yīnyuè. Zài xuéxí shí jīngcháng fàngzhe yīnyuè, yìbiān tīng yīnyuè yìbiān xuéxí.
나는 음악 듣는 것을 매우 좋아해요. 공부할 때 자주 음악을 틀어 놓고, 음악을 들으며 공부합니다.

③ 질문 刚进公司的新职员穿着什么样的衣服上班比较合适? 请说说你的看法。

대답 我觉得新职员穿着正装上班比较合适。
Wǒ juéde xīn zhíyuán chuānzhe zhèngzhuāng shàngbān bǐjiào héshì.

首先，这样可以给别人的感觉很端正，其次，也可以给人留下好印象。
Shǒuxiān, zhèyàng kěyǐ gěi biérén de gǎnjué hěn duānzhèng, qícì, yě kěyǐ gěi rén liúxià hǎo yìnxiàng.
신입사원은 정장을 입고 출근하는 것이 비교적 적합하다고 생각해요. 우선, 이렇게 하면 다른 사람에게 단정한 느낌을 주고, 둘째로, 사람들에게 좋은 인상을 심어줄 수도 있어요.

④ 질문 妹妹常常偷偷地穿着你的衣服出去，现在你对她表示不满。

대답 小妹，你怎么每次都偷偷地穿着我的衣服出去呢?
Xiǎo mèi, nǐ zěnme měi cì dōu tōutōu de chuānzhe wǒ de yīfu chūqù ne?

以后你一定要提前告诉我，好吗?
Yǐhòu nǐ yídìng yào tíqián gàosu wǒ, hǎo ma?
막내야, 너는 어째서 매번 몰래 내 옷을 입고 나가는 거니? 앞으로는 미리 나에게 말해야 해, 알았니?

⑤ 대답 ① 今天是我的生日，我一直等着男朋友的礼物，
Jīntiān shì wǒ de shēngrì, wǒ yìzhí děngzhe nánpéngyou de lǐwù,
오늘은 내 생일이에요. 나는 줄곧 남자 친구의 선물을 기다렸지요.

② 可是等了一天他也没来送我礼物，所以下班后我很失望地回家了，
kěshì děngle yìtiān tā yě méi lái sòng wǒ lǐwù, suǒyǐ xiàbān hòu wǒ hěn shīwàng de huíjiā le,
그러나 하루종일 기다려도 그는 나에게 선물을 주러 오지 않았어요. 그래서 퇴근 후 나는 매우 실망해서 집에 돌아오고 있었어요.

③ 当我下车的时候看见男朋友手里拿着一束花，站在车站等着我，
dāng wǒ xiàchē de shíhou kànjiàn nánpéngyou shǒu li názhe yí shù huā, zhàn zài chēzhàn děngzhe wǒ,
내가 막 차에서 내리려고 할 때, 남자 친구가 손에 꽃 한 다발을 들고 정류장에 서서 나를 기다리고 있는 것이 보였어요.

④ 我非常感动，也觉得很幸福。 나는 무척 감동했고 매우 행복했어요.
wǒ fēicháng gǎndòng, yě juéde hěn xìngfú.

11

妈妈让我做作业。

Māma ràng wǒ zuò zuòyè.

엄마는 나에게 숙제를 하게 하셨어요.

| 겸어문

겸어문

겸어문이란 문장에 두 개의 동사가 있을 때 첫 번째 동사의 목적어가 두 번째 동사의 주어를 겸하는 문장을 말한다. 이때 첫 번째 동사는 주로 사역 의미의 동사가 쓰이며 '~에게 ~하게 하다'라는 뜻이다.

1 기본 형식

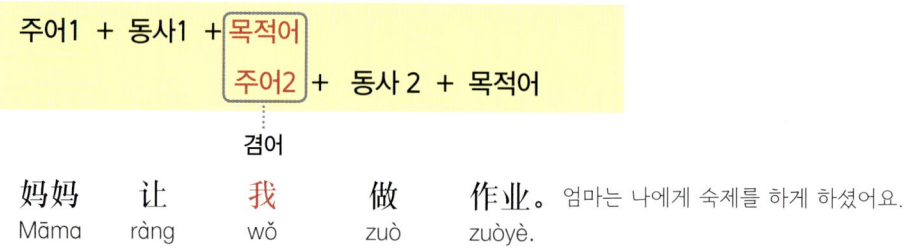

妈妈 让 我 做 作业。 엄마는 나에게 숙제를 하게 하셨어요.
Māma ràng wǒ zuò zuòyè.

여기에서 '我'는 첫번째 동사 '让'의 목적어이면서 동시에 두번째 동사 '做'의 주어를 겸하는 '겸어'이다. '让'은 겸어 동사로 주체가 대상으로 하여금 어떤 동작이나 행동을 하도록 함을 나타낸다.

2 겸어 동사의 종류

자주 쓰이는 겸어 동사				
请 qǐng ~에게 ~하도록 청하다	让 ràng ~에게 ~하게 하다	叫 jiào ~에게 ~하게 하다	使 shǐ ~을 ~하게 하다	派 pài ~를 파견하여 ~하게 하다

今天我请你吃饭。 오늘은 내가 너에게 밥을 살게.
Jīntiān wǒ qǐng nǐ chīfàn.

经理让我去中国出差。 사장님이 나를 중국으로 출장을 가게 하셨다.
Jīnglǐ ràng wǒ qù Zhōngguó chūchāi.

老师叫我先回家。 선생님은 나를 먼저 집에 가게 하셨다.
Lǎoshī jiào wǒ xiān huíjiā.

运动使人健康。 운동은 사람을 건강하게 만든다.
Yùndòng shǐ rén jiànkāng.

公司派我去西安工作。 회사가 나를 시안으로 파견해 일하도록 했다.
Gōngsī pài wǒ qù Xī'ān gōngzuò.

▶ 经理 jīnglǐ 명 사장, 매니저 | 西安 Xī'ān 고유 시안[산시(陕西)성의 도시]

3 부정형

부정형은 '不'나 '没'를 첫 번째 동사 앞에 붙여 만든다.

> 주어 + 不/没 + 동사1 + 겸어 + 동사2 + 목적어

她没叫我等你。 그녀는 나에게 너를 기다리라고 하지 않았다.
Tā méi jiào wǒ děng nǐ.

妈妈不让我看电视。 엄마는 나에게 텔레비전을 못 보게 하신다.
Māma bú ràng wǒ kàn diànshì.

4 주요 특징

겸어문에서 부사나 조동사는 첫 번째 동사 앞에 위치한다.

这件事真让我失望。 이 일은 정말로 나를 실망하게 했다.
Zhè jiàn shì zhēn ràng wǒ shīwàng.

我想请你吃韩国菜。 나는 당신에게 한국 음식을 대접하고 싶어요.
Wǒ xiǎng qǐng nǐ chī Hánguó cài.

겸어문을 읽을 때는 겸어 뒤에서 끊어 읽어야 한다.

妈妈让我˅去补习班。 엄마는 나를 학원에 가게 하셨다.
Māma ràng wǒ˅qù bǔxíbān.

TSC속 표현 다루기

다음 해석에 알맞은 중국어 표현을 써 넣은 후, 녹음을 듣고 따라 읽으며 표현을 익혀 보세요. 🎧 2-61

① 养小狗_____有安全感。 강아지를 기르는 것은 나에게 안정감을 갖게 해줍니다.
Yǎng xiǎogǒu _____ yǒu ānquángǎn.

▶ 养 yǎng 통 양육하다, 기르다 | 安全感 ānquángǎn 명 안도감, 안정감

② 唱歌可以_____心情愉快。 노래 부르는 것은 내 기분을 즐겁게 해줄 수 있어요.
Chàng gē kěyǐ _____ xīnqíng yúkuài.

▶ 心情愉快 xīnqíng yúkuài 기분이 즐겁다

③ 真不好意思，_____久等了，路上堵车了。
Zhēn bù hǎo yìsi, _____ jiǔděng le, lù shang dǔchē le.
정말 미안해요, 오래 기다리게 했네요. 길에 차가 막혔어요.

▶ 久等 jiǔděng 오래 기다리다

④ 你们的服务态度怎么这么不好，真_____生气。
Nǐmen de fúwù tàidù zěnme zhème bù hǎo, zhēn _____ shēngqì.
당신들의 서비스 태도가 어쩌면 이렇게 안 좋죠. 정말 화가 나게 하는군요.

▶ 服务 fúwù 통 서비스하다, 일하다 | 态度 tàidù 명 태도

⑤ 对不起，我这个星期六不能去你家吃饭，公司_____去广州出差，
Duìbuqǐ, wǒ zhè ge xīngqīliù bù néng qù nǐ jiā chīfàn, gōngsī _____ qù Guǎngzhōu chūchāi,
回来以后再去看看你的新家。
huílái yǐhòu zài qù kànkan nǐ de xīn jiā.
미안해, 내가 이번 주 토요일에 너네 집에 밥 먹으러 갈 수가 없어. 회사에서 나를 광저우로 출장 가게 했거든. 돌아와서 너의 새 집에 가 볼게.

▶ 广州 Guǎngzhōu 고유 광저우[지명]

⑥ 放学回家的时候突然下雨了。幸亏早上妈妈_____带了雨伞，
Fàngxué huíjiā de shíhou tūrán xiàyǔ le. Xìngkuī zǎoshang māma _____ dàile yǔsǎn,
不然就淋湿了。
bùrán jiù línshī le.
하교 후 집에 돌아올 때 갑자기 비가 왔다. 다행히 아침에 엄마가 나한테 우산을 가져가게 해서 비를 안 맞았지, 그렇지 않았으면 다 젖을 뻔 했다.

▶ 淋湿 línshī 흠뻑 젖다

| 보충 | '幸亏……, 不然…… xìngkuī……, bùrán……'는 '다행히 ~했기에 망정이지, 그렇지 않으면 ~했을 것이다'라는 뜻이다.

❼ 现代人越来越不喜欢打电话，人们一般都会选择发短信。
Xiàndàirén yuèláiyuè bù xǐhuan dǎ diànhuà, rénmen yìbān dōu huì xuǎnzé fā duǎnxìn.

因为发短信_____觉得更方便。
Yīnwèi fā duǎnxìn _____ juéde gèng fāngbiàn.

현대인은 점점 전화하는 것을 싫어하고 보통 문자 보내는 것을 선택한다. 왜냐하면 문자가 더 편리하게 느껴지기 때문이다.

▶ 现代人 xiàndàirén 명 현대인

❽ 我很喜欢旅游，_____消除压力。
Wǒ hěn xǐhuan lǚyóu, _____ xiāochú yālì.

나는 여행을 좋아해요. (나로 하여금) 스트레스를 해소할 수 있게 해 주거든요.

▶ 消除 xiāochú 동 없애다, 해소하다, 풀다 | 消除压力 xiāochú yālì 스트레스를 해소하다

❾ 这部电影太暴力了，_____。
Zhè bù diànyǐng tài bàolì le, _____.

이 영화는 너무 폭력적이에요. 정말 실망스럽네요.

▶ 暴力 bàolì 명 폭력

❿ 今天是妈妈的生日，_____好好儿休息一天，
Jīntiān shì māma de shēngrì, _____ hǎohāor xiūxi yì tiān,

就去厨房做饭。她给妈妈做了很多菜。
jiù qù chúfáng zuòfàn. Tā gěi māma zuòle hěn duō cài.

妈妈看到女儿为自己准备的菜，感动得哭了。
Māma kàndào nǚ'ér wèi zìjǐ zhǔnbèi de cài, gǎndòng de kū le.

오늘은 엄마의 생신입니다. 딸은 엄마를 하루 잘 쉬게 해 드리고 싶어서, 주방에 가서 밥을 했어요. 딸은 엄마께 많은 음식을 해 드렸어요. 엄마는 딸이 자신을 위해서 준비한 음식을 보고 감동해서 울었어요.

모범답안 1. 让我 ràng wǒ 2. 让我 ràng wǒ 3. 让你 ràng nǐ 4. 让人 ràng rén 5. 派我 pài wǒ 6. 让我 ràng wǒ 7. 让人 ràng rén 8. 可以让我 kěyǐ ràng wǒ 9. 真让人失望 zhēn ràng rén shīwàng 10. 女儿想让妈妈 nǚ'ér xiǎng ràng māma

TSC 실전맛보기

다음은 TSC 실전 문제입니다. 각각의 문제를 잘 듣고 중국어로 대답해 보세요.

① 제시된 그림과 함께 문제를 듣고 상황에 알맞게 대화를 완성해 보세요. 🎧 2-62

제3부분 평가에 대한 대답으로 응용하여 표현할 수 있다. 특히 '실망했다'고 말할 때 겸어문을 활용하여 표현해 보자.

질문 **你觉得这部电影怎么样?** 이 영화 어때요?
Nǐ juéde zhè bù diànyǐng zěnmeyàng?

② 문제를 듣고 주제에 알맞게 대답해 보세요. 🎧 2-63

제4부분 여행 관련 질문에 대한 대답으로 응용하여 표현할 수 있다. 특히 여행의 장점을 말할 때 겸어문을 활용하여 표현해 보자

질문 **你喜欢旅游吗?** 당신은 여행을 좋아하나요?
Nǐ xǐhuan lǚyóu ma?

③ 문제를 듣고 자신의 생각을 말해 보세요. 🎧 2-64

제5부분 사회 현상에 대한 원인을 묻는 질문에 대한 대답으로 응용하여 표현할 수 있다. 특히 겸어문을 이용하여 '~로 하여금 ~하게 하다' 라는 표현은 자주 사용되니 익혀 두도록 한다.

질문 **现代人越来越不喜欢打电话，这是什么原因？请说一说你的想法。**
Xiàndàirén yuèláiyuè bù xǐhuan dǎ diànhuà, zhè shì shénme yuányīn? Qǐng shuō yi shuō nǐ de xiǎngfǎ.

현대인들은 점점 더 전화하는 것을 싫어합니다. 원인이 무엇일까요? 자신의 생각을 말해 보세요.

④ 제시된 그림과 함께 문제를 듣고 상황에 대응하여 대답해 보세요. 🎧 2-65

제6부분 상대방의 초대에 거절 상황을 설명하는 대답으로 응용하여 표현할 수 있다.

질문 **你朋友刚搬到新家，想请你去她家吃饭，**
Nǐ péngyou gāng bāndào xīn jiā, xiǎng qǐng nǐ qù tā jiā chīfàn,

可是你有事不能去她家。请你给她解释一下情况。
kěshì nǐ yǒu shì bù néng qù tā jiā. Qǐng nǐ gěi tā jiěshì yíxià qíngkuàng.

당신의 친구가 막 새 집으로 이사해서 당신을 식사에 초대하고 싶어 합니다. 그러나 당신은 일이 있어 그녀의 집에 갈 수가 없어요. 그녀에게 상황을 설명해 보세요.

▶ **解释** jiěshì 통 설명하다

⑤ 주어진 4개의 연속된 그림을 보고, 그림의 내용에 따라 하나의 이야기를 만들어 말해 보세요.

제7부분 감동과 관련한 내용에 응용하여 이야기를 구성할 수 있다.

①

②

③

④

TSC 실전맛보기 **모범 답안**

녹음을 듣고 따라 읽어 보세요. 🎧 2-66

❶ 질문 你觉得这部电影怎么样?

대답 这部电影太暴力了，真让人失望。 이 영화는 너무 폭력적이에요. 정말 실망했어요.
Zhè bù diànyǐng tài bàolì le, zhēn ràng rén shīwàng.

❷ 질문 你喜欢旅游吗?

대답 我很喜欢旅游，可以让我消除压力。
Wǒ hěn xǐhuan lǚyóu, kěyǐ ràng wǒ xiāochú yālì.
나는 여행을 좋아해요. (나로 하여금) 스트레스를 해소할 수 있게 해 주거든요.

❸ 질문 现代人越来越不喜欢打电话，这是什么原因？请说一说你的想法。

대답 现代人越来越不喜欢打电话，人们一般都会选择发短信，
Xiàndàirén yuèláiyuè bù xǐhuan dǎ diànhuà, rénmen yìbān dōu huì xuǎnzé fā duǎnxìn,

因为发短信让人觉得更方便。
yīnwèi fā duǎnxìn ràng rén juéde gèng fāngbiàn.
현대인은 점점 전화하는 것을 싫어하고 보통 문자 보내는 것을 선택한다. 왜냐하면 문자가 더 편리하게 느껴지기 때문이다.

❹ 질문 你朋友刚搬到新家，想请你去她家吃饭，可是你有事不能去她家。请你给她解释一下情况。

대답 对不起，我这个星期六不能去你家吃饭，公司派我去广州出差，
Duìbuqǐ, wǒ zhè ge xīngqīliù bù néng qù nǐ jiā chīfàn, gōngsī pài wǒ qù Guǎngzhōu chūchāi,

回来以后再去看看你的新家。
huílái yǐhòu zài qù kànkan nǐ de xīn jiā.
미안해. 내가 이번 주 토요일에 너네 집에 밥 먹으러 갈 수가 없어. 회사에서 나를 광저우로 출장 가게 했거든. 돌아와서 너의 새 집에 가 볼게.

❺ 대답 ① 今天是妈妈的生日， 오늘은 엄마의 생신입니다.
Jīntiān shì māma de shēngrì,

② 女儿想让妈妈好好儿休息一天，就去厨房做饭。
nǚ'ér xiǎng ràng māma hǎohāor xiūxi yì tiān, jiù qù chúfáng zuòfàn.
딸은 엄마를 하루 잘 쉬게 해 드리고 싶어서 주방에 가서 밥을 했어요.

③ 她给妈妈做了很多菜。 딸은 엄마께 많은 음식을 해 드렸어요.
Tā gěi māma zuòle hěn duō cài.

④ 妈妈看到女儿为自己准备的菜，感动得哭了。
Māma kàndào nǚ'ér wèi zìjǐ zhǔnbèi de cài, gǎndòng de kū le.
엄마는 딸이 자신을 위해서 준비한 음식을 보고 감동해서 울었어요.

12

工作太多了，一天做不完。
Gōngzuò tài duō le, yì tiān zuò bu wán.

일이 너무 많아서, 하루에 다 할 수 없어요.

| 가능보어

어법 익히기

● **가능보어**

가능보어란 동작에 대한 실현 가능의 여부를 나타내는 보어를 말한다.

1 기본 형식

술어와 결과보어 또는 술어와 방향보어 사이에 '得'를 넣어 '~할 수 있다'와 같이 실현 가능함을 나타내고, '不'를 사용하여 '~할 수 없다'와 같이 실현 불가능함을 나타낸다.

> 술어[동사] + 得/不 + 결과보어/방향보어

工作太多了，我一天做不完。 일이 너무 많아서, 나는 하루에 다 할 수 없어요.
Gōngzuò tài duō le, wǒ yì tiān zuò bu wán.

快要春节了，很多人买不到火车票。
Kuàiyào Chūnjié le, hěn duō rén mǎi bu dào huǒchē piào.
곧 춘절이라, 많은 사람들이 기차 표를 살 수가 없어요.

大家听得见我的声音吗？ 여러분 제 목소리가 들리나요?
Dàjiā tīng de jiàn wǒ de shēngyīn ma?

你上课之前回得来吗？ 당신 수업 전에 돌아올 수 있나요?
Nǐ shàngkè zhīqián huí de lái ma?

▶ 春节 Chūnjié 고유 음력설, 춘절

| 보충 | 가능보어의 긍정형과 부정형을 병렬하여 '我说汉语，你听得懂听不懂？(내가 중국어로 하면, 당신은 알아들을 수 있겠어요?)'처럼 의문형을 만들 수도 있다.

동작의 실현 또는 완료 가능 여부를 나타내는 형식으로 술어와 '了 liǎo' 사이에 '得'를 넣어 실현 또는 완료가 가능함을 나타내고, '不 bu'를 사용하여 실현 또는 완료가 불가능함을 나타낸다.

> 술어[동사] + 得/不 + 了

菜太辣了，小孩子吃不了。 음식이 너무 매워서 어린 아이는 먹을 수가 없어요.
Cài tài là le, xiǎo háizi chī bu liǎo.

那次旅行很有意思，我忘不了。 그 여행은 매우 재미있어서 나는 잊을 수가 없어요.
Nà cì lǚxíng hěn yǒu yìsi, wǒ wàng bu liǎo.

我的自行车坏了，去不了那儿了。 내 자전거가 고장이 나서 거기에 갈 수 없게 되었어요.
Wǒ de zìxíngchē huài le, qù bu liǎo nàr le.

咖啡太多了，你一个人喝得了吗？ 커피가 너무 많은데, 너 혼자서 다 마실 수 있겠어요?
Kāfēi tài duō le, nǐ yí ge rén hē de liǎo ma?

> **주의!**
>
> **'가능보어'와 '조동사 能'의 차이**
>
> 가능보어는 주·객관적 실현 가능성을 말하는 반면, 조동사 '能'은 이치나 도리상의 허가를 나타낸다.
>
> **这件衣服太瘦了，我穿不了。** 이 옷은 너무 꽉 끼어서, 난 입을 수 없어.
> Zhè jiàn yīfu tài shòu le, wǒ chuān bu liǎo.
>
> **小妹，这是我新买的衣服，你不能穿这件衣服。**
> Xiǎo mèi, zhè shì wǒ xīn mǎi de yīfu, nǐ bù néng chuān zhè jiàn yīfu.
> 막내야, 이건 내가 새로 산 옷이야. 이 옷 입으면 안 돼.
>
> ▶ 瘦 shòu 통 (의복 등이) 작다

2 가능보어의 종류

자주 쓰이는 가능보어			
找得到 zhǎo de dào 찾을 수 있다	找不到 zhǎo bu dào 찾을 수 없다	来得及 lái de jí 제시간에 갈 수 있다	来不及 lái bu jí 제시간에 갈 수 없다
起得来 qǐ de lái 일어날 수 있다	起不来 qǐ bu lái 일어날 수 없다	拿得下来 ná de xiàlai 가지고 내려올 수 있다	拿不下来 ná bu xiàlai 가지고 내려올 수 없다
改得了 gǎi de liǎo 고칠 수 있다	改不了 gǎi bu liǎo 고칠 수 없다	上得了 shàng de liǎo 갈 수 있다	上不了 shàng bu liǎo 갈 수 없다

我很马虎，常常找不到手机。 나는 조심성이 없어서 자주 휴대전화를 못 찾는다.
Wǒ hěn mǎhu, chángcháng zhǎo bu dào shǒujī.

三点有约会，现在去可能来不及了。 3시에 약속이 있는데, 지금 가면 늦을 거야.
Sān diǎn yǒu yuēhuì, xiànzài qù kěnéng lái bu jí le.

昨天睡得太晚，早上我起不来了。 어제 너무 늦게 자서 아침에 일어날 수가 없었어요.
Zuótiān shuì de tài wǎn, zǎoshang wǒ qǐ bu lái le.

货架上的东西太高，我拿不下来。
Huòjià shang de dōngxi tài gāo, wǒ ná bu xiàlai.
상품 진열대 위의 물건이 너무 높아서 가지고 내려올 수가 없어요.

我改不了睡懒觉的坏习惯。 나는 늦잠 자는 나쁜 습관을 고칠 수가 없어요.
Wǒ gǎi bu liǎo shuì lǎnjiào de huài xíguàn.

明天我要出差，上不了课了。 내일 나는 출장 가야 해서 수업에 갈 수 없게 되었어요.
Míngtiān wǒ yào chūchāi, shàng bu liǎo kè le.

▶ 习惯 xíguàn 명 습관 | 货架 huòjià 명 상품 진열대 | 马虎 mǎhu 형 조심성이 없다, 흐리터분하다 | 睡懒觉 shuì lǎnjiào 늦잠을 자다

TSC속 표현 다루기

다음 해석에 알맞은 중국어 표현을 써 넣은 후, 녹음을 듣고 따라 읽으며 표현을 익혀 보세요. 🎧 2-67

❶ 妈妈买给我的衣服太小了，我_____。
　Māma mǎigěi wǒ de yīfu tài xiǎo le, wǒ _____.
　엄마가 사다준 옷이 너무 작아서, 입을 수가 없어요.

❷ 我想买豪华车，不过价格太贵，我_____。
　Wǒ xiǎng mǎi háohuá chē, búguò jiàgé tài guì, wǒ _____.
　나는 고급차를 사고 싶어요. 그런데 너무 비싸서 살 수가 없어요.

▶ 豪华 háohuá 형 호화스럽다, 사치스럽다

|보충| '买不起 mǎi bu qǐ'는 돈이 없어서 또는 너무 비싸서 살 수 없을 때 쓰는 가능보어이다.

❸ 我还没找到我的钱包，怎么也_____。
　Wǒ hái méi zhǎodào wǒ de qiánbāo, zěnme yě _____.
　나는 내 지갑을 아직 못 찾았어요. 도무지 찾을 수가 없네요.

❹ 爷爷眼睛不好了，看书的时候总是_____。
　Yéye yǎnjing bù hǎo le, kàn shū de shíhou zǒngshì _____.
　할아버지는 눈이 나빠지셔서, 책을 보실 때 늘 잘 못 알아보신다.

❺ 我从来不追求名牌儿，而且有的商品我真_____是不是名牌儿。
　Wǒ cónglái bù zhuīqiú míngpáir, érqiě yǒu de shāngpǐn wǒ zhēn _____ shì bu shì míngpáir.
　나는 여태껏 명품을 선호한 적이 없어요. 게다가 어떤 상품은 명품인지 알아보지도 못하겠더라고요.

▶ 追求 zhuīqiú 동 추구하다 | 名牌儿 míngpáir 유명 브랜드, 명품 | 追求名牌儿 zhuīqiú míngpáir 명품을 선호하다 | 看不出来 kàn bu chūlai 분간할 수 없다, 알아볼 수 없다, 그렇게 보이지 않는다

❻ 我现在感冒很严重，我_____，今天你做饭，行吗？
　Wǒ xiànzài gǎnmào hěn yánzhòng, wǒ _____, jīntiān nǐ zuòfàn, xíng ma?
　내가 지금 감기가 심해서 밥을 할 수가 없는데, 오늘 당신이 밥 해줄 수 있어요?

▶ 行 xíng 동 ~해도 좋다

❼ 对不起，孩子病得很严重，今天我_____。
　Duìbuqǐ, háizi bìng de hěn yánzhòng, jīntiān wǒ _____.
　죄송해요. 아이가 병이 심하게 나서, 오늘 제가 출근할 수가 없어요.

⑧ 我认为第一印象很重要。因为一旦形成了不好的印象就
Wǒ rènwéi dì-yī yìnxiàng hěn zhòngyào. Yīnwèi yídàn xíngchéngle bù hǎo de yìnxiàng jiù

_____，也会对自己的面试有影响。
_____, yě huì duì zìjǐ de miànshì yǒu yǐngxiǎng.

나는 첫인상이 매우 중요하다고 생각해요. 일단 좋지 않은 인상이 새겨지면 바꿀 수가 없기 때문이에요. 첫인상은 자신의 면접에도 영향을 미칠 거예요.

▶ 一旦 yídàn 🖙 일단 | 形成 xíngchéng 🖙 형성되다, 이루어지다 | 形成印象 xíngchéng yìnxiàng 인상이 새겨지다
面试 miànshì 🖙 면접시험 🖙 면접시험 보다

⑨ 你好! 我前几天买了这部手机，可是用了还不到一个星期，
Nǐ hǎo! Wǒ qián jǐ tiān mǎile zhè bù shǒujī, kěshì yòngle hái bú dào yí ge xīngqī,

突然_____，这是怎么回事？请你们尽快解决这个问题。
tūrán _____, zhè shì zěnme huí shì? Qǐng nǐmen jǐnkuài jiějué zhège wèntí.

안녕하세요! 제가 며칠 전에 이 휴대전화를 샀는데요. 사용한 지 일주일도 안 되어서 갑자기 글자를 칠 수가 없어요. 이게 어찌된 일이죠? 최대한 빨리 문제를 해결해 주세요.

▶ 前几天 qián jǐ tiān 며칠 전 | 打字 dǎzì 🖙 글자를 치다 | 尽快 jǐnkuài 🖙 되도록 빨리 | 解决 jiějué 🖙 해결하다

|보충| '这是怎么回事？Zhè shì zěnme huí shì?'는 '이게 어떻게 된 일이냐?'라는 뜻으로, 어떤 상황에 대해 설명이나 해명이 필요할 때 자주 쓰이는 표현이다.

⑩ 天明和朋友在公园里一起打羽毛球，打着打着球就飞到了树上，
Tiānmíng hé péngyou zài gōngyuán li yìqǐ dǎ yǔmáoqiú, dǎzhe dǎzhe qiú jiù fēidàole shù shang,

_____，孩子们有点儿着急。这时突然起风了，
_____, háizimen yǒudiǎnr zháojí. Zhè shí tūrán qǐfēng le,

球就掉下来了。孩子们又可以高兴地玩儿了。
qiú jiù diào xiàlai le. Háizimen yòu kěyǐ gāoxìng de wánr le.

티엔밍은 친구와 공원에서 배드민턴을 치고 있었어요. 치다가 공이 그만 나무 위로 날아가서 가지고 내려올 수가 없었어요. 아이들은 좀 조급했죠. 이때 갑자기 바람이 불기 시작해서 공은 떨어져 내려왔어요. 아이들은 또다시 신나게 놀 수 있게 되었어요.

▶ 飞 fēi 🖙 날다, 비행하다 | 着急 zháojí 🖙 조급해하다, 초조해하다 | 起风 qǐfēng 🖙 바람이 일기 시작하다

모범답안 1. 穿不了 chuān bu liǎo 2. 买不起 mǎi bu qǐ 3. 找不到 zhǎo bu dào 4. 看不清楚 kàn bu qīngchu
5. 看不出来 kàn bu chūlai 6. 做不了饭 zuò bu liǎo fàn 7. 上不了班了 shàng bu liǎo bān le
8. 改不了了 gǎi bu liǎo le 9. 打不了字了 dǎ bu liǎo zì le 10. 拿不下来了 ná bu xiàlai le

TSC 실전 맛보기

다음은 TSC 실전 문제입니다. 각각의 문제를 잘 듣고 중국어로 대답해 보세요.

① 제시된 그림과 함께 문제를 듣고 상황에 알맞게 대화를 완성해 보세요. 🎧 2-68

제3부분 쇼핑과 관련하여 상대방의 의견을 묻는 질문에 대한 대답으로 응용하여 표현할 수 있다.

질문 **你想买什么样的车?** 당신은 어떤 차를 사고 싶은가요?
Nǐ xiǎng mǎi shénme yàng de chē?

② 문제를 듣고 주제에 알맞게 대답해 보세요. 🎧 2-69

제4부분 성향 및 취향 관련 질문에 대한 대답으로 응용하여 표현할 수 있다.

질문 **你是追求名牌儿的人吗?** 당신은 명품족인가요?
Nǐ shì zhuīqiú míngpáir de rén ma?

③ 문제를 듣고 자신의 생각을 말해 보세요. 🎧 2-70

제5부분 외모나 첫인상에 대한 견해를 묻는 질문에 대한 대답으로 응용하여 표현할 수 있다. 특히 인식을 바꾸기 어렵다는 표현을 가능보어를 사용하여 표현할 수 있음을 잘 알아 두자.

질문 **你认为面试的时候第一印象很重要吗? 请说说你的想法。**
Nǐ rènwéi miànshì de shíhou dì-yī yìnxiàng hěn zhòngyào ma? Qǐng shuōshuo nǐ de xiǎngfǎ.

당신은 면접을 볼 때 첫인상이 중요하다고 생각하세요? 자신의 생각을 말해 보세요.

❹ 제시된 그림과 함께 문제를 듣고 상황에 대응하여 대답해 보세요. 🎧 2-71

제6부분 　상황 설명과 문제 해결을 요구하는 질문에 대한 대답으로 응용하여 표현할 수 있다.

질문　**前几天刚买的手机有问题，**
　　　Qián jǐ tiān gāng mǎi de shǒujī yǒu wèntí,

　　　请你去售后服务中心说明情况，并解决问题。
　　　qǐng nǐ qù shòuhòu fúwù zhōngxīn shuōmíng qíngkuàng, bìng jiějué wèntí.

　　　며칠 전 막 새로 산 휴대전화에 문제가 있어요. 당신이 A/S센터에 가서 상황을 설명하고 문제를 해결해 보세요.

▶ 售后服务中心 shòuhòu fúwù zhōngxīn A/S센터 ｜ 并 bìng 〔접〕 그리고, 게다가

❺ 주어진 4개의 연속된 그림을 보고, 그림의 내용에 따라 하나의 이야기를 만들어 말해 보세요.

제7부분 　기쁘다는 감정 표현과 관련한 내용에 응용하여 이야기를 구성할 수 있다. 특히 물건을 가지고 내려올 수 없는 상황을 가능보어를 사용하여 표현할 수 있음을 잘 알아 두자.

①  ②

③  ④

TSC 실전맛보기 모범 답안

녹음을 듣고 따라 읽어 보세요. 🎧 2-72

① 질문 你想买什么样的车?

대답 我想买豪华车，不过价格太贵，我买不起。
Wǒ xiǎng mǎi háohuá chē, búguò jiàgé tài guì, wǒ mǎi bu qǐ.
나는 고급차를 사고 싶어요, 그런데 너무 비싸서 살 수가 없어요.

② 질문 你是追求名牌儿的人吗?

대답 我从来不追求名牌儿，而且有的商品我真看不出来是不是名牌儿。
Wǒ cónglái bù zhuīqiú míngpáir, érqiě yǒu de shāngpǐn wǒ zhēn kàn bu chūlai shì bu shì míngpáir.
나는 여태껏 명품을 선호한 적이 없어요. 게다가 어떤 상품은 명품인지 알아보지도 못하겠더라고요.

③ 질문 你认为面试的时候第一印象很重要吗? 请说说你的想法。

대답 我认为第一印象很重要，因为一旦形成了不好的印象就
Wǒ rènwéi dì-yī yìnxiàng hěn zhòngyào, yīnwèi yídàn xíngchéngle bù hǎo de yìnxiàng jiù

改不了了，也会对自己的面试有影响。
gǎi bu liǎo le, yě huì duì zìjǐ de miànshì yǒu yǐngxiǎng.
나는 첫인상이 매우 중요하다고 생각해요. 일단 좋지 않은 인상이 새겨지면 바꿀 수가 없기 때문이에요. 첫인상은 자신의 면접에도 영향을 미칠 거예요.

④ 질문 前几天刚买的手机有问题，请你去售后服务中心说明情况，并解决问题。

대답 你好! 我前几天买了这部手机，可是用了还不到一个星期，
Nǐ hǎo! Wǒ qián jǐ tiān mǎile zhè bù shǒujī, kěshì yòngle hái bú dào yí ge xīngqī,

突然打不了字了，这是怎么回事? 请你们尽快解决这个问题。
tūrán dǎ bu liǎo zì le, zhè shì zěnme huí shì? Qǐng nǐmen jǐnkuài jiějué zhège wèntí.
안녕하세요! 제가 며칠 전에 이 휴대전화를 샀는데요. 사용한 지 일주일도 안 되어서 갑자기 글자를 칠 수가 없어요. 이게 어찌된 일이죠? 최대한 빨리 문제를 해결해 주세요.

⑤ 대답 ① 天明和朋友在公园里一起打羽毛球，
Tiānmíng hé péngyou zài gōngyuán li yìqǐ dǎ yǔmáoqiú,
티엔밍은 친구와 공원에서 배드민턴을 치고 있었어요.

② 打着打着球就飞到了树上，拿不下来了，孩子们有点儿着急。
dǎzhe dǎzhe qiú jiù fēidàole shù shang, ná bu xiàlaile, háizimen yǒudiǎnr zháojí.
치다가 공이 그만 나무 위로 날아가서 가지고 내려올 수가 없었어요. 아이들은 좀 조급했죠.

③ 这时突然起风了，球就掉下来了。
Zhè shí tūrán qǐfēng le, qiú jiù diào xiàlai le.
이때 갑자기 바람이 불기 시작해서 공은 떨어져 내려왔어요.

④ 孩子们又可以高兴地玩儿了。
Háizimen yòu kěyǐ gāoxìng de wánr le.
아이들은 또다시 신나게 놀 수 있게 되었어요.

13

我把雨伞忘在办公室了。

Wǒ bǎ yǔsǎn wàngzài bàngōngshì le.

나는 우산을 깜박하고 사무실에 두고 왔어요.

把자문

把字문

把자문이란 전치사 '把 bǎ'를 사용해 목적어를 술어 앞으로 이끌어 낸 문형으로, 동작이 목적어에 영향을 미쳐서 어떠한 변화나 결과를 가져올 때 주로 사용한다. 술어 뒤에는 반드시 기타성분을 수반하여 동작의 결과를 나타낸다. 명령문에도 자주 사용되며, 일반적으로 '~을 ~하다, ~을 ~해라'라고 해석한다.

1 기본 형식

주어 + 把 + 목적어 + 술어 + 기타성분

我 把 雨伞 忘 在办公室了。 나는 우산을 깜박하고 사무실에 두고 왔다.
Wǒ bǎ yǔsǎn wàng zài bàngōngshì le.

我 把 衣服 弄 脏了。 나는 옷을 더럽혔다.
Wǒ bǎ yīfu nòng zāng le.

我 把 作业 交 给老师了。 나는 숙제를 선생님께 제출했다.
Wǒ bǎ zuòyè jiāo gěi lǎoshī le.

2 주요 특징

술어 뒤에는 반드시 기타성분이 있어야 하는데, 기타성분으로는 동사의 중첩형, 동태조사 '了', 동태조사 '着', 그리고 가능보어를 제외한 모든 보어가 올 수 있다.

我把车停在停车场了。 나는 차를 주차장에 주차했다.
Wǒ bǎ chē tíngzài tíngchēchǎng le.

我开车把孩子送到学校。 나는 운전해서 아이를 학교까지 데려다 주었다.
Wǒ kāichē bǎ háizi sòngdào xuéxiào.

你把这张票拿着。 너 이 표를 가지고 있어라.
Nǐ bǎ zhè zhāng piào názhe.

你把你的房间好好儿打扫打扫。 너의 방 좀 잘 청소해라.
Nǐ bǎ nǐ de fángjiān hǎohāor dǎsǎo dǎsǎo.

▶ 停车场 tíngchēchǎng 명 주차장

경험을 나타내는 동태조사 '过'나 가능보어는 기타 성분으로 올 수 없다.

我把那部电影看过。(×)
Wǒ bǎ nà bù diànyǐng kànguo.

我把这件事忘不了。(×)
Wǒ bǎ zhè jiàn shì wàng bu liǎo.

'把' 뒤의 목적어는 확실하고 구체적인 것이어야 한다.

他把这本书拿走了。 그는 이 책을 가져갔다.
Tā bǎ zhè běn shū názǒu le.

他把一本书拿走了。(×)

你把那张照片拿过来。 너는 그 사진을 가져와라.
Nǐ bǎ nà zhāng zhàopiàn ná guòlai.

你把一张照片拿过来。(×)

부사 및 조동사는 '把' 앞에 위치한다.

我没把护照带来。 나는 여권을 가져오지 않았다.
Wǒ méi bǎ hùzhào dàilái.

你别把护照丢了! 너 여권 잃어버리지 말아라!
Nǐ bié bǎ hùzhào diū le!

我经常把衣服扔在床上。 나는 자주 옷을 침대 위에 던져 놓는다.
Wǒ jīngcháng bǎ yīfu rēng zài chuáng shang.

妈妈已经把饭做好了。 엄마는 이미 밥을 다 하셨다.
Māma yǐjīng bǎ fàn zuòhǎole.

今天我能把这件事做完。 오늘 나는 이 일을 다 할 수 있다.
Jīntiān wǒ néng bǎ zhè jiàn shì zuòwán.

감각, 심리, 인지 동사 '看见, 听见, 爱, 喜欢' 등이나 판단, 소유, 존재를 나타내는 동사 '是, 有, 在' 등은 '把'자문의 동사로 사용할 수 없다.

我把手机有。(×)
Wǒ bǎ shǒujī yǒu.

我把张老师看见了。(×)
Wǒ bǎ Zhāng lǎoshī kànjiàn le.

我把他喜欢。(×)
Wǒ bǎ tā xǐhuan.

TSC속 표현 다루기

다음 해석에 알맞은 중국어 표현을 써 넣은 후, 녹음을 듣고 따라 읽으며 표현을 익혀 보세요. 🎧 2-73

① 他_____放在床上。 그는 알람시계를 침대 위에 두었다.
　　Tā _____ fàng zài chuáng shang.

② 妻子_____送给丈夫了。 부인은 그 손목시계를 남편에게 선물했다.
　　Qīzi _____ sònggěi zhàngfu le.

③ 您好，我刚才在你们便利店买东西的时候，不小心_____忘在你们店里了。
　　Nín hǎo, wǒ gāngcái zài nǐmen biànlìdiàn mǎi dōngxi de shíhou, bù xiǎoxīn _____ wàng zài nǐmen diàn li le.

　　안녕하세요, 제가 방금 당신의 편의점에서 물건을 살 때, 부주의해서 지갑을 상점 안에 두고 나왔어요.

　　|보충| '把……忘在…… bǎ……wàngzài……'는 '~을 ~에 두고 오다'라는 뜻이며, '把……落在…… bǎ……là zài……'로도 쓸 수 있다.

④ 今天我没带手机，你能不能_____借给我用一下？
　　Jīntiān wǒ méi dài shǒujī, nǐ néng bu néng _____ jiègěi wǒ yòng yíxià?

　　오늘 내가 휴대전화를 안 가져왔는데, 너 나한테 휴대전화 좀 빌려줄 수 있어?

　　▶ 借 jiè 동 빌리다, 빌려주다

⑤ 东东天天迟到，今天又迟到了，_____气得不得了。
　　Dōngdong tiāntiān chídào, jīntiān yòu chídào le, _____ qì de bù de liǎo.

　　동동은 매일 지각하고, 오늘도 또 늦어서 선생님을 몹시 화나게 만들었다.

⑥ 我愿意_____带回家养。因为生命是宝贵的，我想好好儿照顾它。
　　Wǒ yuànyì _____ dài huíjiā yǎng. Yīnwèi shēngmìng shì bǎoguì de, wǒ xiǎng hǎohāor zhàogù tā.

　　나는 그 개를 데려가서 키우겠다. 왜냐하면 생명은 소중하기 때문이다. 나는 그 개를 잘 돌봐주고 싶다.

　　▶ 愿意 yuànyì 조동 ~하기를 바라다, 희망하다 | 生命 shēngmìng 명 생명 | 宝贵 bǎoguì 형 귀중한, 소중한

⑦ 小明，你的房间总是这么乱，你_____好好儿收拾一下。
　　Xiǎo Míng, nǐ de fángjiān zǒngshì zhème luàn, nǐ _____ hǎohāor shōushi yíxià.

　　你要学会收拾自己的房间，好吗？
　　Nǐ yào xuéhuì shōushi zìjǐ de fángjiān, hǎo ma?

　　샤오밍, 네 방은 늘 이렇게 어지럽혀 있구나. 너 물건을 잘 좀 치워. 자기 방을 잘 정리할 줄 알아야 해, 알겠니?

　　▶ 乱 luàn 형 어지럽다, 무질서하다 | 收拾 shōushi 치우다, 정리하다, 꾸리다 | 学会 xuéhuì 동 습득하다, 배워서 알다

8 电视购物有好处，也有坏处。好处是，产品的介绍比较详细，
Diànshì gòuwù yǒu hǎochù, yě yǒu huàichù. Hǎochù shì, chǎnpǐn de jièshào bǐjiào xiángxì,

可以送货上门。坏处是，听到导购的说明就＿＿＿＿＿＿也买下来了。
kěyǐ sònghuò shàngmén. Huàichù shì, tīngdào dǎogòu de shuōmíng jiù ＿＿＿＿＿ yě mǎi xiàlai le.

TV홈쇼핑은 좋은 점도 있고 안 좋은 점도 있다. 좋은 점은 제품의 소개가 비교적 자세하며, 집까지 상품을 배달해 줄 수 있다는 것이고, 안 좋은 점은 쇼핑호스트의 설명을 들으면 필요 없는 물건도 사들인다는 것이다.

▶ **电视购物** diànshì gòuwù TV홈쇼핑 | **产品** chǎnpǐn 상품, 제품 | **介绍** jièshào 몡 소개 동 소개하다, 설명하다 | **详细** xiángxì 혱 상세하다, 자세하다 | **送货上门** sònghuò shàngmén 집까지 상품을 배달해 주다 | **导购** dǎogòu 동 상품 구매 안내를 하다 몡 쇼핑호스트

9 昨天孩子不小心跌倒了，腿就骨折了。正好路过的一位先生
Zuótiān háizi bù xiǎoxīn diēdǎo le, tuǐ jiù gǔzhé le. Zhènghǎo lùguò de yí wèi xiānsheng

看见了他，就＿＿＿＿＿＿＿＿＿医院去了。
kànjiànle tā, jiù ＿＿＿＿＿＿＿ yīyuàn qù le.

어제 아이가 잘못하여 넘어져서 다리가 골절되었다. 마침 길을 지나던 한 아저씨가 보고 아이를 병원에 데려다 주었다.

▶ **跌倒** diēdǎo 넘어지다, 자빠지다, 엎어지다 | **骨折** gǔzhé 동 골절되다 | **正好** zhènghǎo 튀 마침 | **路过** lùguò 동 지나다, 경유하다 | **先生** xiānsheng 몡 선생님, 씨[성인 남성에 대한 경칭]

10 今天是小李的生日，所以她的朋友们都来她家玩儿。
Jīntiān shì Xiǎo Lǐ de shēngrì, suǒyǐ tā de péngyoumen dōu lái tā jiā wánr.

她在客厅里跟朋友们一边喝咖啡一边聊天儿，但在她旁边的小狗
Tā zài kètīng li gēn péngyoumen yìbiān hē kāfēi yìbiān liáotiānr, dàn zài tā pángbiān de xiǎogǒu

不小心打碎了杯子，＿＿＿＿＿＿＿＿＿＿＿朋友的衣服上了。
bù xiǎoxīn dǎsuìle bēizi, ＿＿＿＿＿＿＿＿＿＿ péngyou de yīfu shang le.

小李觉得太对不起那个朋友了。
Xiǎo Lǐ juéde tài duìbuqǐ nàge péngyou le.

오늘은 샤오리의 생일이라 친구들이 그녀의 집에 놀러 왔다. 그녀는 거실에서 친구들과 커피를 마시며 이야기를 나누고 있었다. 그런데 옆에 있던 강아지가 잘못하여 컵을 깨뜨려 커피를 친구 옷에 쏟았다. 샤오리는 그 친구에게 너무나도 미안했다.

▶ **洒** sǎ 동 뿌리다, 엎지르다

모범답안 1. 把闹钟 bǎ nàozhōng 2. 把那块手表 bǎ nà kuài shǒubiǎo 3. 把钱包 bǎ qiánbāo 4. 把手机 bǎ shǒujī 5. 把老师 bǎ lǎoshī 6. 把那只狗 bǎ nà zhī gǒu 7. 把东西 bǎ dōngxi 8. 把没有用的东西 bǎ méiyǒu yòng de dōngxi 9. 把他送到 bǎ tā sòngdào 10. 把咖啡洒在 bǎ kāfēi sǎ zài

TSC 실전맛보기

다음은 TSC 실전 문제입니다. 각각의 문제를 잘 듣고 중국어로 대답해 보세요.

1 제시된 그림과 함께 문제를 듣고 상황에 알맞게 대화를 완성해 보세요. 🎧 2-74

제3, 6부분 제3부분에서 상대방에게 부탁하는 대답으로 응용하여 표현할 수 있다. 제6부분에서 휴대전화를 빌려야 하는 상황에 어떻게 부탁할 것인지에 대한 대답으로 응용하여 표현할 수 있다. 특히 물건을 빌려주어 사용하게 해달라고 할 때 '把'자문을 활용하여 표현해 보자.

질문　今天你没带手机吗? 오늘 너 휴대전화 안 가져왔니?
　　　Jīntiān nǐ méi dài shǒujī ma?

2 문제를 듣고 주제에 알맞게 대답해 보세요. 🎧 2-75

제4, 5부분 제시된 문제에 대해 자신의 입장 및 태도를 밝히는 것에 대한 대답으로 응용하여 표현할 수 있다.

질문　在路上发现别人扔掉的狗，你愿意把它带回家养吗? 请你说一说。
　　　Zài lù shang fāxiàn biérén rēngdiào de gǒu, nǐ yuànyì bǎ tā dài huíjiā yǎng ma? Qǐng nǐ shuō yi shuō.

　　　길에서 다른 사람이 버린 개를 발견했다면, 당신은 집에 데려가서 키우시겠어요? 한번 말해 보세요.

▶ 扔掉 rēngdiào 버리다

3 문제를 듣고 자신의 생각을 말해 보세요. 🎧 2-76

제5부분 구매와 관련하여 장단점을 묻는 질문에 대한 대답으로 응용하여 표현할 수 있다.

질문　电视购物有什么好处和坏处? TV홈쇼핑은 어떤 장점과 단점이 있나요?
　　　Diànshì gòuwù yǒu shénme hǎochù hé huàichù?

④ 제시된 그림과 함께 문제를 듣고 상황에 대응하여 대답해 보세요. 🎧 2-77

제6부분 청소 및 정리와 관련하여 상대방에게 충고를 하는 대답으로 응용하여 표현할 수 있다.

질문 **你弟弟的房间总是太乱，作为姐姐请你给他一些忠告。**
Nǐ dìdi de fángjiān zǒngshì tài luàn, zuòwéi jiějie qǐng nǐ gěi tā yìxiē zhōnggào.

당신 동생의 방이 늘 어지럽혀 있어요. 누나로서 그에게 충고를 좀 해 보세요.

⑤ 주어진 4개의 연속된 그림을 보고, 그림의 내용에 따라 하나의 이야기를 만들어 말해 보세요.

제7부분 미안한 일의 발생과 관련한 내용에 응용하여 이야기를 구성할 수 있다.

①  ②

③  ④

TSC 실전맛보기 모범 답안

녹음을 듣고 따라 읽어 보세요. 🎧 2-78

① 질문 今天你没带手机吗?

대답 是，今天我没带手机，你能不能把手机借给我用一下?
Shì, jīntiān wǒ méi dài shǒujī, nǐ néng bu néng bǎ shǒujī jiègěi wǒ yòng yíxià?
응, 오늘 내가 휴대전화를 안 가져왔는데, 너 나한테 휴대전화 좀 빌려줄 수 있어?

② 질문 在路上你发现别人扔掉的狗，你愿意把它带回家养吗? 请你说一说。

대답 我愿意把那只狗带回家养。因为生命是宝贵的，我想好好儿照顾它。
Wǒ yuànyì bǎ nà zhī gǒu dài huíjiā yǎng. Yīnwèi shēngmìng shì bǎoguì de, wǒ xiǎng hǎohāor zhàogù tā.
나는 그 개를 데려가서 키우겠다. 왜냐하면 생명은 소중하기 때문이다. 나는 그 개를 잘 돌봐주고 싶다.

③ 질문 电视购物有什么好处和坏处?

대답 电视购物有好处，也有坏处。好处是，产品的介绍比较详细，
Diànshì gòuwù yǒu hǎochù, yě yǒu huàichù. Hǎochù shì, chǎnpǐn de jièshào bǐjiào xiángxì,

可以送货上门。坏处是，听到导购的说明就把没有用的东西
kěyǐ sònghuò shàngmén. Huàichù shì, tīngdào dǎogòu de shuōmíng jiù bǎ méiyǒu yòng de dōngxi

也买下来了。
yě mǎi xiàlai le.
TV홈쇼핑은 좋은 점도 있고 안 좋은 점도 있다. 좋은 점은 제품의 소개가 비교적 자세하며, 집까지 상품을 배달해 줄 수 있다는 것이고, 안 좋은 점은 쇼핑호스트의 설명을 들으면 필요 없는 물건도 사들인다는 것이다.

④ 질문 你弟弟的房间总是太乱，作为姐姐请你给他一些忠告。

대답 小明，你的房间总是这么乱，你把东西好好儿收拾一下。
Xiǎo Míng, nǐ de fángjiān zǒngshì zhème luàn, nǐ bǎ dōngxi hǎohāor shōushi yíxià.

你要学会收拾自己的房间，好吗?
Nǐ yào xuéhuì shōushi zìjǐ de fángjiān, hǎo ma?
샤오밍, 네 방은 늘 이렇게 어지럽혀 있구나. 너 물건을 잘 좀 치워. 자기 방을 잘 정리할 줄 알아야 해, 알겠니?

⑤ 대답 ① 今天是小李的生日，所以她的朋友们都来她家玩儿。
Jīntiān shì Xiǎo Lǐ de shēngrì, suǒyǐ tā de péngyoumen dōu lái tā jiā wánr.
오늘은 샤오리의 생일이라 친구들이 그녀의 집에 놀러 왔다.

② 她在客厅里跟朋友们一边喝咖啡一边聊天儿，
Tā zài kètīng li gēn péngyoumen yìbiān hē kāfēi yìbiān liáotiānr,
그녀는 거실에서 친구들과 커피를 마시며 이야기를 나누고 있었다.

③ 但在她旁边的小狗不小心打碎了杯子，把咖啡洒在朋友的衣服上了。
dàn zài tā pángbiān de xiǎogǒu bù xiǎoxīn dǎsuì le bēizi, bǎ kāfēi sǎ zài péngyou de yīfu shang le.
그러나 옆에 있던 강아지가 잘못하여 잔을 깨뜨려, 커피를 친구 옷에 쏟았다.

④ 小李觉得太对不起那个朋友了。
Xiǎo Lǐ juéde tài duìbuqǐ nàge péngyou le.
샤오리는 그 친구에게 너무나도 미안했다.

14

小李被老师批评了一顿。
Xiǎo Lǐ bèi lǎoshī pīpíngle yí dùn.

샤오리는 선생님한테 한바탕 야단을 맞았어요.

被자문

被자문

'被'자문이란 전치사 '被 bèi'를 사용해 피동의 의미를 나타내는 문형을 말한다. 동작을 당한 대상이 주어가 되고, 동작을 가한 주체 앞에 '被'를 쓴다. 이때 '被' 뒤의 동작을 가한 주체는 생략할 수도 있다. '(주어)가 (목적어)에 의해 ~한 동작을 당했다, ~해졌다, ~되었다, ~받았다'라고 해석한다.

1 기본 형식

주어[동작을 당한 대상] + **被** + **목적어**[동작을 가한 주체] + **동사** + **기타성분**

小李　　　　　　被　　　老师　　　批评　　了一顿。
Xiǎo Lǐ　　　　bèi　　　lǎoshī　　pīpíng　　le yí dùn.
샤오리는 선생님한테 한바탕 야단을 맞았다. [선생님은 샤오리를 한바탕 야단쳤다.]

妈妈的钱包　　　被　　　小偷　　　偷　　　走了。
Māma de qiánbāo　bèi　　xiǎotōu　　tōu　　zǒule.
엄마의 지갑은 도둑에 의해 도난당했다. [도둑이 엄마의 지갑을 훔쳐갔다.]

我的手机　　　　被　　　孩子　　　摔　　　坏了。
Wǒ de shǒujī　　bèi　　　háizi　　　shuāi　　huàile.
내 휴대전화는 아이에 의해 부서졌다. [아이가 내 휴대전화를 부셨다.]

▶ 小偷 xiǎotōu 몡 도둑 | 偷 tōu 동 훔치다, 도둑질하다

2 주요 특징

술어 뒤에는 반드시 기타성분이 있어야 하는데, 기타성분으로는 동태조사 '了', 동태조사 '过', 그리고 가능보어를 제외한 모든 보어가 올 수 있다.

那个运动员被送到医院了。 그 선수는 병원에 실려 갔다.
Nàge yùndòngyuán bèi sòngdào yīyuànle.

我的自行车被车撞坏了。 내 자전거는 차에 부딪혀서 망가졌다.
Wǒ de zìxíngchē bèi chē zhuànghuàile.

小刘被坏人打了一顿。 샤오리우는 나쁜 사람한테 한바탕 구타를 당했다.
Xiǎo Liú bèi huàirén dǎle yí dùn.

我的鞋子也被人偷过。 내 신발도 남에게 도둑맞은 적이 있다.
Wǒ de xiézi yě bèi rén tōuguo.

'被'자문은 이미 당한 일을 나타내는 문형이므로, 현재 상태의 지속을 나타내는 '着'나 실현 가능 여부를 나타내는 '가능보어'는 피동문의 기타성분으로 쓸 수 없다. 또한 의미의 약화를 가져오는 '동사의 중첩형'도 기타성분으로 쓸 수 없다.

我被妈妈骂着。(×)
Wǒ bèi māma màzhe.

我的书包被别人偷偷。(×)
Wǒ de shūbāo bèi biérén tōutou.

부사 및 조동사는 '被' 앞에 위치한다.

你要的书没被借走。 네가 원한 책은 (누가) 빌려 가지 않았어.
Nǐ yào de shū méi bèi jiè zǒu.

他已经被派到中国去了。 그는 이미 중국으로 파견되었다.
Tā yǐjīng bèi pàidào Zhōngguó qù le.

'被'자문에서 전치사 '被' 대신 '叫'나 '让'을 써서 피동의 의미를 나타낼 수도 있다. 단, '叫'나 '让'을 쓸 때에는 '被'의 경우와는 달리 동작을 가한 주체를 생략할 수 없다.

我的手机被/叫/让朋友借走了。(○)
Wǒ de shǒujī bèi/jiào/ràng péngyou jièzǒule.
내 휴대전화는 친구에게 빌려졌다. [친구가 내 휴대전화를 빌려 갔다.]

我的手机被借走了。(○)
Wǒ de shǒujī bèi jièzǒule.

我的手机叫借走了。(×)
Wǒ de shǒujī jiào jièzǒule.

我的手机让借走了。(×)
Wǒ de shǒujī ràng jièzǒule.

TSC속 표현 다루기

다음 해석에 알맞은 중국어 표현을 써 넣은 후, 녹음을 듣고 따라 읽으며 표현을 익혀 보세요. 🎧 2-79

❶ 他的腿＿＿＿＿＿＿咬了。 그의 다리가 강아지에게 물렸다.
Tā de tuǐ ＿＿＿＿＿＿ yǎole.

▶ 腿 tuǐ 명 다리 | 咬 yǎo 동 물다

❷ 我的漫画书＿＿＿＿＿＿拿走了。 내 만화책은 엄마가 가져가셨다.
Wǒ de mànhuà shū ＿＿＿＿＿＿ názǒule.

▶ 漫画书 mànhuà shū 만화책

❸ 东东今天在学校跟朋友打架了，所以他＿＿＿＿＿＿教训了一顿。
Dōngdong jīntiān zài xuéxiào gēn péngyou dǎjià le, suǒyǐ tā ＿＿＿＿＿＿ jiàoxùnle yí dùn.
동동은 오늘 학교에서 친구들과 싸워서 선생님께 한바탕 꾸지람을 들었다.

▶ 教训 jiàoxùn 동 꾸짖다

❹ 刚刚在食堂＿＿＿＿＿撞到，所以汤洒在衣服上了。
Gānggāng zài shítáng ＿＿＿＿＿ zhuàngdào, suǒyǐ tāng sǎzài yīfu shang le.
방금 식당에서 다른 사람한테 부딪혔어. 그래서 국이 옷에 엎질러졌어.

▶ 汤 tāng 명 국물, 탕 | 撞 zhuàng 동 부딪히다

❺ 我在打篮球的时候，鼻子＿＿＿＿＿＿打了一下，现在鼻子很疼。
Wǒ zài dǎ lánqiú de shíhou, bízi ＿＿＿＿＿＿ dǎle yíxià, xiànzài bízi hěn téng.
내가 농구할 때 친구에게 코를 좀 맞아서 지금 코가 매우 아프다.

❻ 我＿＿＿＿＿＿帮助过。几年前我去中国的时候，在飞机上，
Wǒ ＿＿＿＿＿＿ bāngzhùguo. Jǐ nián qián wǒ qù Zhōngguó de shíhou, zài fēijī shang,
有人帮我找座位和拿包，那时我非常感激他。
yǒurén bāng wǒ zhǎo zuòwèi hé ná bāo, nà shí wǒ fēicháng gǎnjī tā.
나는 다른 사람의 도움을 받아본 적이 있어요. 몇 년 전 내가 중국에 갈 때, 비행기에서 어떤 사람이 자리도 찾아주고 가방도 들어주었어요. 그때 나는 그에게 매우 감사했어요.

▶ 座位 zuòwèi 명 좌석 | 感激 gǎnjī 동 감사하다, 감격하다

❼ 你别伤心，下次一定会_____的。我相信你，加油吧！
Nǐ bié shāngxīn, xià cì yídìng huì _____ de. Wǒ xiāngxìn nǐ, jiāyóu ba!

상심하지 마. 다음 번에는 반드시 채용될 거야. 나는 너를 믿어. 힘내!

▶ 录用 lùyòng 통 채용하다

❽ 您好，我是住在楼下的。你们家总是很晚的时候用洗衣机，
Nín hǎo, wǒ shì zhùzài lóu xià de. Nǐmen jiā zǒngshì hěn wǎn de shíhou yòng xǐyījī,

我每次都会_____。请你们以后早点儿用洗衣机，好吗？
wǒ měi cì dōu huì _____. Qǐng nǐmen yǐhòu zǎo diǎnr yòng xǐyījī, hǎo ma?

안녕하세요, 저는 아래층에 사는 사람인데요. 당신 집에서 늘 늦은 시간에 세탁기를 사용해서 제가 매번 깨곤 합니다. 다음부터는 좀 일찍 세탁기를 사용해 주시겠어요?

▶ 吵醒 chǎoxǐng 시끄러워 (잠을) 깨다

❾ 我觉得原因有很多，其中一个是最近私家车越来越多，
Wǒ juéde yuányīn yǒu hěn duō, qízhōng yí ge shì zuìjìn sījiāchē yuèláiyuè duō,

汽车有很多尾气，空气就_____。
qìchē yǒu hěn duō wěiqì, kōngqì jiù _____.

저는 원인이 많다고 생각해요. 그중 하나는 요즘 자가용이 점점 많아져서 자동차 배기가스가 많아 공기가 오염되었다는 것이에요.

▶ 原因 yuányīn 명 원인 | 私家车 sījiāchē 명 자가용차 | 尾气 wěiqì 명 배기가스

❿ 周末，哥哥和弟弟在院子里踢足球。弟弟把球踢到了花园里，
Zhōumò, gēge hé dìdi zài yuànzi li tī zúqiú. Dìdi bǎ qiú tīdàole huāyuán li,

那里的花盆_____，孩子们很担心妈妈会生气。
nàli de huāpén _____, háizimen hěn dānxīn māma huì shēngqì.

可是，没想到妈妈没生气，还安慰他们。孩子们感动地抱住了妈妈。
Kěshì, méi xiǎngdào māma méi shēngqì, hái ānwèi tāmen. Háizimen gǎndòng de bàozhùle māma.

주말에 형제가 정원에서 축구를 하고 있었는데, 동생이 공을 꽃밭으로 차서, 그곳에 있던 화분이 공에 의해 깨졌다. 아이들은 엄마가 화낼까 봐 걱정했다. 그러나 뜻밖에 엄마는 화를 내지 않고 아이들을 위로해주었다. 아이들은 감동해서 엄마를 꼭 안았다.

▶ 院子 yuànzi 명 정원 | 花园 huāyuán 명 화원, 꽃밭 | 花盆 huāpén 명 화분 | 打碎 dǎsuì 부수다, 깨지다 | 抱住 bàozhù 껴안다

모범 답안 1. 被小狗 bèi xiǎogǒu 2. 被妈妈 bèi māma 3. 被老师 bèi lǎoshī 4. 被人 bèirén 5. 被同学 bèi tóngxué 6. 被别人 bèi biérén 7. 被录用 bèi lùyòng 8. 被吵醒 bèi chǎoxǐng 9. 被污染了 bèi wūrǎnle 10. 被球打碎了 bèi qiú dǎsuìle

TSC 실전맛보기

다음은 TSC 실전 문제입니다. 각각의 문제를 잘 듣고 중국어로 대답해 보세요.

1 제시된 그림과 함께 문제를 듣고 상황에 알맞게 대화를 완성해 보세요. 🎧 2-80

　　제3, 7부분　각종 사건이나 황당한 일을 설명하는 대답으로 응용하여 표현할 수 있다. 피해 상황에 대해 말할 때 '被'자문을 활용하여 표현해 보자.

질문　**你的衣服怎么脏了?** 네 옷이 어째서 더러워진 거니?
　　　Nǐ de yīfu zěnme zāng le?

2 문제를 듣고 주제에 알맞게 대답해 보세요. 🎧 2-81

　　제4부분　경험과 관련한 질문에 대한 대답으로 응용하여 표현할 수 있다. 특히 도움을 받은 일을 말할 때 '被'자문을 활용하여 표현해 보자.

질문　**你被别人帮助过吗?** 당신은 다른 사람의 도움을 받아본 적이 있나요?
　　　Nǐ bèi biérén bāngzhùguo ma?

3 문제를 듣고 자신의 생각을 말해 보세요. 🎧 2-82

　　제5부분　공기오염의 원인을 묻는 질문에 대한 대답으로 응용하여 표현할 수 있다. 특히 '～에 의해 오염되다'라는 표현을 할 때 '被'자문을 활용하여 표현해 보자.

질문　**最近空气污染得很严重，你觉得空气污染的主要原因是什么?**
　　　Zuìjìn kōngqì wūrǎn de hěn yánzhòng, nǐ juéde kōngqì wūrǎn de zhǔyào yuányīn shì shénme?
　　　요즘 공기오염이 심각한데, 당신은 공기오염의 주요 원인이 무엇이라고 생각하나요?

❹ 제시된 그림과 함께 문제를 듣고 상황에 대응하여 대답해 보세요. 🎧 2-83

제6부분 피해 상황을 제기하며 시정을 요구할 때 응용하여 표현할 수 있다.

질문 **你楼上的邻居总是很晚的时候用洗衣机，影响了你的生活，**
Nǐ lóushàng de línjū zǒngshì hěn wǎn de shíhou yòng xǐyījī, yǐngxiǎngle nǐ de shēnghuó,

现在你要跟邻居谈谈。
xiànzài nǐ yào gēn línjū tántan.

당신의 위층에 사는 이웃이 늘 아주 늦은 시간에 세탁기를 사용하여 당신의 생활에 영향을 끼칩니다. 지금 당신은 이웃에게 이야기해 보세요.

▶ 谈谈 tántan 이야기해 보다

|보충| 피해 상황의 예로는 '不打扫房间 (bù dǎsǎo fángjiān 청소를 하지 않다), 晚回家 (wǎn huíjiā 늦게 귀가하다)'나 '唱歌 (chàng gē 노래를 부르다), 打手机 (dǎ shǒujī 휴대전화를 하다), 吵架 (chǎojià 말다툼하다), 打呼噜 (dǎhūlu 코를 골다)'와 같은 소리 관련 피해가 자주 출제된다.

❺ 주어진 4개의 연속된 그림을 보고, 그림의 내용에 따라 하나의 이야기를 만들어 말해 보세요.

제7부분 잘못, 뜻밖의 감동과 관련한 내용에 응용하여 이야기를 구성할 수 있다.

①  ②

③  ④

TSC 실전맛보기 모범 답안

녹음을 듣고 따라 읽어 보세요. 🎧 2-84

❶ 질문 你的衣服怎么脏了?

대답 刚刚在食堂被人撞到，所以汤洒在衣服上了。
Gānggāng zài shítáng bèi rén zhuàngdào, suǒyǐ tāng sǎ zài yīfu shang le.
방금 식당에서 다른 사람한테 부딪혔어. 그래서 국이 옷에 엎질러졌어.

❷ 질문 你被别人帮助过吗?

대답 我被别人帮助过。几年前我去中国的时候，在飞机上，
Wǒ bèi biérén bāngzhùguo. Jǐ nián qián wǒ qù Zhōngguó de shíhou, zài fēijī shang,

有人帮我找座位和拿包，那时我非常感激他。
yǒu rén bāng wǒ zhǎo zuòwèi hé ná bāo, nà shí wǒ fēicháng gǎnjī tā.

나는 다른 사람의 도움을 받아본 적이 있어요. 몇 년 전 내가 중국에 갈 때 비행기에서 어떤 사람이 자리도 찾아주고 가방도 들어주었어요. 그때 나는 그에게 매우 감사했어요.

❸ 질문 最近空气污染得很严重，你觉得空气污染的主要原因是什么?

대답 我觉得原因有很多，其中一个是最近私家车越来越多，
Wǒ juéde yuányīn yǒu hěn duō, qízhōng yí ge shì zuìjìn sījiāchē yuèláiyuè duō,

汽车有很多尾气，空气就被污染了。
qìchē yǒu hěn duō wěiqì, kōngqì jiù bèi wūrǎnle.

저는 원인이 많다고 생각해요. 그중 하나는 요즘 자가용이 점점 많아져서, 자동차 배기가스가 많아 공기가 오염되었다는 것이에요.

❹ 질문 你楼上的邻居总是很晚的时候用洗衣机，影响了你的生活，现在你要跟邻居谈谈。

대답 您好，我是住在楼下的。你们家总是很晚的时候用洗衣机，
Nín hǎo, wǒ shì zhùzài lóuxià de. Nǐmen jiā zǒngshì hěn wǎn de shíhou yòng xǐyījī,

我每次都会被吵醒。请你们以后早点儿用洗衣机，好吗?
wǒ měi cì dōu huì bèi chǎoxǐng. Qǐng nǐmen yǐhòu zǎo diǎnr yòng xǐyījī, hǎo ma?

안녕하세요, 저는 아래층 사는 사람인데요. 당신 집에서 늘 늦은 시간에 세탁기를 사용해서 제가 매번 깨곤 합니다. 다음부터는 좀 일찍 세탁기를 사용해 주시겠어요?

❺ 대답 ① 周末，哥哥和弟弟在院子里踢足球。 주말에 형제가 정원에서 축구를 하고 있었다.
Zhōumò, gēge hé dìdi zài yuànzi li tī zúqiú.

② 弟弟把球踢到了花园里，那里的花盆被球打碎了。
Dìdi bǎ qiú tīdàole huāyuán li, nàli de huāpén bèi qiú dǎsuìle.
동생이 공을 꽃밭으로 차서, 그곳에 있던 화분이 깨졌다.

③ 孩子们很担心妈妈会生气。 아이들은 엄마가 화낼까 봐 걱정했다.
háizimen hěn dānxīn māma huì shēngqì.

④ 可是，没想到妈妈没生气，还安慰他们。孩子们感动地抱住了妈妈。
Kěshì, méi xiǎngdào māma méi shēngqì, hái ānwèi tāmen. Háizimen gǎndòng de bàozhùle māma.
그러나 뜻밖에 엄마는 화를 내지 않고 아이들을 위로해주었다. 아이들은 감동해서 엄마를 꼭 안았다.

15

TSC 실전 모의고사

TSC 실전 모의고사 🎧 2-85

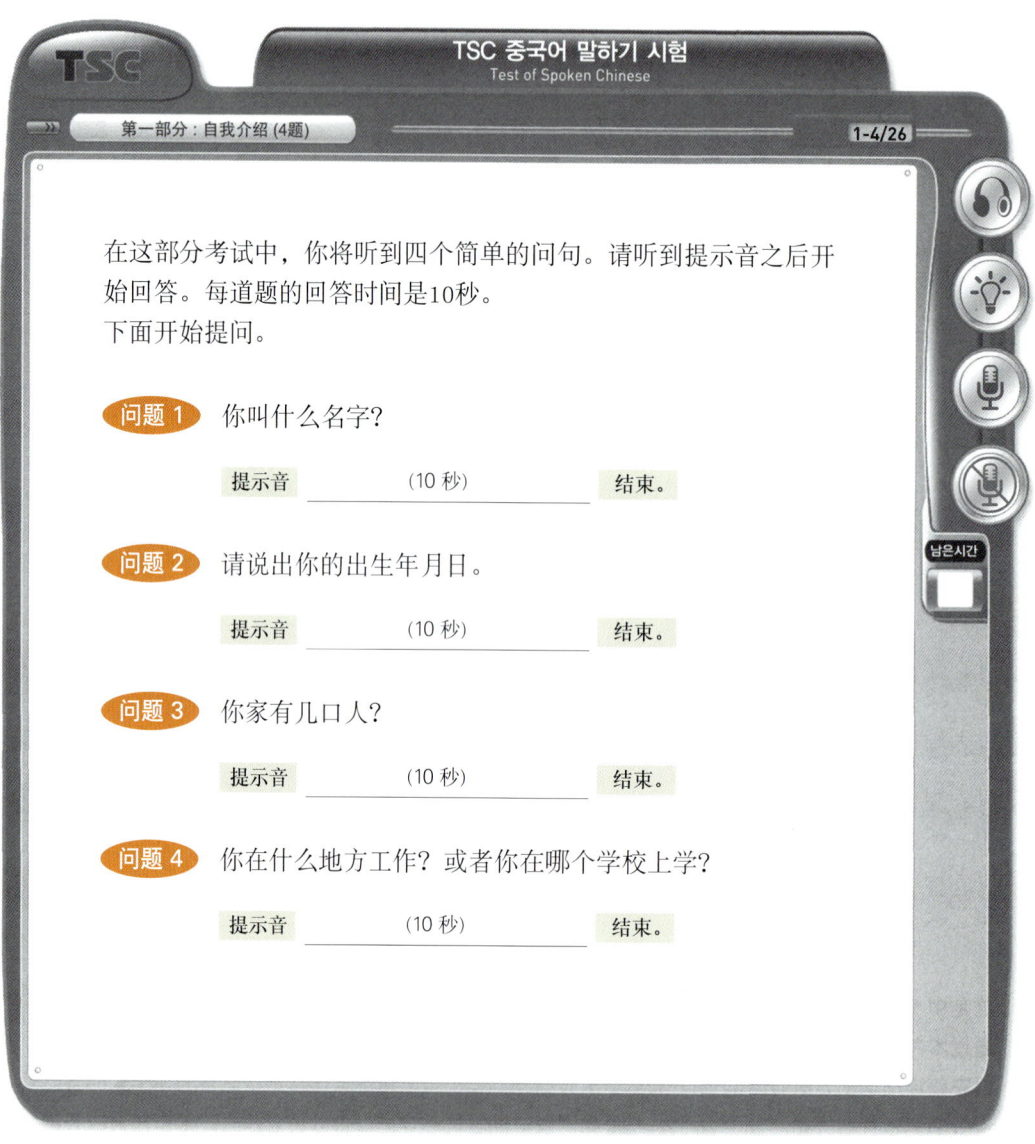

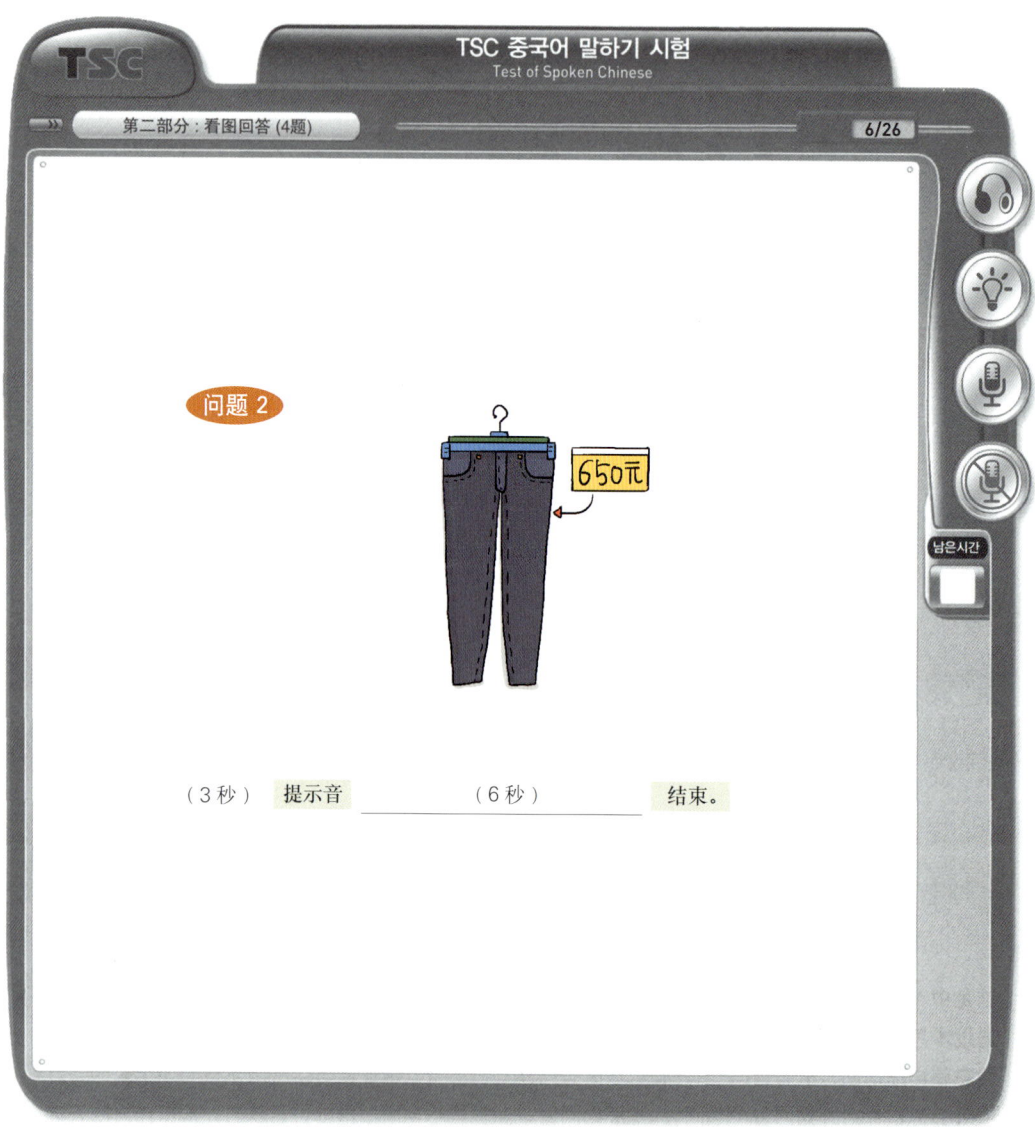

第三部分：快速回答 (5题)

在这部分考试中，你需要完成五段简单的对话。这些对话出自不同的日常生活情景，在每段对话前，你将看到提示图。请尽量用完整的句子来回答，句子的长短和用词将影响你的分数。请听例句。

问题　：您要点什么？
回答1：来一盘锅包肉。
回答2：给我来一盘包子，再给我一碗牛肉面。请快点儿，行吗？

两种回答都可以，但第二种回答更完整更详细，你将得到较高的分数。请听到提示音之后开始回答问题。每道题的回答时间是15秒。下面开始提问。

第四部分：简短回答 (5题)　　　　　　　　　　　　　　　　14/26

在这部分考试中，你将听到五个问题。请尽量用完整的句子来回答。句子的长短和用词将影响你的分数。请听例句。

问题　：周末你一般做什么？
回答1：买东西。
回答2：我周末有时候在家休息，有时候跟朋友一起去百货商店买东西，看电影什么的。

两种回答都可以，但第二种回答更完整更详细，你将得到较高的分数。请听到提示音之后开始回答问题。每道题请你用15秒思考，回答时间是25秒。
下面开始提问。

问题 1　你多长时间跟家人在外边吃一次饭？

（15秒）　提示音　　　　　（25秒）　　　　　结束。

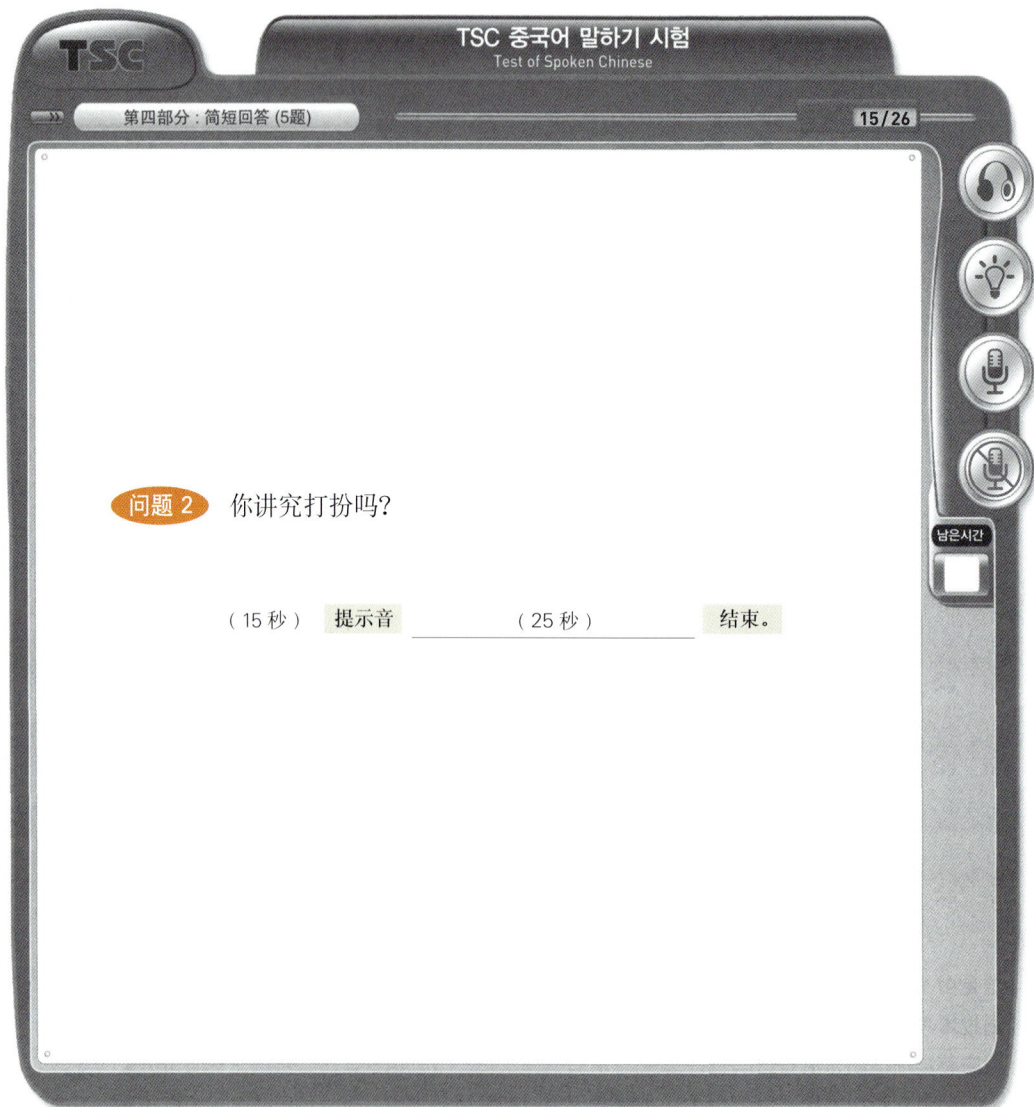

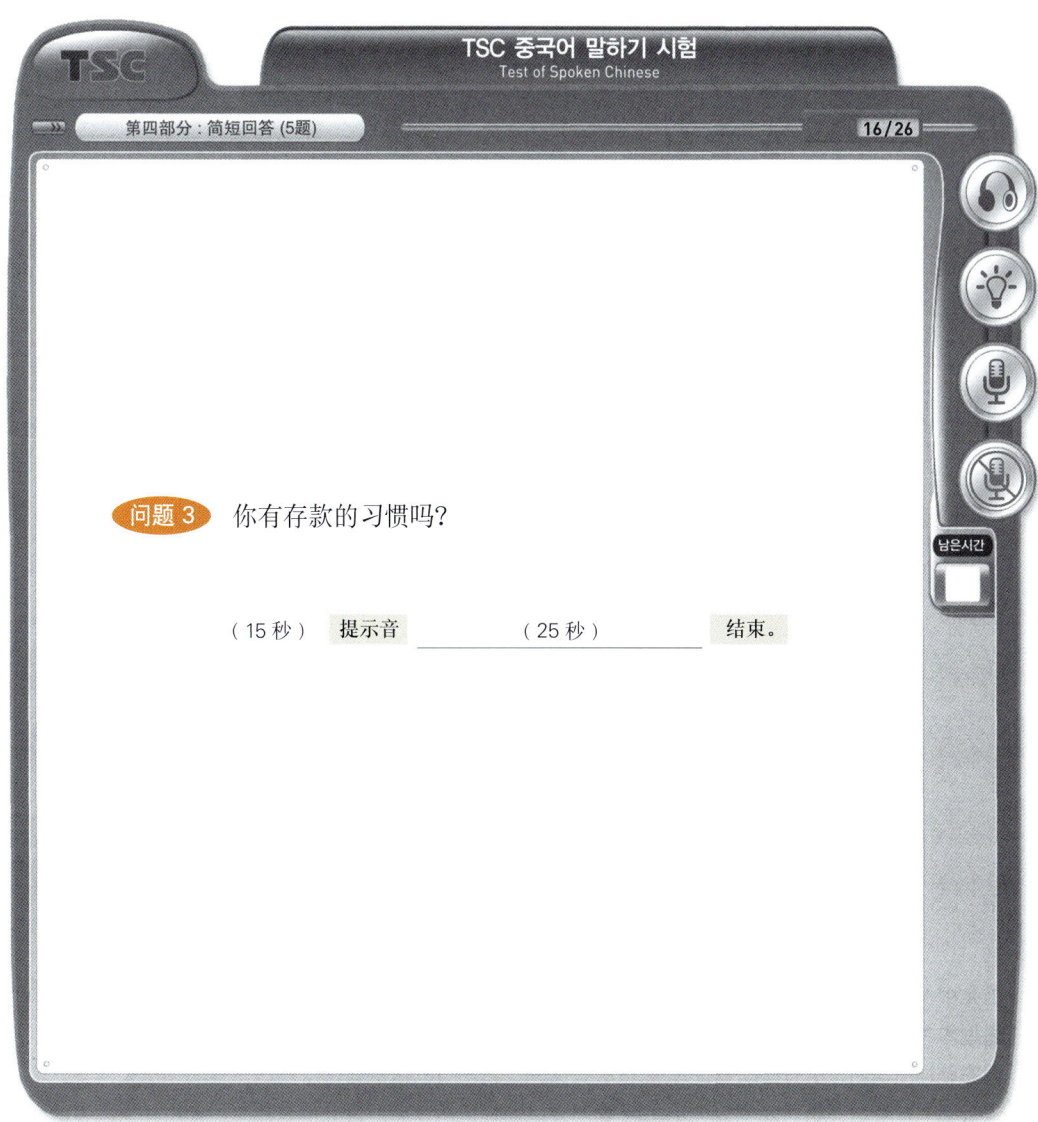

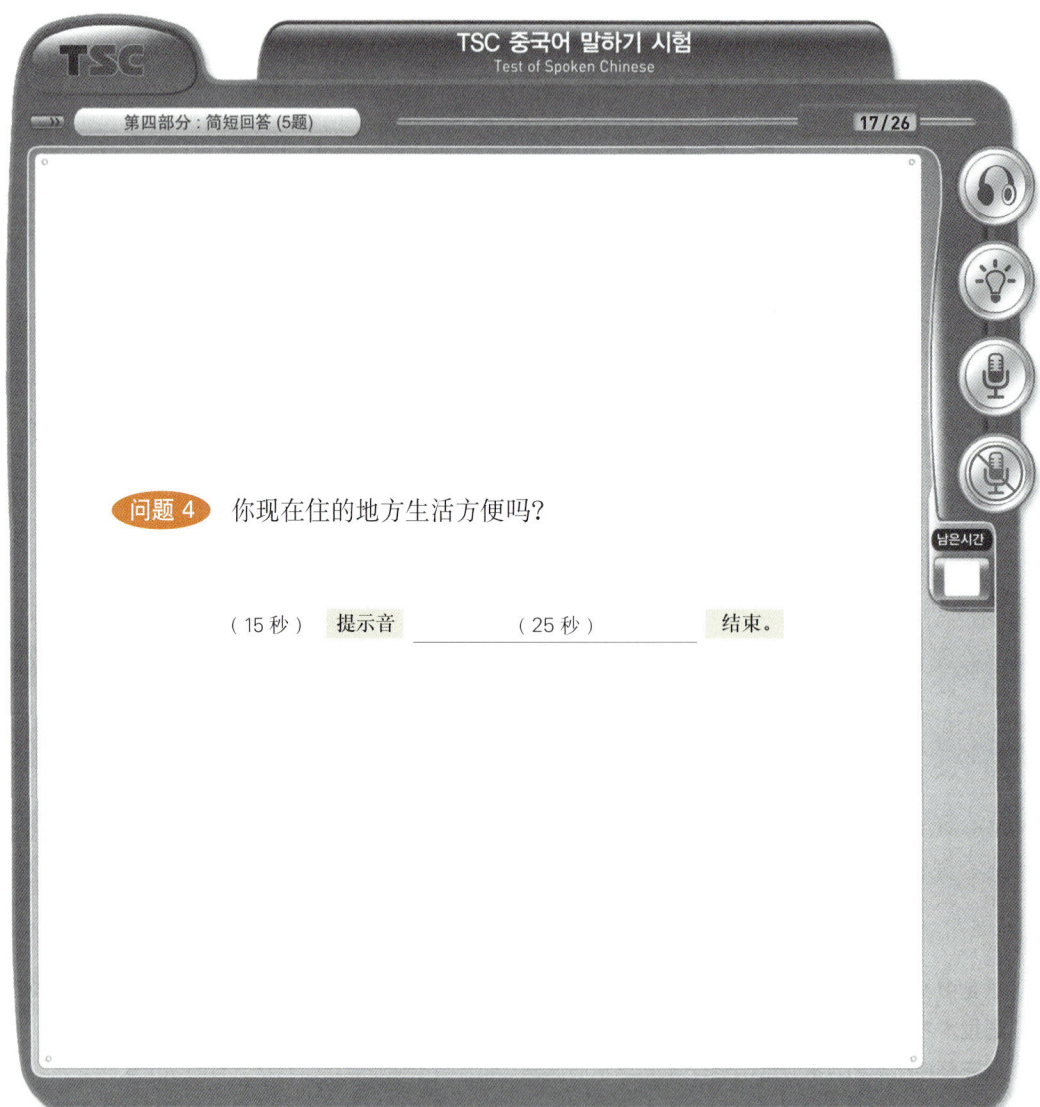

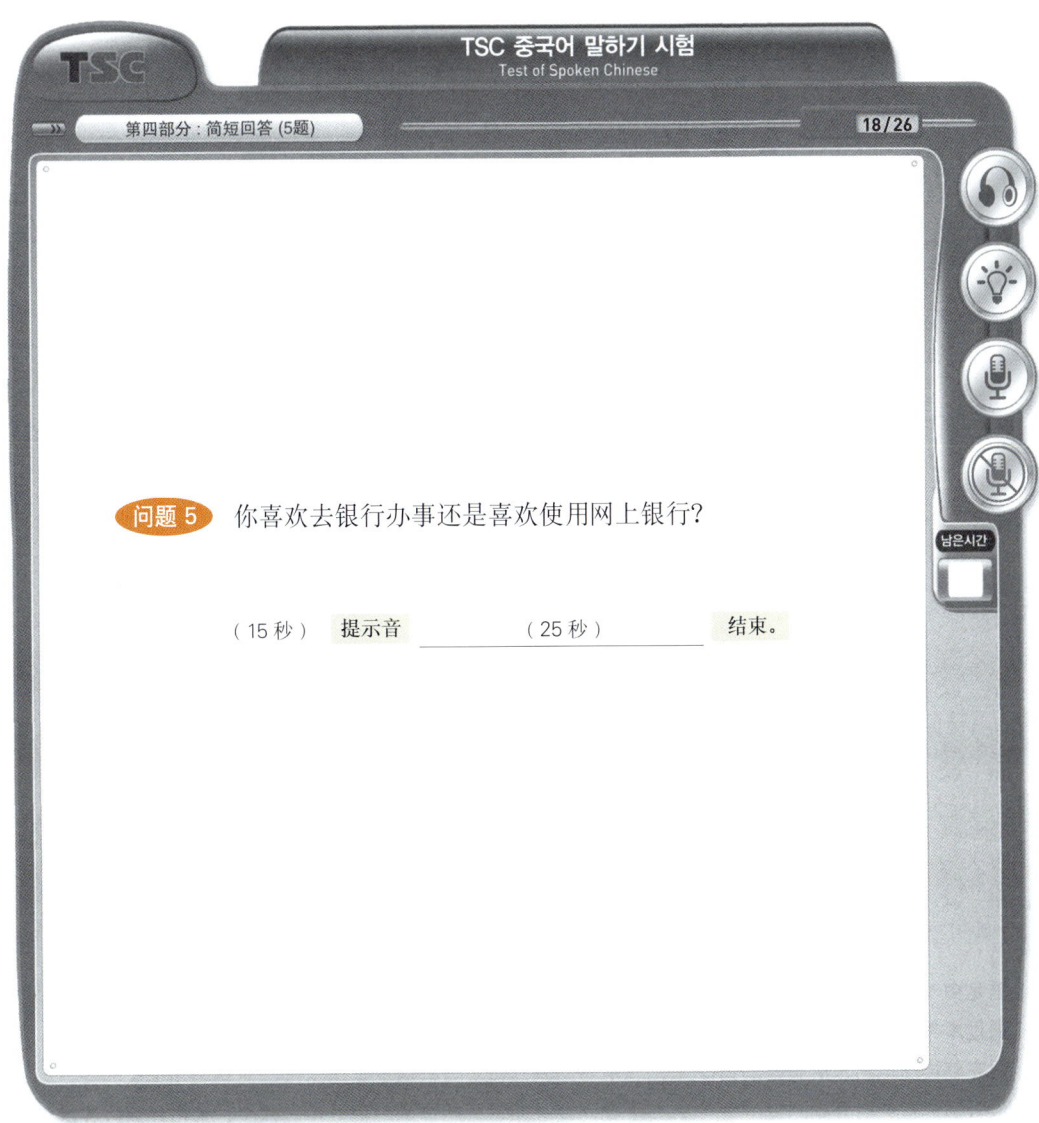

第五部分：拓展回答 (4题)

在这部分考试中，你将听到四个问题，请发表你的观点和看法。请尽量用完整的句子来回答，句子的长短和用词将影响你的分数。请听例句。

问题　：挑食对身体有什么影响，请说说你的看法。
回答1：挑食对身体不好。
回答2：因为挑食吃的食物太单调，容易造成营养不良，不仅对身体不好，更会导致疾病。不健康的身体会影响到学习和工作。应该改掉挑食的坏毛病。

两种回答都可以，但第二种回答更完整更详细，你将得到较高的分数。请听到提示音之后开始回答问题。每道题请你用30秒思考，回答时间是50秒。
下面开始提问。

问题 1　最近学生压力越来越大，为了减少压力，什么方法有效果？请说说你的意见。

（30秒）　提示音　　　　（50秒）　　　　结束。

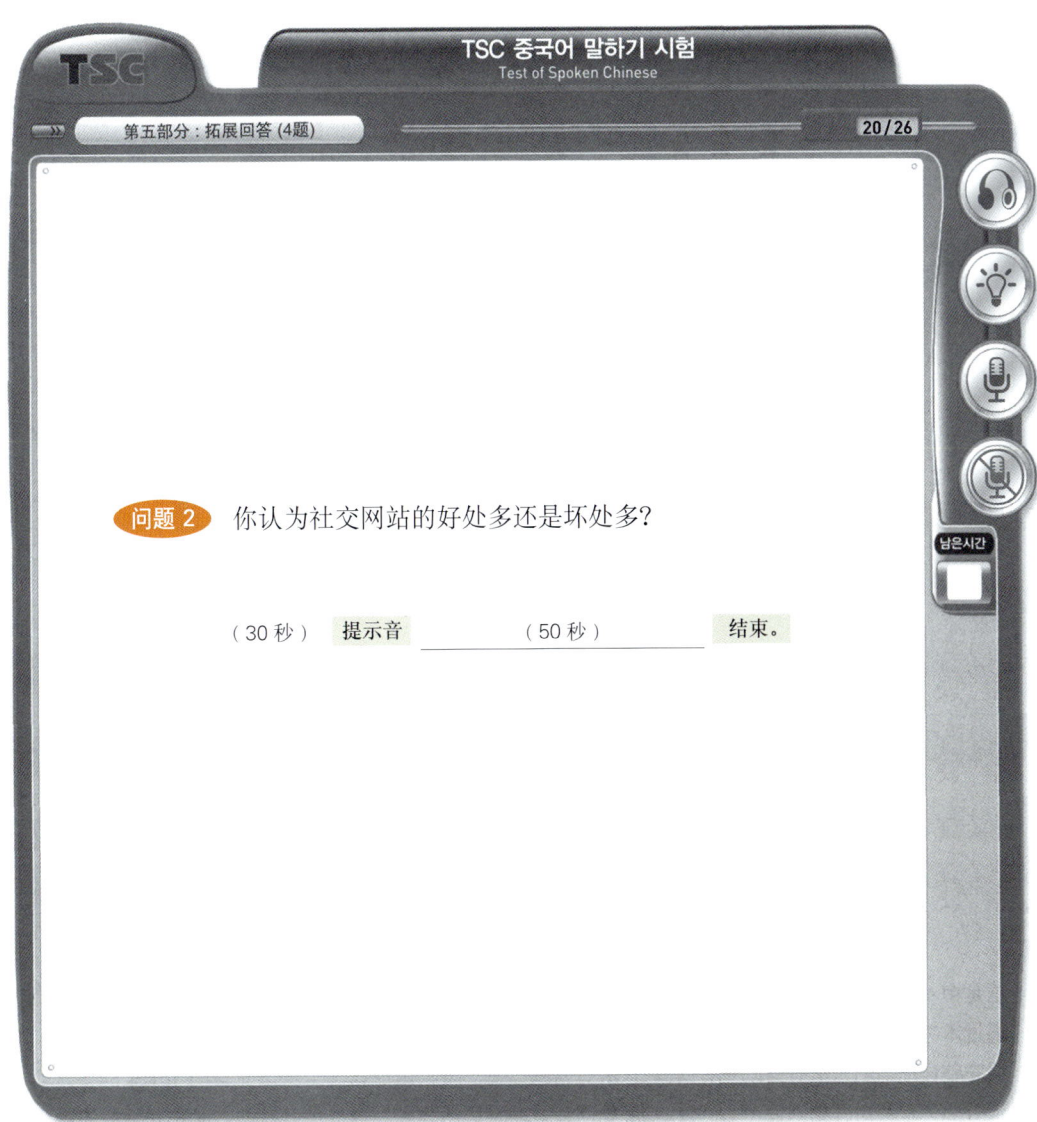

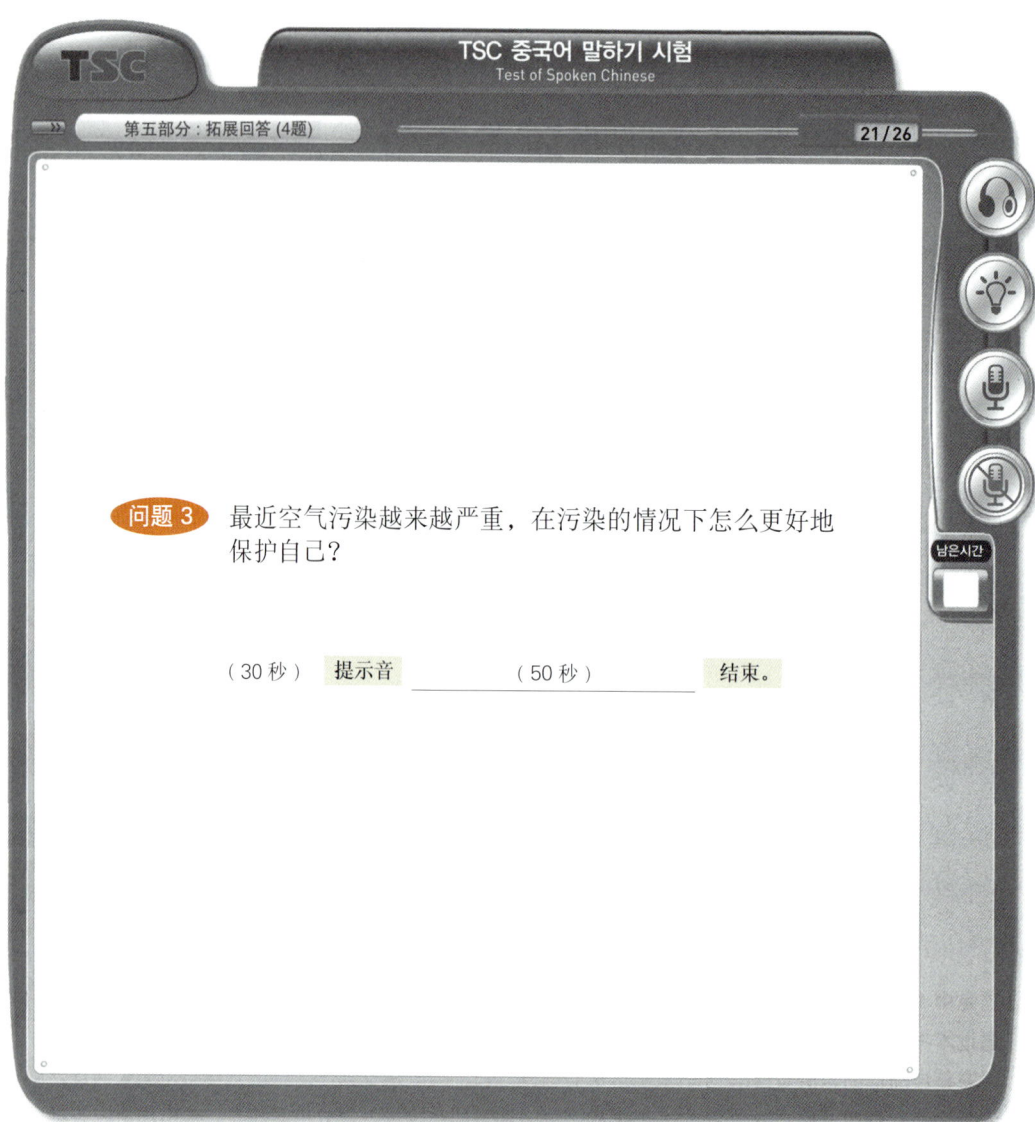

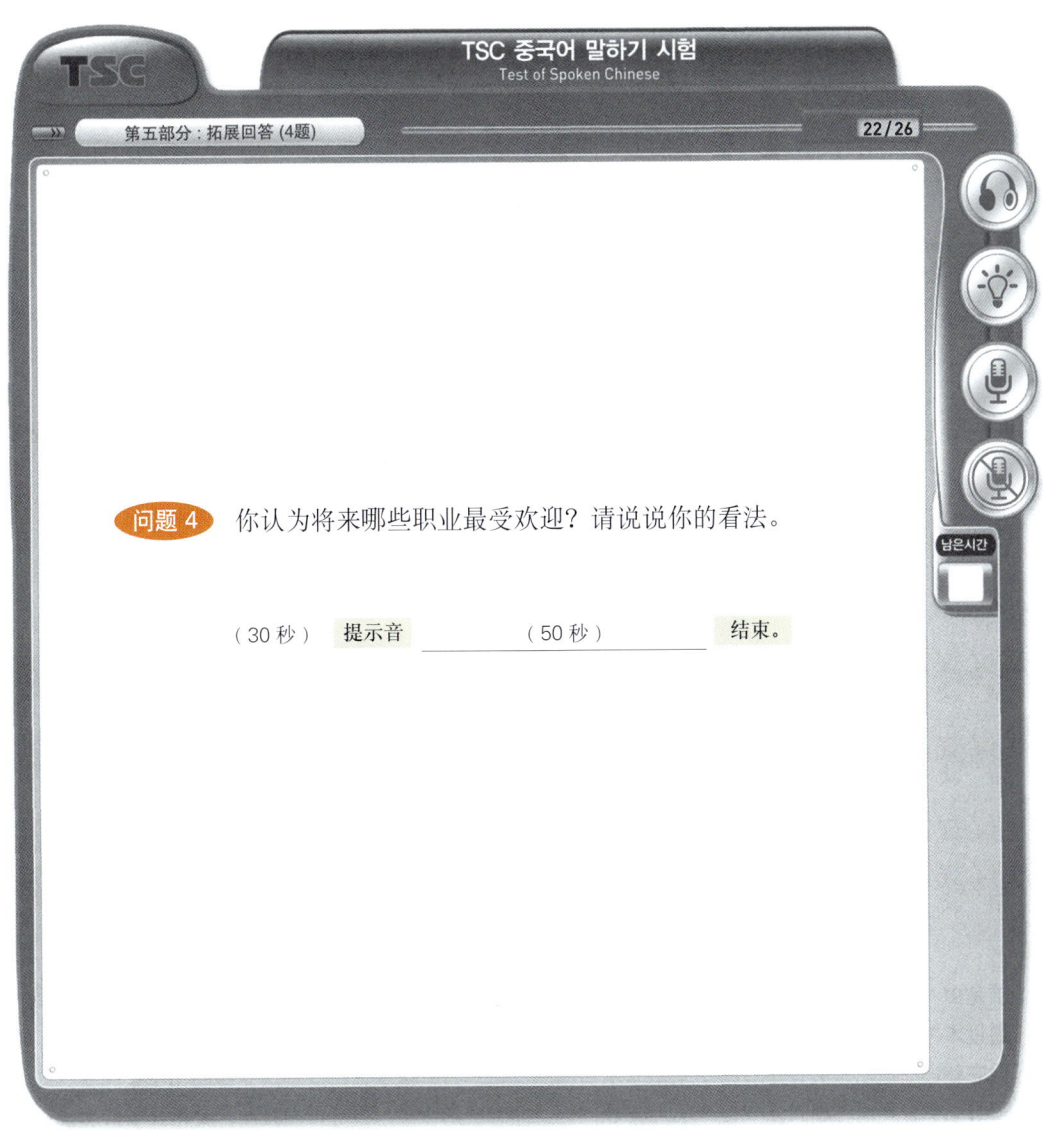

在这部分考试中，你将看到提示图，同时还将听到中文的情景叙述。假设你处于这种情况之下，你将如何应对。请尽量用完整的句子来回答，句子的长短和用词将影响你的分数。请听到提示音之后开始回答问题。每道题请你用30秒思考，回答时间是40秒。
下面开始提问。

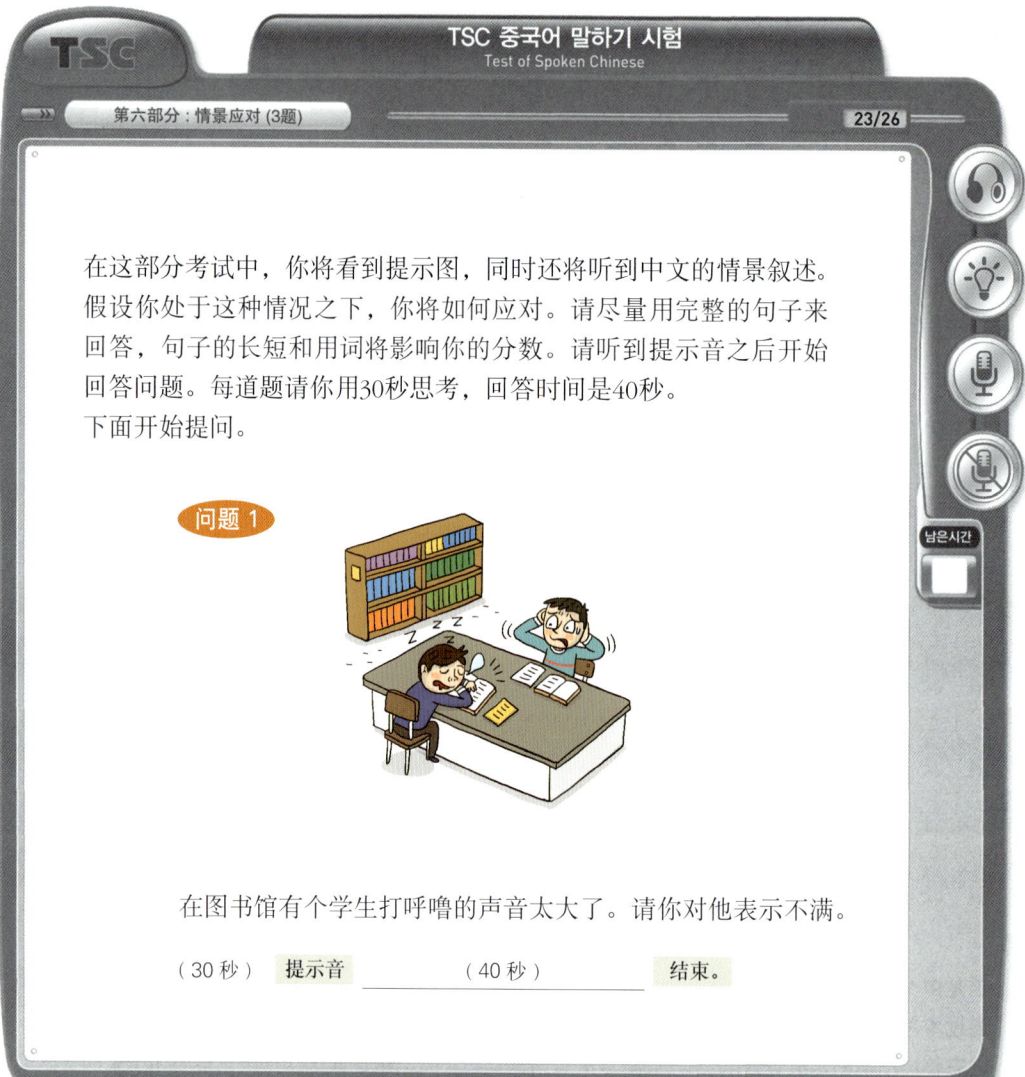

问题 1

在图书馆有个学生打呼噜的声音太大了。请你对他表示不满。

（30秒） 提示音 （40秒） 结束。

上午在超市买回来了西瓜，回家以后才发现，里面都坏了。你再去超市说明情况，并商量如何解决问题。

（30秒） 提示音 （40秒） 结束。

问题 3

孩子只喜欢玩儿,不喜欢读书。你作为他的妈妈,好好儿劝劝他吧。

(30秒) 提示音 (40秒) 结束。

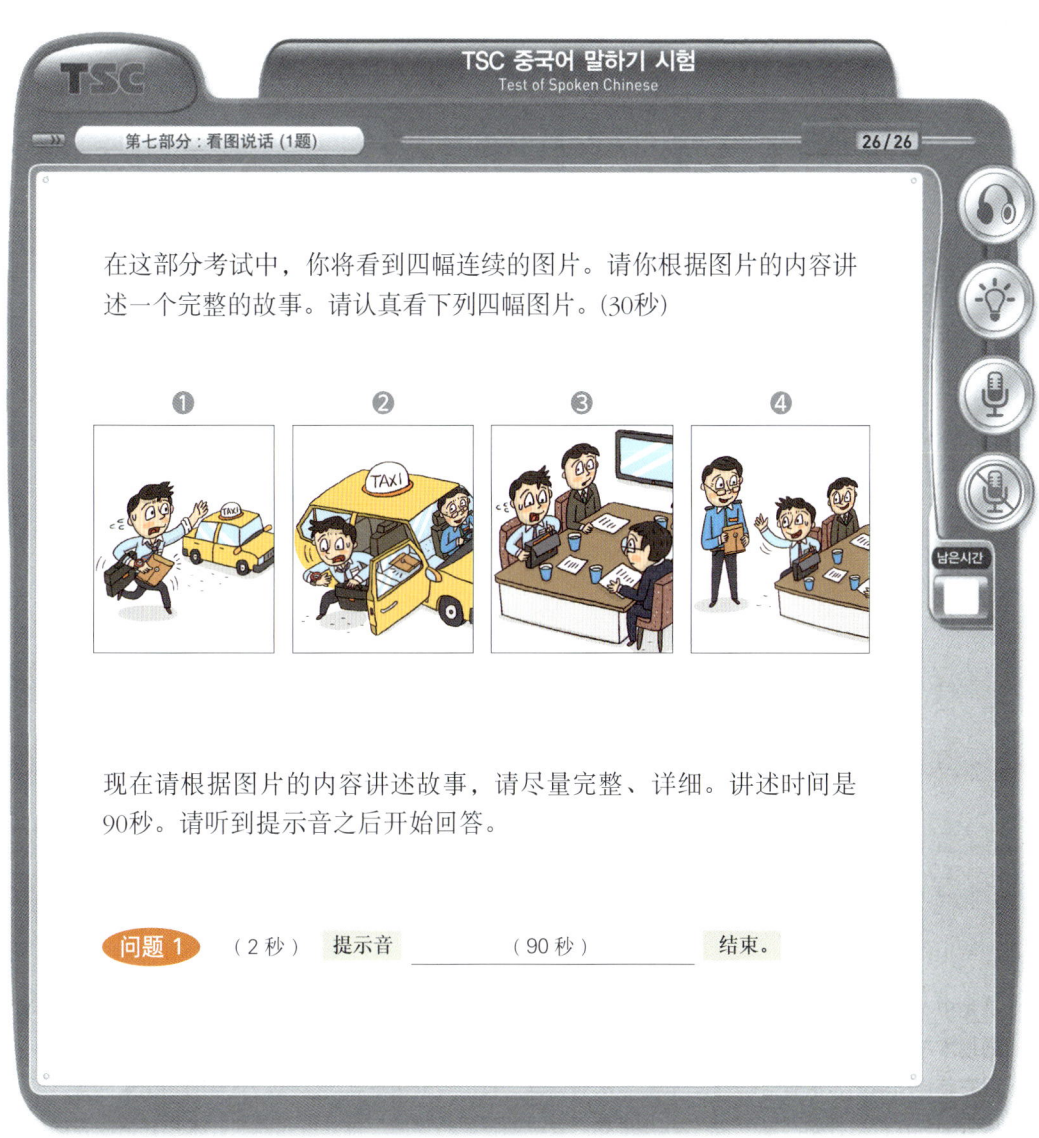

TSC 실전 모의고사 모범 답안

제1부분 🎧 2-86

问题 1 　你叫什么名字? 당신은 이름이 무엇인가요?
　　　　　Nǐ jiào shénme míngzi?

回答　① 我叫韩美善。 저는 한미선이에요.
　　　　　Wǒ jiào Hán Měishàn.

　　　　② 我叫韩美善。韩国的韩，美丽的美，善良的善。
　　　　　Wǒ jiào Hán Měishàn. Hánguó de Hán, měilì de Měi, shànliáng de shàn.
　　　　　저는 한미선이에요. 한국의 '한', 아름답다의 '미', 선량하다의 '선'이에요.

问题 2 　请说出你的出生年月日。 당신의 생년월일을 말해 보세요.
　　　　　Qǐng shuōchū nǐ de chūshēng nián yuè rì.

回答　① 我生于一九八八年十一月十六号。 저는 1988년 11월 16일에 태어났어요.
　　　　　Wǒ shēng yú yī jiǔ bā bā nián shíyīyuè shíliù hào.

　　　　② 我是一九八八年十一月十六号出生的。 저는 1988년 11월 16일에 태어났어요.
　　　　　Wǒ shì yī jiǔ bā bā nián shíyīyuè shíliù hào chūshēng de.

　　　　③ 我是一九八八年十一月十六号出生的，今年二十九岁。
　　　　　Wǒ shì yī jiǔ bā bā nián shíyīyuè shíliù hào chūshēng de, jīnnián èrshíjiǔ suì.
　　　　　저는 1988년 11월 16일에 태어났어요. 올해 29살이에요.

问题 3 　你家有几口人? 당신의 가족은 몇 명인가요?
　　　　　Nǐ jiā yǒu jǐ kǒu rén?

回答　① 我家有四口人，爸爸、妈妈、姐姐和我。
　　　　　Wǒ jiā yǒu sì kǒu rén, bàba, māma, jiějie hé wǒ.
　　　　　저희 가족은 네 식구예요. 아빠, 엄마, 언니 그리고 저예요.

　　　　② 我家有三口人，丈夫、一个女儿和我。
　　　　　Wǒ jiā yǒu sān kǒu rén, zhàngfu, yí ge nǚ'ér hé wǒ.
　　　　　저희 가족은 세 식구예요. 남편, 딸 하나 그리고 저예요.

　　　　③ 我家有两口人，妻子和我，还没有孩子。
　　　　　Wǒ jiā yǒu liǎng kǒu rén, qīzi hé wǒ, hái méiyǒu háizi.
　　　　　저희 가족은 두 식구예요. 아내와 저이고, 아직 아이는 없어요.

问题 4 　你在什么地方工作? 或者你在哪个学校上学?
　　　　　Nǐ zài shénme dìfang gōngzuò? Huòzhě nǐ zài nǎge xuéxiào shàngxué?
　　　　　당신은 어디에서 일하나요? 혹은 어느 학교에 다니나요?

回答　① 我在〇〇公司工作。 나는 ㅇㅇ회사에서 일해요.
　　　　　Wǒ zài OO gōngsī gōngzuò.

　　　　② 我在〇〇公司海外事业部工作。 나는 ㅇㅇ회사 해외사업부에서 일해요.
　　　　　Wǒ zài OO gōngsī hǎiwài shìyè bù gōngzuò.

③ 我在○○大学上学。 나는 oo대학교에 다녀요.
　Wǒ zài OO dàxué shàngxué.

④ 我是○○大学△△系四年级的学生。 저는 oo대학교 oo과 4학년 학생이에요.
　Wǒ shì OO dàxué △△ xì sì niánjí de xuésheng.

▶ 海外事业部 hǎiwài shìyè bù 해외사업부 | 系 xì 몡 학과 | 年级 niánjí 몡 학년

제2부분 🎧 2-87

问题 1 哪个更贵? 어느 것이 더 비싼가요?
Nǎge gèng guì?

回答 苹果比香蕉更贵。 사과가 바나나보다 더 비싸요.
Píngguǒ bǐ xiāngjiāo gèng guì.

问题 2 裤子多少钱? 바지는 얼마인가요?
Kùzi duōshao qián?

回答 这条裤子六百五十块，有点儿贵。 이 바지는 650위안이에요. 조금 비싸요.
Zhè tiáo kùzi liùbǎi wǔshí kuài, yǒudiǎnr guì.

问题 3 面包旁边有什么? 빵 옆에는 무엇이 있나요?
Miànbāo pángbiān yǒu shénme?

回答 面包旁边有一杯橙汁。 빵 옆에는 오렌지 주스 한 잔이 있어요.
Miànbāo pángbiān yǒu yì bēi chéngzhī.

问题 4 他在做什么? 그는 무엇을 하고 있나요?
Tā zài zuò shénme?

回答 他在运动场打棒球呢。 그는 운동장에서 야구를 하고 있어요.
Tā zài yùndòngchǎng dǎ bàngqiú ne.

제3부분 🎧 2-88

问题 1 小李，这个星期六是我的生日，那天来我家吃晚饭，好吗?
Xiǎo Lǐ, zhège xīngqīliù shì wǒ de shēngrì, nà tiān lái wǒ jiā chī wǎnfàn, hǎo ma?
샤오리, 이번 주 토요일이 내 생일인데, 그날 우리 집에 저녁 먹으러 오지 않을래?

回答
① 当然好啊，你家在哪儿？还有谁来呢？ 당연히 좋지. 너희 집이 어딘데? 또 누가 와?
Dāngrán hǎo a, nǐ jiā zài nǎr? Háiyǒu shéi lái ne?

② 对不起，这个星期六我已经有约会了，
Duìbuqǐ, zhè ge xīngqīliù wǒ yǐjīng yǒu yuēhuì le,
以后我给你买一个你喜欢的礼物，可以吗?
yǐhòu wǒ gěi nǐ mǎi yí ge nǐ xǐhuan de lǐwù, kěyǐ ma?
미안해, 이번 주 토요일에 내가 이미 약속이 있어. 나중에 내가 너한테 네가 좋아하는 선물을 사 줄게, 괜찮을까?

问题 2 周末我们一起去公园散步，怎么样? 주말에 우리 같이 공원에 산책하러 가는 거 어때요?
Zhōumò wǒmen yìqǐ qù gōngyuán sànbù, zěnmeyàng?

回答
① 好啊，正好我也想去公园散步，我们一起去吧。
Hǎo a, zhènghǎo wǒ yě xiǎng qù gōngyuán sànbù, wǒmen yìqǐ qù ba.
좋지요. 마침 나도 공원에 산책하러 가고 싶었는데, 우리 같이 가요.

② 对不起，周末我得去上班，下次一起去吧。
Duìbuqǐ, zhōumò wǒ děi qù shàngbān, xià cì yìqǐ qù ba.
미안해요. 주말에 내가 출근해야 돼요. 다음 번에 같이 가요.

问题 3 你怎么了? 당신 왜 그래요?
Nǐ zěnme le?

回答 我感冒了，从昨天开始一直咳嗽还发烧，很难受。
Wǒ gǎnmào le, cóng zuótiān kāishǐ yìzhí késou hái fāshāo, hěn nánshòu.
감기에 걸렸어요. 어제부터 시작해서 계속 기침이 나고 열도 나요. 몸이 매우 괴로워요.

▶ 从……开始 cóng……kāishǐ ~부터 시작하다 | 难受 nánshòu 휑 괴롭다, 몸이 불편하다

问题 4 学习汉语不难吗? 중국어 공부하는 것 어렵지 않니?
Xuéxí Hànyǔ bù nán ma?

回答 学汉语虽然有点儿难，但是越学越有意思，我每天都学习。
Xué Hànyǔ suīrán yǒudiǎnr nán, dànshì yuè xué yuè yǒu yìsi, wǒ měitiān dōu xuéxí.
중국어 공부하는 것이 조금 어려워도 공부할수록 더 재미있어서 나는 매일 공부해.

▶ 越……越…… yuè……yuè…… ~할수록 ~하다

| 问题 5 | 你最近看了什么电视剧? 당신은 최근에 무슨 드라마를 보았나요?
Nǐ zuìjìn kànle shénme diànshìjù? |
|---|---|
| 回答 | 我最近看了《太阳的后裔》，非常有意思，在韩国和中国都很受欢迎。
Wǒ zuìjìn kànle《Tàiyáng de hòuyì》, fēicháng yǒu yìsi, zài Hánguó hé Zhōngguó dōu hěn shòu huānyíng.
저는 최근에 〈태양의 후예〉를 봤어요. 매우 재미있어요. 한국과 중국에서 모두 인기가 있어요.
▶ 太阳的后裔 Tàiyáng de hòuyì 태양의 후예[한국 드라마명] | 受欢迎 shòu huānyíng 환영을 받다, 인기 있다 |

제4부분 🎧 2-89

| 问题 1 | 你多长时间跟家人在外边吃一次饭? 당신은 얼마만에 한번씩 가족들과 외식을 하나요?
Nǐ duō cháng shíjiān gēn jiārén zài wàibian chī yí cì fàn? |
|---|---|
| 回答 | 我一般每个星期在外边吃一次饭，周末想休息休息不想做饭，
Wǒ yìbān měi ge xīngqī zài wàibian chī yí cì fàn, zhōumò xiǎng xiūxi xiūxi bù xiǎng zuòfàn,
所以跟家人在外边吃饭。
suǒyǐ gēn jiārén zài wàibian chīfàn.
나는 일반적으로 매주 한 번씩 외식을 해요. 주말에는 좀 쉬고 싶고 밥 하기 싫어서, 가족들과 외식을 해요. |

| 问题 2 | 你讲究打扮吗? 당신은 꾸미는 것을 중시하나요?
Nǐ jiǎngjiu dǎban ma? |
|---|---|
| 回答 | ① 我很讲究打扮。因为我觉得这样让我更自信，
Wǒ hěn jiǎngjiu dǎban. Yīnwèi wǒ juéde zhèyàng ràng wǒ gèng zìxìn,
还能给我带来自我满足。
hái néng gěi wǒ dàilái zìwǒ mǎnzú.
나는 꾸미는 것을 중시해요. 왜냐하면 이렇게 하면 나를 더 자신감 있게 하고, 또 나에게 만족감을 가져다 주기 때문이에요.
② 我不太讲究打扮。因为我是学生，花太多时间打扮的话，
Wǒ bú tài jiǎngjiu dǎban. Yīnwèi wǒ shì xuésheng, huā tài duō shíjiān dǎban dehuà,
可能会给学习带来不好的影响。
kěnéng huì gěi xuéxí dàilái bù hǎo de yǐngxiǎng.
나는 꾸미는 것을 그다지 중시하지 않아요. 왜냐하면 나는 학생이라서, 치장하는 데 너무 많은 시간을 쓰면, 학습에 좋지 않은 영향을 미칠 것이기 때문이에요.
▶ 讲究 jiǎngjiu 통 중요시하다 | 自信 zìxìn 형 자신감 있다, 자신만만하다 명 자신감 | 自我满足 zìwǒ mǎnzú 자기만족 |

问题 3 **你有存款的习惯吗?** 당신은 저축하는 습관이 있나요?
Nǐ yǒu cúnkuǎn de xíguàn ma?

回答 **我有存款的习惯。先把收入的百分之三十存起来，**
Wǒ yǒu cúnkuǎn de xíguàn. Xiān bǎ shōurù de bǎi fēnzhī sānshí cún qǐlai,

为未来做准备，然后用剩下的钱生活。
wèi wèilái zuò zhǔnbèi, ránhòu yòng shèngxià de qián shēnghuó.

나는 저축하는 습관이 있어요. 먼저 수입의 30%를 저축해서 미래를 대비하고, 그런 후에 남은 돈으로 생활해요.

▶ **存款** cúnkuǎn 동 저축하다 | **收入** shōurù 명 수입, 소득 | **百分之三十** bǎi fēnzhī sān shí 30% | **存** cún 동 저축하다, 모으다 | **剩下** shèngxià 남다, 남기다 | **未来** wèilái 명 미래

问题 4 **你现在住的地方生活方便吗?** 당신이 현재 살고 있는 곳은 생활이 편리한가요?
Nǐ xiànzài zhù de dìfang shēnghuó fāngbiàn ma?

回答 **我现在住的地方生活很方便。除了有超市、**
Wǒ xiànzài zhù de dìfang shēnghuó hěn fāngbiàn. Chúle yǒu chāoshì、

银行等便利设施以外，还有地铁站。
yínháng děng biànlì shèshī yǐwài, hái yǒu dìtiězhàn.

내가 지금 거주하고 있는 곳은 생활이 편리해요. 슈퍼마켓, 은행 등의 편의 시설뿐 아니라 지하철역도 있어요.

▶ **便利设施** biànlì shèshī 편의 시설, 부대 시설

问题 5 **你喜欢去银行办事还是喜欢使用网上银行?**
Nǐ xǐhuan qù yínháng bànshì háishi xǐhuan shǐyòng wǎngshàng yínháng?

당신은 은행에 가서 일을 처리하는 것을 선호해요, 아니면 인터넷 뱅킹을 이용하는 것을 선호해요?

回答 **我比较喜欢使用网上银行。平时工作很忙，**
Wǒ bǐjiào xǐhuan shǐyòng wǎngshàng yínháng. Píngshí gōngzuò hěn máng,

没有时间去银行办事，网上银行不用出门就可以办事，
méiyǒu shíjiān qù yínháng bànshì, wǎngshàng yínháng búyòng chūmén jiù kěyǐ bànshì,

非常便利。
fēicháng biànlì.

나는 인터넷 뱅킹을 이용하는 것을 비교적 선호해요. 평소에 일이 바빠서 은행 가서 일을 볼 시간이 없거든요. 인터넷 뱅킹은 밖으로 나가지 않아도 일을 처리할 수 있어 매우 편리해요.

▶ **办事** bànshì 동 일을 처리하다 | **网上银行** wǎngshàng yínháng 인터넷 뱅킹 | **出门** chūmén 동 외출하다

제5부분 🎧 2-90

问题 1 最近学生压力越来越大，为了减少压力，什么方法有效果？
Zuìjìn xuésheng yālì yuèláiyuè dà, wèile jiǎnshǎo yālì, shénme fāngfǎ yǒu xiàoguǒ?

请说说你的意见。
Qǐng shuōshuo nǐ de yìjiàn.

요즘에 학생들의 스트레스가 점점 더 커집니다. 스트레스를 줄이기 위해서는 어떤 방법이 효과가 있을까요? 당신의 의견을 말해 보세요.

回答 最近学生学习中的压力很大，为了减少压力，
Zuìjìn xuésheng xuéxí zhōng de yālì hěn dà, wèile jiǎnshǎo yālì,

第一，除了学习，要培养自己的兴趣爱好，比如，听音乐、常运动等。
dì-yī, chúle xuéxí, yào péiyǎng zìjǐ de xìngqù àihào, bǐrú, tīng yīnyuè, cháng yùndòng děng.

第二，要乐观积极。这样就会减少压力的。
Dì-èr, yào lèguān jījí. Zhèyàng jiù huì jiǎnshǎo yālì de.

요즘 학생들의 학업 중의 스트레스가 큽니다. 스트레스를 줄이기 위해서는 첫째, 공부 이외에 학생들은 자신의 취미를 길러야 합니다. 예를 들면, 음악 듣는 것, 자주 운동하는 것 등이 있지요. 둘째로, 낙관적이며 긍정적이어야 합니다. 이렇게 하면 스트레스가 줄어들 거예요.

▶ 培养 péiyǎng 동 양성하다, 기르다 | 意见 yìjiàn 명 의견 | 兴趣爱好 xìngqù àihào 취미, 기호 | 乐观 lèguān 형 낙관적이다 | 积极 jījí 형 적극적이다, 긍정적이다

问题 2 你认为社交网站的好处多还是坏处多？
Nǐ rènwéi shèjiāo wǎngzhàn de hǎochù duō háishi huàichù duō?

당신은 SNS의 좋은 점이 많다고 생각하나요, 아니면 안 좋은 점이 많다고 생각하나요?

回答 我觉得社交网站有好的一面也有坏的一面。
Wǒ juéde shèjiāo wǎngzhàn yǒu hǎo de yímiàn yě yǒu huài de yímiàn.

好处是可以跟朋友们直接分享心情和照片。
Hǎochù shì kěyǐ gēn péngyǒumen zhíjiē fēnxiǎng xīnqíng hé zhàopiàn.

坏处是私生活容易被暴露。所以我们应该小心地使用它。
Huàichù shì sī shēnghuó róngyì bèi bàolù. Suǒyǐ wǒmen yīnggāi xiǎoxīn de shǐyòng tā.

나는 SNS에는 좋은 점도 있고 안 좋은 점도 있다고 생각해요. 좋은 점은 친구와 자신의 심정이나 사진을 바로 공유할 수 있다는 것이고, 안 좋은 점은 사생활이 쉽게 드러날 수 있다는 것입니다. 그러므로 우리는 SNS를 신중하게 사용해야 합니다.

▶ 社交网站 shèjiāo wǎngzhàn SNS | 一面 yímiàn 명 한 면, 한 방면, 한 측면 | 直接 zhíjiē 형 직접적이다 | 分享 fēnxiǎng 동 함께 나누다 | 私生活 sī shēnghuó 명 사생활, 개인생활 | 暴露 bàolù 동 폭로하다, 드러내다 | 小心 xiǎoxīn 형 신중하다, 조심스럽다

问题 3 最近空气污染越来越严重，在污染的情况下怎么更好地保护自己？
Zuìjìn kōngqì wūrǎn yuèláiyuè yánzhòng, zài wūrǎn de qíngkuàng xià zěnme gèng hǎo de bǎohù zìjǐ?
요즘에 공기오염이 점점 심각해지고 있어요. 오염된 상황에서 어떻게 자신을 잘 보호해야 할까요?

回答 最近空气污染越来越严重，为了保护好自己，
Zuìjìn kōngqì wūrǎn yuèláiyuè yánzhòng, wèile bǎohù hǎo zìjǐ,

首先，在污染严重的天尽量少出门，如果外出就戴口罩。
shǒuxiān, zài wūrǎn yánzhòng de tiān jǐnliàng shǎo chūmén, rúguǒ wài chū jiù dài kǒuzhào.

其次，在家时关好窗户。
Qícì, zài jiā shí guānhǎo chuānghu.

요즘에 공기 오염이 점점 심해지고 있는데, 자신을 잘 보호하기 위해서는 먼저, 오염이 심한 날에는 최대한 외출을 자제하고, 만약 외출을 할 때에는 마스크를 쓰도록 합니다. 둘째, 집에 있을 때는 창문을 잘 닫아 놓습니다.

▶ **尽量** jǐnliàng 🅱 가능한 한, 최대 한도로 | **口罩** kǒuzhào 🅜 마스크 | **窗户** chuānghu 🅜 창문

问题 4 你认为将来哪些职业最受欢迎？请说说你的看法。
Nǐ rènwéi jiānglái nǎxiē zhíyè zuì shòu huānyíng? Qǐng shuōshuo nǐ de kànfǎ.
당신은 장래에 어떤 직업이 가장 환영 받을 것이라고 생각합니까? 당신의 견해를 말해 보세요.

回答 听说未来很多职业是会被人工智能代替的，
Tīngshuō wèilái hěn duō zhíyè shì huì bèi réngōng zhìnéng dàitì de,

所以我认为有关心理方面的或者有创造性的职业会受欢迎的。
suǒyǐ wǒ rènwéi yǒuguān xīnlǐ fāngmiàn de huòzhě yǒu chuàngzàoxìng de zhíyè huì shòu huānyíng de.

比如，心理学家、艺术家、IT专家等。
Bǐrú, xīnlǐ xuéjiā、yìshùjiā、IT zhuānjiā děng.

미래에는 많은 직업이 인공지능에 의해 대체될 것이라고 합니다. 그래서 나는 심리 방면과 관련 있는 직업이나 창조적인 직업이 환영 받을 것이라 생각합니다. 예를 들면, 심리학자, 예술가, IT 전문가 등입니다.

▶ **将来** jiānglái 🅜 장래, 미래 | **职业** zhíyè 🅜 직업 | **人工智能** réngōng zhìnéng 인공지능 | **代替** dàitì 🅥 대체하다, 대신하다 | **有关** yǒuguān 🅥 관련이 있다 | **心理** xīnlǐ 🅜 심리 | **方面** fāngmiàn 🅜 방면, 부분 | **创造性** chuàngzàoxìng 🅜 창조성 | **心理学家** xīnlǐ xuéjiā 🅜 심리학자 | **艺术家** yìshùjiā 🅜 예술가 | **专家** zhuānjiā 🅜 전문가

제6부분 🎧 2-91

问题 1   在图书馆有个学生打呼噜的声音太大了。请你对他表示不满。
Zài túshūguǎn yǒu ge xuésheng dǎ hūlu de shēngyīn tài dà le. Qǐng nǐ duì tā biǎoshì bùmǎn.
도서관에서 어떤 학생의 코 고는 소리가 너무 큽니다. 당신은 그에게 불만을 표시해 보세요.

回答   喂，你醒醒吧。你打呼噜的声音太大了，在图书馆应该保持安静，
Wèi, nǐ xǐngxing ba. Nǐ dǎ hūlu de shēngyīn tài dà le, zài túshūguǎn yīnggāi bǎochí ānjìng,
回家休息或者继续学习吧。
huíjiā xiūxi huòzhě jìxù xuéxí ba.
이봐요, 일어나요. 당신 코 고는 소리가 너무 크네요. 도서관에서는 조용히 해야지요. 집에 돌아가 쉬든지 계속 공부하든지 하세요.

问题 2   上午从超市买回来了一个西瓜，回家以后才发现里面都坏了。
Shàngwǔ cóng chāoshì mǎi huílai le yí ge xīguā, huíjiā yǐhòu cái fāxiàn lǐmiàn dōu huài le.
你再去超市说明情况，并商量如何解决问题。
Nǐ zài qù chāoshì shuōmíng qíngkuàng, bìng shāngliang rúhé jiějué wèntí.
오전에 슈퍼마켓에서 수박을 하나 사왔는데, 집에 온 후 수박 속이 다 상한 것을 알게 되었어요. 당신은 슈퍼마켓에 다시 가서 상황을 설명하고, 또 어떻게 문제를 해결할지 상의해 보세요.

回答   你好，我上午在你们这儿买了这个西瓜，
Nǐ hǎo, wǒ shàngwǔ zài nǐmen zhèr mǎi le zhège xīguā,
回家以后才发现里面都坏了，我想退钱，这儿有发票。
huíjiā yǐhòu cái fāxiàn lǐmiàn dōu huài le, wǒ xiǎng tuìqián, zhèr yǒu fāpiào.
안녕하세요, 제가 오전에 여기서 이 수박을 샀는데, 집에 가서 보니 속이 다 상했더라고요. 저는 환불하고 싶어요. 여기 영수증 있어요.

▶ 如何 rúhé 떼 어떻게, 어떠한가 | 发票 fāpiào 몡 영수증 | 退钱 tuìqián 통 환불하다

问题 3   孩子只喜欢玩儿，不喜欢读书。你作为他的妈妈，好好儿劝劝他吧。
Háizi zhǐ xǐhuan wánr, bù xǐhuan dúshū. Nǐ zuòwéi tā de māma, hǎohāor quànquan tā ba.
아이가 노는 것만 좋아하고 독서하는 것을 좋아하지 않아요. 당신이 엄마로서 잘 타일러 보세요.

回答   小月，你总是喜欢玩儿，不喜欢读书，妈妈很为你担心。
Xiǎo Yuè, nǐ zǒngshì xǐhuan wánr, bù xǐhuan dúshū, māma hěn wèi nǐ dānxīn.
读书不但可以开阔眼界，还可以培养良好的品质。
Dúshū búdàn kěyǐ kāikuò yǎnjiè, hái kěyǐ péiyǎng liánghǎo de pǐnzhì.
你应该从小养成读书的习惯，这样才会有好的未来，知道吗?
Nǐ yīnggāi cóng xiǎo yǎngchéng dúshū de xíguàn, zhèyàng cái huì yǒu hǎo de wèilái, zhīdào ma?
샤오위에, 너는 늘 노는 것만 좋아하고 독서하는 것을 좋아하지 않으니, 엄마가 너 때문에 걱정이다. 독서는 시야를 넓힐 수 있을 뿐만 아니라 좋은 품성을 기를 수도 있단다. 너는 어려서부터 독서하는 습관을 들여야 해, 그래야 밝은 미래가 있게 된다, 알겠니?

▶ 开阔眼界 kāikuò yǎnjiè 견문을 넓히다, 시야를 넓히다 | 品质 pǐnzhì 몡 품성, 인품, 품질 | 养成……习惯 yǎngchéng……xíguàn ~하는 습관을 기르다

제7부분 🎧 2-92

问题 1

回答

① **小李早上起得太晚，就打车去上班了。**
Xiǎo Lǐ zǎoshang qǐ de tài wǎn, jiù dǎchē qù shàngbān le.
샤오리는 아침에 늦게 일어나서 택시 타고 출근을 했다.

② **他急急忙忙地下车，把重要的文件忘在出租车上了。**
Tā jíjí mángmáng de xiàchē, bǎ zhòngyào de wénjiàn wàng zài chūzūchē shang le.
그는 급하게 차에서 내리느라 중요한 서류를 깜박하고 택시에 두고 내렸다.

③ **开会的时候他发现自己没带文件，很着急。**
Kāihuì de shíhou tā fāxiàn zìjǐ méi dài wénjiàn, hěn zháojí.
회의를 할 때 그는 자신이 서류를 안 가져온 것을 알게 되어 걱정되고 조급했다.

④ **这时，出租车司机把文件送过来，让他很感动。他不知道怎么感谢司机才好。**
Zhè shí, chūzūchē sījī bǎ wénjiàn sòng guòlai, ràng tā hěn gǎndòng. Tā bù zhīdào zěnme gǎnxiè sījī cái hǎo.
이때 택시 기사가 서류를 가져다 주어 그를 감동시켰다. 그는 기사님께 어떻게 감사해야 할지 몰랐다.

▶ **急急忙忙** jíjí mángmáng 부랴부랴[다급한 모양을 묘사함] | **文件** wénjiàn 명 서류, 문건

부록

- TSC 말하기 업그레이드 표현 공식 2
- TSC 품사별 단어 정리

TSC 말하기 업그레이드 표현 공식 2

❶ 适合 + 대상

'适合'는 '어울리다'는 뜻의 동사로 뒤에 오는 대상을 목적어로 취할 수 있다.

这件衣服很适合你。 이 옷은 너에게 잘 어울린다.
Zhè jiàn yīfu hěn shìhé nǐ.

你穿这件蓝色的大衣，很适合你。 이 파란색 외투를 입으니, 당신에게 잘 어울려요.
Nǐ chuān zhè jiàn lánsè de dàyī, hěn shìhé nǐ.

▶ 适合 shìhé 图 알맞다, 어울리다

> **주의!**
> '适合'와 같은 뜻으로 '合适 héshì'가 있으나, '合适'는 형용사이므로 목적어를 취할 수 없다는 차이가 있다.
> 这件衣服很合适你。(✕)
> 这件衣服你穿着大小正合适。(○) 이 옷은 네가 입으면 크기가 딱 맞는다.
>
> ▶ 大小 dàxiǎo 圐 크기 │ 正 zhèng 凰 딱, 마침

❷ 原来……

'알고 보니~'라는 뜻으로, 어떤 사실이나 상황을 알아차리게 될 때 쓰는 구문이다. 보통 앞 절의 '以为'와 호응하여 쓰인다.

我以为孩子吃了这个菜，原来是小狗吃的。
Wǒ yǐwéi háizi chī le zhè ge cài, yuánlái shì xiǎogǒu chī de.
나는 아이가 이 음식을 먹은 줄 알았는데, 알고 보니 강아지가 먹었다.

我以为钱包丢了，原来在这儿。
Wǒ yǐwéi qiánbāo diū le, yuánlái zài zhèr.
나는 지갑을 잃어버린 줄 알았는데, 알고 보니 여기 있었다.

❸ 对 + 대상 + 说

'~에게 말하다'라는 뜻으로, 구체적 대상을 향하여 말할 때 쓰는 구문이다.

他对我说他很喜欢我。 그는 나에게 나를 좋아한다고 말했다.
Tā duì wǒ shuō tā hěn xǐhuan wǒ.

爸爸对孩子说："只要努力，就能考上大学。"
Bàba duì háizi shuō: "Zhǐyào nǔlì, jiù néng kǎoshàng dàxué."
아빠는 아이에게 "열심히 노력하기만 하면 대학에 합격할 수 있어."라고 말씀하셨다.

> **주의!** '说'와 '告诉'의 차이
> 说: 일반적으로 위의 예문처럼 '对……说'의 형태로 전치사를 수반하여 쓰인다.
> 告诉: 일반적으로 '告诉+간접목적어+직접목적어'형태로 쓰인다. [자세한 내용은 '발음부터 2급까지' 15과 p.149 참조]
> 我告诉妻子这是我自己做的菜。 나는 아내에게 이것은 내가 만든 음식이라고 말했다.
> Wǒ gàosu qīzi zhè shì wǒ zìjǐ zuò de cài.

④ 有时候……, 有时候……

'어떤 때는 ~하고, 어떤 때는 ~하다'라는 뜻으로, 경우에 따라 다른 여러 상황을 나열할 때 쓰는 구문이다. 이때 '候'는 생략이 가능하다.

我周末有时候在家休息，有时候跟家人一起去外边吃饭。
Wǒ zhōumò yǒu shíhou zài jiā xiūxi, yǒu shíhou gēn jiārén yìqǐ qù wàibian chīfàn.
나는 주말에 어떤 때는 집에서 쉬고, 어떤 때는 가족들과 함께 외식을 합니다.

我的爸爸有时候很严厉，有时候很慈祥。
Wǒ de bàba yǒu shíhou hěn yánlì, yǒu shíhou hěn cíxiáng.
우리 아빠는 어떤 때는 엄하시고, 어떤 때는 자상하시다.

▶ 严厉 yánlì 혱 매섭다, 단호하다 | 慈祥 cíxiáng 혱 자상하다

⑤ 有的……, 有的……

'어떤 것/사람은 ~하고, 어떤 것/사람은 ~하다'라는 뜻으로, 이때 '有的'는 수식하는 명사 전체 중의 일부를 나타낸다.

这家商店的东西有的很贵，有的很便宜。
Zhè jiā shāngdiàn de dōngxi yǒude hěn guì, yǒude hěn piányi.
이 상점의 물건은 어떤 것은 비싸고, 어떤 것은 쌉니다.

休息时间孩子们有的学习，有的跟同学聊天儿。
Xiūxi shíjiān háizimen yǒude xuéxí, yǒude gēn tóngxué liáotiānr.
쉬는 시간에 어떤 아이들은 공부하고, 어떤 아이들은 친구와 이야기합니다.

⑥ 对 + 대상 + 造成……

'~에 좋지 않은 결과를 초래하다'라는 뜻으로, '造成'은 일반적으로 좋지 않은 결과를 발생시킬 때 쓴다.

汽车尾气对环境造成污染。 자동차의 배기가스는 환경 오염을 초래한다.
Qìchē wěiqì duì huánjìng zàochéng wūrǎn.

网络有时候对青少年造成不良的影响。
Wǎngluò yǒu shíhòu duì qīngshàonián zàochéng bùliáng de yǐngxiǎng.
인터넷은 때로는 청소년에게 좋지 않은 영향을 초래한다.

▶ 网络 wǎngluò 몡 인터넷 | 青少年 qīngshàonián 몡 청소년 | 不良 bùliáng 혱 좋지 않다

❼ 能使 + 대상 + 술어

'~로 하여금 ~하게 해주다'라는 뜻으로, 사역의 의미를 나타낸다.

旅行能使人快乐。 여행은 사람을 즐겁게 해준다.
Lǚxíng néng shǐ rén kuàilè.

学外语能使我获得更多的机会。 외국어를 배우는 것은 나에게 더 많은 기회를 얻게 해준다.
Xué wàiyǔ néng shǐ wǒ huòdé gèng duō de jīhuì.

▶ 外语 wàiyǔ 명 외국어 | 获得 huòdé 동 얻다, 취득하다

❽ 让 + 대상 + 感到

'~로 하여금 ~라고 느끼게 하다'라는 뜻으로, 사역의 의미를 나타낸다.

这件事让我感到惊讶。 이 일은 나를 놀라게 했다.
Zhè jiàn shì ràng wǒ gǎndào jīngyà.

妻子为我准备了丰盛的菜，真让我感到幸福。
Qīzi wèi wǒ zhǔnbèile fēngshèng de cài, zhēn ràng wǒ gǎndào xìngfú.
아내는 나를 위해 풍성한 음식을 준비해서 나를 행복하게 했다.

▶ 感到 gǎndào 동 느끼다, 여기다 | 惊讶 jīngyà 형 의아스럽다, 놀랍다 | 丰盛 fēngshèng 형 풍성하다

❾ 把……送给/借给/还给/交给/寄给 + 대상

'~를 ~에게 주다/빌려주다/돌려주다/건네주다/부치다'라는 뜻으로 자주 쓰이는 고정 격식이다.

朋友把这副手套送给我了。 친구가 이 장갑을 나에게 선물해 주었다.
Péngyou bǎ zhè fù shǒutào sònggěi wǒ le.

姐姐把这件衣服借给我了。 언니는 이 옷을 나에게 빌려주었다.
Jiějie bǎ zhè jiàn yīfu jiègěi wǒ le.

❿ 培养/养成……

둘 다 '~을 기르다'라는 뜻을 가지고 있지만 '培养 péiyǎng'은 일정한 목적에 따라 장기적으로 교육이나 훈련을 통해 성장하게 하는 것이고 '养成 yǎngchéng'은 자연스럽게 습관 등을 갖추게 하는 것을 의미한다.

父母应该从孩子小的时候就培养他们的信心。
Fùmǔ yīnggāi cóng háizi xiǎo de shíhou jiù péiyǎng tāmen de xìnxīn.
부모는 아이에게 어려서부터 자신감을 길러주어야 한다.

孩子应该从小就养成节约的习惯。 아이는 어려서부터 절약하는 습관을 길러야 한다.
Háizi yīnggāi cóng xiǎo jiù yǎngchéng jiéyuē de xíguàn.

▶ 节约 jiéyuē 동 절약하다

TSC 품사별 단어 정리

대명사

大家 dàjiā	모두, 다들
每 měi	매, 각, ~마다, 모두
哪个 nǎge	어느것
哪里 nǎli	어느곳
哪儿 nǎr	어디
哪些 nǎxiē	어느것들
那 nà	저것, 그것
那个 nàge	저것, 그것
那里 nàli	저곳, 그곳
那儿 nàr	저곳, 그곳
那些 nàxiē	저것들, 그것들
你 nǐ	너, 당신
你们 nǐmen	너희들, 당신들
您 nín	당신[你의 존칭]
如何 rúhé	어떻게, 어떠한가
什么的 shénmede	~등, ~같은 것
他 tā	그
他们 tāmen	그들
它 tā	그것, 저것
它们 tāmen	그것들, 저것들
她 tā	그녀
她们 tāmen	그녀들
我 wǒ	나
我们 wǒmen	우리들
咱们 zánmen	우리[화자와 청자 모두 포함]
怎么 zěnme	어떻게
这个 zhège	이것
这里 zhèli	이곳
这么 zhème	이렇게
这儿 zhèr	이곳
这些 zhèxiē	이것들
这样 zhèyàng	이렇게
自己 zìjǐ	자기, 자신, 스스로

명사

爱好 àihào	취미, 애호
爱人 àiren	남편 혹은 아내
安全感 ānquángǎn	안도감, 안정감
八月 bāyuè	8월
巴西 Bāxī	브라질
爸爸 bàba	아빠, 아버지
白菜 báicài	배추
白色 báisè	흰색
百货商店 bǎihuò shāngdiàn	백화점
班车 bānchē	셔틀버스, 통근차, 정기운행차량
办法 bànfǎ	방법
办公室 bàngōngshì	사무실
半天 bàntiān	한나절, 한참, 반일
棒球 bàngqiú	야구
保龄球 bǎolíngqiú	볼링
报告 bàogào	보고서
报纸 bàozhǐ	신문
暴力 bàolì	폭력
杯面 bēimiàn	컵라면
杯子 bēizi	컵
北边 běibian	북쪽
北京大学 Běijīng Dàxué	북경대학
北京烤鸭 Běijīng kǎoyā	북경 오리구이
本子 běnzi	노트
鼻涕 bítì	콧물
鼻子 bízi	코
比萨(饼) bǐsà(bǐng)	피자

比赛 bǐsài	경기, 시합	蛋糕 dàngāo	케이크
笔记本电脑 bǐjìběn diànnǎo	노트북 컴퓨터	导购 dǎogòu	쇼핑호스트
便利店 biànlìdiàn	편의점	导游 dǎoyóu	가이드
表演 biǎoyǎn	공연	德国 Déguó	독일
别人 biérén	다른 사람, 타인	弟弟 dìdi	남동생
冰箱 bīngxiāng	냉장고	地板 dìbǎn	마루, 바닥
博物馆 bówùguǎn	박물관	地铁 dìtiě	지하철
脖子 bózi	목	电风扇 diànfēngshàn	선풍기
补习班 bǔxíbān	학원	电话号码 diànhuà hàomǎ	전화번호
不满 bùmǎn	불만	电脑 diànnǎo	컴퓨터
材料 cáiliào	자료, 재료	电脑游戏 diànnǎo yóuxì	컴퓨터 게임
菜 cài	요리	电视 diànshì	텔레비전
餐厅 cāntīng	식당	电视机 diànshìjī	텔레비전
操场 cāochǎng	운동장	电视剧 diànshìjù	텔레비전 드라마
茶 chá	차	电影 diànyǐng	영화
产品 chǎnpǐn	상품, 제품	电影院 diànyǐngyuàn	영화관
长椅 chángyǐ	벤치	电子邮件 diànzǐ yóujiàn	이메일
超市 chāoshì	슈퍼마켓	东边 dōngbian	동쪽
车站 chēzhàn	정류장	东大门 Dōngdàmén	동대문[지명]
衬衫 chènshān	셔츠	东西 dōngxi	물건
成功 chénggōng	성공	冬天 dōngtiān	겨울
成绩 chéngjì	성적, 성과	动物 dòngwù	동물
乘客 chéngkè	승객	动物园 dòngwùyuán	동물원
橙汁 chéngzhī	오렌지 주스	肚子 dùzi	배
宠物 chǒngwù	애완동물	短信 duǎnxìn	문자메시지
出租(汽)车 chūzū(qì)chē	택시	队 duì	팀
厨房 chúfáng	주방	对面 duìmiàn	맞은편
船 chuán	배	耳朵 ěrduo	귀
窗户 chuānghu	창문	儿子 érzi	아들
床 chuáng	침대	二月 èryuè	2월
创造性 chuàngzàoxìng	창조성	发票 fāpiào	영수증
春节 Chūnjié	음력설, 춘절	法国 Fǎguó	프랑스
春天 chūntiān	봄	翻译 fānyì	번역사, 통역사
答案 dá'àn	답안, 답	饭馆儿 fànguǎnr	식당
大学 dàxué	대학	方便面 fāngbiànmiàn	라면
大衣 dàyī	외투	方便食品 fāngbiànshípǐn	인스턴트 식품
大夫 dàifu	의사	方法 fāngfǎ	방법

方面	fāngmiàn	방면, 부분
房间	fángjiān	방
飞机	fēijī	비행기
氛围	fēnwéi	분위기
粉红色	fěnhóngsè	분홍색
风景	fēngjǐng	풍경, 경치
服务台	fúwùtái	(백화점 등의) 안내데스크
服务员	fúwùyuán	종업원
附近	fùjìn	부근, 근처
感冒	gǎnmào	감기
钢琴	gāngqín	피아노
高中	gāozhōng	고등학교
高尔夫球	gāo'ěrfūqiú	골프
哥哥	gēge	오빠, 형
胳膊	gēbo	팔
歌	gē	노래
歌手	gēshǒu	가수
歌厅	gētīng	노래방
个子	gèzi	키
工具	gōngjù	수단
工作	gōngzuò	일, 업무
公共汽车	gōnggòngqìchē	버스
公交车	gōngjiāochē	버스
公司	gōngsī	회사
公司职员	gōngsī zhíyuán	회사원
公务员	gōngwùyuán	공무원
公寓	gōngyù	아파트
公园	gōngyuán	공원
功能	gōngnéng	기능, 작용
狗	gǒu	개
骨头	gǔtóu	뼈
关系	guānxi	관계
广州	Guǎngzhōu	광저우[지명]
柜台	guìtái	카운터
锅	guō	솥, 냄비
国家	guójiā	국가, 나라

孩子	háizi	아이, 어린이
海	hǎi	바다
海边	hǎibian	해변
海外事业部	hǎiwài shìyè bù	해외사업부
韩国	Hánguó	한국
韩(国)语	Hán(guó)yǔ	한국어
汉堡包	hànbǎobāo	햄버거
汉语	Hànyǔ	중국어
汉字	Hànzì	한자
好处	hǎochù	장점, 좋은 점
好事	hǎoshì	좋은 일
号	hào	번호, 일[날짜를 가리킴]
黑色	hēisè	검은색
红绿灯	hónglǜdēng	신호등
红色	hóngsè	빨간색
后	hòu	(시간상으로) 뒤, 후
后边	hòubian	뒤쪽
后年	hòunián	후년
后天	hòutiān	모레
护士	hùshi	간호사
花	huā	꽃
花盆	huāpén	화분
花瓶	huāpíng	화병
花园	huāyuán	화원, 꽃밭
滑冰	huábīng	스케이팅
滑雪	huáxuě	스키
化妆品	huàzhuāngpǐn	화장품
画儿	huàr	그림
坏处	huàichù	단점, 결점, 나쁜점
欢迎	huānyíng	환영, 인기
环境	huánjìng	환경
黄瓜	huángguā	오이
黄色	huángsè	노란색
回忆	huíyì	추억
活动	huódòng	행사, 활동
火车	huǒchē	기차
火锅	huǒguō	샤브샤브

货架 huòjià	상품 진열대	开始 kāishǐ	시작, 처음
机场 jīchǎng	공항	看法 kànfǎ	견해
机会 jīhuì	기회	考试 kǎoshì	시험
鸡肉 jīròu	닭고기	烤肉 kǎoròu	불고기
吉他 jítā	기타	可乐 kělè	콜라
记忆 jìyì	기억	客厅 kètīng	거실, 응접실
纪念 jìniàn	기념	课 kè	수업, 강의
季节 jìjié	계절	空气 kōngqì	공기
济州岛 Jìzhōudǎo	제주도[지명]	空调 kōngtiáo	에어컨
加拿大 Jiānádà	캐나다	口罩 kǒuzhào	마스크
家 jiā	집	扣子 kòuzi	단추
家务 jiāwù	집안일	裤子 kùzi	바지
价格 jiàgé	가격, 값	快餐 kuàicān	패스트푸드
肩膀 jiānbǎng	어깨	快餐店 kuàicāndiàn	패스트푸드점
健康 jiànkāng	건강	快递员 kuàidìyuán	택배기사
将来 jiānglái	장래, 미래	筷子 kuàizi	젓가락
交通 jiāotōng	교통	款式 kuǎnshì	스타일, 타입, 양식
饺子 jiǎozi	만두, 교자	辣白菜 là báicài	배추김치
脚 jiǎo	발	篮球 lánqiú	농구
教室 jiàoshì	교실	蓝色 lánsè	파란색
教育 jiàoyù	교육	老虎 lǎohǔ	호랑이
教师 jiàoshī	교사	老年人 lǎoniánrén	노인
结果 jiéguǒ	결과	老师 lǎoshī	선생님
姐姐 jiějie	언니, 누나	姥姥 lǎolao	외할머니
介绍 jièshào	소개	姥爷 lǎoye	외할아버지
今年 jīnnián	올해	梨 lí	배
今天 jīntiān	오늘	礼券 lǐquàn	상품권
进步 jìnbù	진보	礼物 lǐwù	선물
经理 jīnglǐ	사장, 매니저	里(边) lǐ(bian)	안쪽
精神 jīngshén	정신	力量 liliang	힘, 능력, 역량
警察 jǐngchá	경찰	历史 lìshǐ	역사
警察局 jǐngchájú	경찰서	连衣裙 liányīqún	원피스
九月 jiǔyuè	9월	脸 liǎn	얼굴
酒 jiǔ	술	恋人 liànrén	연인
酒店 jiǔdiàn	호텔	邻居 línjū	이웃
咖啡 kāfēi	커피	凌晨 língchén	새벽
咖啡厅 kāfēitīng	커피숍	零上 língshàng	영상

零下	língxià	영하
零用钱	língyòngqián	용돈
领带	lǐngdài	넥타이
六月	liùyuè	6월
楼	lóu	건물
绿色	lǜsè	녹색
旅游	lǚyóu	여행
妈妈	māma	엄마, 어머니
马	mǎ	말
马路	mǎlù	길
猫	māo	고양이
毛衣	máoyī	스웨터
帽子	màozi	모자
每天	měitiān	매일
美国	Měiguó	미국
美术	měishù	미술
妹妹	mèimei	여동생
门口	ménkǒu	입구, 현관
米饭	mǐfàn	밥
面包	miànbāo	빵
面包店	miànbāodiàn	빵집, 제과점
面试	miànshì	면접시험
面条	miàntiáo	국수
名牌儿	míngpáir	명품
明洞	Míngdòng	명동[지명]
明年	míngnián	내년
明天	míngtiān	내일
明星	míngxīng	스타
母亲节	Mǔqīn Jié	어머니날
奶奶	nǎinai	친할머니
男朋友	nánpéngyou	남자 친구
男人	nánrén	남자, 남성
南边	nánbian	남쪽
闹钟	nàozhōng	자명종
内容	nèiróng	내용
能力	nénglì	능력
年级	niánjí	학년
鸟	niǎo	새
牛	niú	소
牛奶	niúnǎi	우유
牛肉	niúròu	소고기
牛仔裤	niúzǎikù	청바지
女儿	nǚ'ér	딸
女朋友	nǚpéngyou	여자 친구
女人	nǚrén	여자, 여성
排球	páiqiú	배구
盘子	pánzi	접시
旁边	pángbiān	옆
泡菜	pàocài	김치
屁股	pìgu	엉덩이
票	piào	표
品质	pǐnzhì	품성, 인품, 품질
乒乓球	pīngpāngqiú	탁구
平时	píngshí	평소, 평상시
苹果	píngguǒ	사과
朋友	péngyou	친구
七月	qīyuè	7월
妻子	qīzi	아내
气温	qìwēn	기온
铅笔	qiānbǐ	연필
前边	qiánbian	앞쪽
前后	qiánhòu	전후로 [주로 시간에 쓰임]
前年	qiánnián	재작년
前天	qiántiān	그저께
钱包	qiánbāo	돈지갑
巧克力	qiǎokèlì	초콜릿
茄子	qiézi	가지
亲戚	qīnqi	친척
青少年	qīngshàonián	청소년
情况	qíngkuàng	상황
晴天	qíngtiān	맑은 날씨
秋天	qiūtiān	가을
球员	qiúyuán	(구기 운동의) 선수

中文	拼音	한국어
去年	qùnián	작년
全面	quánmiàn	전면, 전체
裙子	qúnzi	치마
人	rén	사람
人工	réngōng	인공
人民币	Rénmínbì	인민폐
人品	rénpǐn	인품
日本	Rìběn	일본
日语	Rìyǔ	일본어
肉	ròu	고기
三月	sānyuè	3월
沙发	shāfā	소파
山	shān	산
商店	shāngdiàn	상점
商品	shāngpǐn	상품
上班族	shàngbānzú	샐러리맨, 직장인
上边	shàngbian	위쪽
上海	Shànghǎi	상하이[지명]
上司	shàngsi	상사
上午	shàngwǔ	오전
设施	shèshī	시설
社会	shèhuì	사회
社交网站	shèjiāo wǎngzhàn	SNS
身材	shēncái	몸매
身体	shēntǐ	신체, 건강
生命	shēngmìng	생명
生日	shēngrì	생일
生意	shēngyi	장사, 비즈니스
声音	shēngyīn	소리, 목소리
十二月	shí'èryuè	12월
十一月	shíyīyuè	11월
十月	shíyuè	10월
时	shí	때, 시기
时间	shíjiān	시간
食品	shípǐn	식품
食堂	shítáng	구내식당
事	shì	일
事儿	shìr	일, 사정
收入	shōurù	수입, 소득
手	shǒu	손
手表	shǒubiǎo	손목시계
手机	shǒujī	휴대전화
手套	shǒutào	장갑
手提包	shǒutíbāo	핸드백
手艺	shǒuyì	손재간, 솜씨
首尔	Shǒu'ěr	서울[지명]
售货员	shòuhuòyuán	판매원
售票员	shòupiàoyuán	매표원
书	shū	책
书包	shūbāo	책가방
书店	shūdiàn	서점
书房	shūfáng	서재
蔬菜	shūcài	채소
树	shù	나무
数学	shùxué	수학
双职工	shuāngzhígōng	맞벌이 부부
水	shuǐ	물
水果	shuǐguǒ	과일
司机	sījī	기사, 운전사
私家车	sījiāchē	자가용차
私生活	sī shēnghuó	사생활, 개인생활
四月	sìyuè	4월
台灯	táidēng	탁상용 스탠드
跆拳道	táiquándào	태권도
太极拳	tàijíquán	태극권
态度	tàidù	태도
汤	tāng	국물, 탕
T恤	T xù	티셔츠
体检	tǐjiǎn	신체검사, 건강검진
体育	tǐyù	체육
天气	tiānqì	날씨
同事	tóngshì	동료
同学	tóngxué	학우, 학교 친구
头	tóu	머리

중국어	병음	한국어
头发	tóufa	머리카락
图书馆	túshūguǎn	도서관
腿	tuǐ	다리
袜子	wàzi	양말
外边	wàibian	바깥쪽
外语	wàiyǔ	외국어
玩具	wánjù	장난감
晚上	wǎnshang	저녁, 밤
网	wǎng	인터넷, 온라인
网吧	wǎngbā	PC방
网络	wǎngluò	인터넷
网球	wǎngqiú	테니스
围巾	wéijīn	스카프, 목도리, 머플러
尾气	wěiqì	배기가스
未来	wèilái	미래
味道	wèidao	맛
文化	wénhuà	문화
问题	wèntí	문제
屋子	wūzi	방
五月	wǔyuè	5월
午饭	wǔfàn	점심
西安	Xī'ān	시안[지명]
西班牙	Xībānyá	스페인
西边	xībian	서쪽
西瓜	xīguā	수박
西红柿	xīhóngshì	토마토
膝盖	xīgài	무릎
习惯	xíguàn	습관
洗手间	xǐshǒujiān	화장실
洗衣机	xǐyījī	세탁기
系	xì	학과
下边	xiàbian	아래쪽
下午	xiàwǔ	오후
夏天	xiàtiān	여름
先	xiān	앞, 처음
先生	xiānsheng	선생님, ~씨
现代人	xiàndàirén	현대인
现在	xiànzài	지금, 현재
香蕉	xiāngjiāo	바나나
箱子	xiāngzi	상자
小狗	xiǎogǒu	강아지
小说	xiǎoshuō	소설
小偷	xiǎotōu	도둑
小学	xiǎoxué	초등학교
效果	xiàoguǒ	효과
鞋	xié	신발
鞋子	xiézi	신발
心理	xīnlǐ	심리
心理学家	xīnlǐ xuéjiā	심리학자
信心	xìnxīn	자신감
星期	xīngqī	주, 요일
星期二	xīngqī'èr	화요일
星期六	xīngqīliù	토요일
星期日	xīngqīrì	일요일
星期三	xīngqīsān	수요일
星期四	xīngqīsì	목요일
星期天	xīngqītiān	일요일
星期五	xīngqīwǔ	금요일
星期一	xīngqīyī	월요일
行李	xíngli	짐, 여행 짐
兴趣	xìngqù	흥미, 취미
幸福	xìngfú	행복
性格	xìnggé	성격
性能	xìngnéng	성능
兄弟姐妹	xiōngdì jiěmèi	형제자매
熊猫	xióngmāo	팬더
学生	xuésheng	학생
学校	xuéxiào	학교
压力	yālì	스트레스, 과중한 부담
牙齿	yáchǐ	이, 치아
眼界	yǎnjiè	견문, 시야
眼睛	yǎnjing	눈
眼镜	yǎnjìng	안경
演唱会	yǎnchànghuì	콘서트

演讲 yǎnjiǎng	강연, 연설, 웅변
演员 yǎnyuán	배우
颜色 yánsè	색, 색깔
羊肉 yángròu	양고기
阳台 yángtái	베란다
爷爷 yéye	친할아버지
夜里 yèli	밤, 밤중
一面 yímiàn	한 방면[측면]
一月 yíyuè	1월
衣服 yīfu	옷
医生 yīshēng	의사
医院 yīyuàn	병원
以后 yǐhòu	이후
以上 yǐshàng	이상
椅子 yǐzi	의자
艺术家 yìshùjiā	예술가
意大利 Yìdàlì	이탈리아
意见 yìjiàn	의견
阴天 yīntiān	흐린 날씨
音乐 yīnyuè	음악
音乐会 yīnyuèhuì	음악회
银行 yínháng	은행
银行职员 yínháng zhíyuán	은행원
饮料 yǐnliào	음료
印度 Yìndù	인도
印象 yìnxiàng	인상
英国 Yīngguó	영국
英语 Yīngyǔ	영어
营养 yíngyǎng	영양
影响 yǐngxiǎng	영향
勇气 yǒngqì	용기
邮局 yóujú	우체국
油炸食品 yóuzhá shípǐn	튀김 식품
游乐场 yóulèchǎng	놀이터, 놀이동산, 유원지
游泳 yóuyǒng	수영
游泳池 yóuyǒngchí	수영장, 풀장
游泳馆 yóuyǒngguǎn	수영장
右边 yòubian	오른쪽
幼儿园 yòu'éryuán	유치원, 유아원
鱼 yú	물고기
瑜伽 yújiā	요가
羽毛球 yǔmáoqiú	배드민턴
雨伞 yǔsǎn	우산
原因 yuányīn	원인
圆珠笔 yuánzhūbǐ	볼펜
院子 yuànzi	정원
约会 yuēhuì	약속
月 yuè	월
运动 yùndòng	운동
运动场 yùndòngchǎng	운동장
运动鞋 yùndòngxié	운동화
运动员 yùndòngyuán	운동선수
杂志 zázhì	잡지
早晨 zǎochen	새벽, 이른 아침
早上 zǎoshang	아침
炸鸡 zhájī	닭튀김
炸酱面 zhájiàngmiàn	짜장면
站 zhàn	역
丈夫 zhàngfu	남편
照片 zhàopiàn	사진
照相机 zhàoxiàngjī	사진기
正装 zhèngzhuāng	정장
执照 zhízhào	면허증
职业 zhíyè	직업
职员 zhíyuán	직원
质量 zhìliàng	품질
智能 zhìnéng	지능
智能手机 zhìnéng shǒujī	스마트폰
中国 Zhōngguó	중국
中间 zhōngjiān	중간, 가운데
中午 zhōngwǔ	정오, 낮 12시 전후
忠告 zhōnggào	충고
重病 zhòngbìng	중병

周末	zhōumò	주말
猪肉	zhūròu	돼지고기
专家	zhuānjiā	전문가
准备	zhǔnbèi	준비, 계획
桌子	zhuōzi	책상
紫菜包饭	zǐcài bāofàn	김밥
自信	zìxìn	자신감
自行车	zìxíngchē	자전거
嘴	zuǐ	입
昨天	zuótiān	어제
左边	zuǒbian	왼쪽
左右	zuǒyòu	쯤, 가량
作家	zuòjiā	작가
作业	zuòyè	숙제
座位	zuòwèi	좌석
足球	zúqiú	축구

형용사

矮	ǎi	(키 등이) 작다
安静	ānjìng	조용하다, 고요하다
薄	báo	얇다
饱	bǎo	배부르다
宝贵	bǎoguì	귀중한, 소중한
不错	búcuò	좋다, 괜찮다
不良	bùliáng	좋지 않다, 불량하다
差	chà	나쁘다, 부족하다
长	cháng	(길이가) 길다
慈祥	cíxiáng	자상하다
大	dà	크다
大型	dàxíng	대형의
淡	dàn	싱겁다
低	dī	(높이, 정도 등이) 낮다
端正	duānzhèng	단정하다
短	duǎn	(길이가) 짧다
多	duō	많다
饿	è	배고프다

方便	fāngbiàn	편리하다
丰盛	fēngshèng	풍성하다
干净	gānjìng	깨끗하다
高	gāo	(키 등이) 크다, (높이, 정도 등이) 높다
高兴	gāoxìng	기쁘다, 신나다, 즐겁다
孤单	gūdān	고독하다, 쓸쓸하다
光	guāng	아무것도 없이 텅비다
贵	guì	비싸다
豪华	háohuá	호화스럽다, 사치스럽다
好	hǎo	안녕하다, 좋다
好吃	hǎochī	맛있다
合适	héshì	적합하다, 알맞다
厚	hòu	두껍다
滑	huá	미끄럽다
坏	huài	나쁘다
积极	jījí	적극적이다, 긍정적이다
健康	jiànkāng	건강하다
节俭	jiéjiǎn	검소하다
近	jìn	가깝다
精彩	jīngcǎi	뛰어나다, 훌륭하다
惊讶	jīngyà	의아스럽다, 놀랍다
旧	jiù	낡다, 오래되다
开心	kāixīn	기쁘다, 즐겁다
可爱	kě'ài	귀엽다, 사랑스럽다
可以	kěyǐ	괜찮다, 좋다
客气	kèqi	예의를 차리다
苦	kǔ	쓰다
快	kuài	빠르다
快乐	kuàilè	즐겁다, 행복하다
辣	là	맵다
老	lǎo	늙다
乐观	lèguān	낙관적이다
累	lèi	피곤하다
冷	lěng	춥다
凉快	liángkuai	시원하다
流利	liúlì	(말·문장이) 유창하다

乱 luàn	어지럽다, 무질서하다	酸 suān	시다
马虎 mǎhu	조심성이 없다, 흐리터분하다	疼 téng	아프다
		甜 tián	달다
马马虎虎 mǎmǎhūhū	그저 그렇다	同样 tóngyàng	서로 같다
慢 màn	느리다	晚 wǎn	늦다
忙 máng	바쁘다	危险 wēixiǎn	위험하다
美 měi	아름답다, 예쁘다	新 xīn	새롭다
美丽 měilì	아름답다, 예쁘다	新鲜 xīnxiān	신선하다
苗条 miáotiao	늘씬하다	咸 xián	짜다
拿手 náshǒu	뛰어나다, 자신있다	详细 xiángxì	상세하다, 자세하다
难 nán	어렵다	小 xiǎo	작다
难受 nánshòu	괴롭다, 몸이 불편하다	小心 xiǎoxīn	신중하다, 조심스럽다
年轻 niánqīng	젊다	幸福 xìngfú	행복하다
暖和 nuǎnhuo	따뜻하다	严厉 yánlì	매섭다, 단호하다
胖 pàng	뚱뚱하다	严重 yánzhòng	(정도가) 심하다
便宜 piányi	싸다	一般 yībān	일반적이다, 평범하다
漂亮 piàoliang	예쁘다, 아름답다	阴 yīn	흐리다
浅 qiǎn	얕다	有意思 yǒu yìsi	재미있다
轻 qīng	가볍다	远 yuǎn	멀다
清淡 qīngdàn	담백하다	早 zǎo	(때가) 이르다
清楚 qīngchu	분명하다, 뚜렷하다	着急 zháojí	조급해하다, 초조해하다
晴 qíng	맑다	直接 zhíjiē	직접적이다
晴朗 qínglǎng	쾌청하다, 구름 한 점 없이 맑다	重 zhòng	무겁다
全面 quánmiàn	전면적이다	重要 zhòngyào	중요하다
热 rè	덥다	自信 zìxìn	자신감 있다
热情 rèqíng	친절하다, 열정적이다		
认真 rènzhēn	진지하다, 착실하다, 성실하다	**부사**	
善 shàn	선량하다, 착하다	比较 bǐjiào	비교적
善良 shànliáng	선량하다, 착하다	别 bié	~하지 마라
少 shǎo	적다	不 bù	~하지 않다[동사, 형용사, 부사 앞에 쓰여 부정을 나타냄]
深 shēn	깊다		
实用 shíyòng	실용적이다		
瘦 shòu	마르다, (의복 등이) 작다	不用 búyòng	~할 필요가 없다
舒服 shūfu	(몸·마음이) 편안하다, 쾌적하다	才 cái	~가 되어서야, 겨우
		常常 chángcháng	자주, 종종
帅 shuài	잘생기다, 멋지다	大概 dàgài	대략

当然 dāngrán	당연히, 물론		
都 dōu	모두, 전부		
非常 fēicháng	매우		
刚 gāng	방금, 막		
更 gèng	더욱, 더		
还 hái	또, 그런대로, 아직도		
还是 háishi	여전히, 변함없이		
狠狠 hěnhěn	호되게, 무섭게		
尽快 jǐnkuài	되도록 빨리		
尽量 jǐnliàng	가능한 한, 최대 한도로		
经常 jīngcháng	자주, 종종		
就 jiù	바로, 곧		
马上 mǎshàng	곧, 즉시, 바로		
难怪 nánguài	어쩐지		
其实 qíshí	사실		
亲手 qīnshǒu	직접		
却 què	도리어, 오히려		
少 shǎo	약간, 조금		
天天 tiāntiān	매일, 날마다		
偷偷 tōutōu	남몰래, 살짝		
也 yě	~도		
一般 yìbān	일반적으로, 보통		
一旦 yídàn	일단		
一定 yídìng	반드시, 틀림없이		
一共 yígòng	모두, 전부		
一起 yìqǐ	함께, 같이		
一直 yìzhí	계속, 줄곧		
又 yòu	또		
再 zài	다시, 재차		
真 zhēn	정말로, 진실로		
正好 zhènghǎo	마침		
只 zhǐ	단지, 겨우		
只好 zhǐhǎo	어쩔 수 없이, 할 수 없이		
主要 zhǔyào	주로, 대부분		
总是 zǒngshì	늘, 언제나		
最 zuì	가장		

동사

安慰 ānwèi	위로하다
搬 bān	옮기다, 이사하다
搬家 bānjiā	이사하다
办事 bànshì	일을 처리하다
帮 bāng	돕다
帮助 bāngzhù	돕다
保持 bǎochí	유지하다
保护 bǎohù	보호하다
暴露 bàolù	폭로하다, 드러내다
便利 biànlì	편리하다
表示 biǎoshì	의미하다, 나타내다
不满 bùmǎn	불만스럽다
擦 cā	닦다
参加 cānjiā	참여하다, 참가하다
尝 cháng	맛보다
唱 chàng	노래하다
吵 chǎo	시끄럽다
炒 chǎo	볶다
称赞 chēngzàn	칭찬하다
吃 chī	먹다
吃饭 chīfàn	밥을 먹다
吃惊 chījīng	놀라다
吃药 chīyào	약을 먹다
迟到 chídào	지각하다
抽烟 chōuyān	담배를 피우다
出 chū	나오다
出差 chūchāi	출장가다
出去 chūqù	나가다
出门 chūmén	외출하다
出来 chūlái	나오다
出生 chūshēng	출생하다, 태어나다
出院 chūyuàn	퇴원하다
穿 chuān	입다
错 cuò	틀리다
存 cún	저축하다, 모으다

存款	cúnkuǎn	저축하다
打	dǎ	(손이나 기구로) 치다, 때리다, (놀이나 운동을) 하다
打扮	dǎban	단장하다, 꾸미다
打车	dǎchē	택시를 잡다[타다]
打架	dǎjià	싸우다, 다투다
打瞌睡	dǎ kēshuì	졸다
打扫	dǎsǎo	청소하다
打算	dǎsuan	~할 계획이다
打折	dǎzhé	할인하다
打针	dǎzhēn	주사를 맞다
打字	dǎzì	글자를 치다
代替	dàitì	대체하다, 대신하다
带	dài	(몸에) 지니다, 휴대하다
带来	dàilái	가져오다, 가져다주다
戴	dài	(모자, 안경 등을) 쓰다
担心	dānxīn	염려하다, 걱정하다
导购	dǎogòu	상품 구매 안내를 하다
倒	dǎo	넘어지다, 자빠지다
到	dào	~까지 오다, 도착하다
得	dé	얻다, 획득하다, 받다
得奖	déjiǎng	상을 받다
等	děng	기다리다
点菜	diǎncài	주문하다
钓鱼	diàoyú	낚시하다
掉	diào	떨어지다, 떨어뜨리다
跌	diē	넘어지다, 자빠지다
丢	diū	잃어버리다
丢脸	diūliǎn	체면을 잃다, 창피를 당하다
懂	dǒng	이해하다
读书	dúshū	독서하다
堵车	dǔchē	차가 막히다
锻炼	duànliàn	몸을 단련하다
发	fā	보내다, 발송하다
发火	fāhuǒ	화를 내다
发烧	fāshāo	열이 나다
发现	fāxiàn	발견하다, 알아차리다
发展	fāzhǎn	발전하다
放学	fàngxué	하교하다, 방학하다
放	fàng	두다, 놓다
放假	fàngjià	방학하다, (학교나 직장이) 쉬다
飞	fēi	날다, 비행하다
分享	fēnxiǎng	함께 나누다
服务	fúwù	서비스하다, 일하다
付钱	fùqián	돈을 지불하다
感到	gǎndào	느끼다, 여기다
感动	gǎndòng	감동하다, 감동시키다
感激	gǎnjī	감사하다, 감격하다
感冒	gǎnmào	감기에 걸리다
告诉	gàosu	말하다
给	gěi	주다
工作	gōngzuò	일하다
购物	gòuwù	물건을 사다, 쇼핑을 하다
骨折	gǔzhé	골절되다
鼓励	gǔlì	격려하다, (용기를) 북돋우다
刮风	guāfēng	바람이 불다
关门	guānmén	문을 닫다, 영업을 마치다
逛街	guàngjiē	길거리를 한가로이 거닐며 구경하다, 쇼핑하다
过	guò	건너다, (지점을) 지나다, (시점을) 지나다, 지내다
好	hǎo	~ 하기에 편하다
喝	hē	마시다
滑	huá	미끄러지다
滑冰	huábīng	스케이트를 타다
滑雪	huáxuě	스키를 타다
画	huà	(그림을) 그리다
坏	huài	상하다, 고장나다
换	huàn	교환하다, 바꾸다
换车	huànchē	차를 갈아타다

回 huí	돌아오다	进步 jìnbù	진보하다
回答 huídá	대답하다	进入 jìnrù	(어떤 시기·상태·범위에) 들다
回家 huíjiā	집으로 돌아가다	聚餐 jùcān	회식하다
获得 huòdé	얻다, 취득하다	觉得 juéde	~라고 여기다
记 jì	기억하다	决定 juédìng	~을 할 것이다, ~을 결정하다
继续 jìxù	계속하다	开车 kāichē	차를 몰다, 운전하다
寄 jì	(우편으로) 부치다, 보내다	开会 kāihuì	회의를 하다
加班 jiābān	야근하다	开阔 kāikuò	넓히다
加油 jiāyóu	내다, 응원하다	开门 kāimén	문을 열다, 영업을 시작하다
驾驶 jiàshǐ	(자동차, 비행기 등을) 운전하다	开始 kāishǐ	시작하다
坚持 jiānchí	견지하다, 유지하다, 지속하다	看 kàn	보다
煎 jiān	(적은 기름에) 지지다, 부치다	看病 kànbìng	진찰하다, 진찰받다
减肥 jiǎnféi	살을 빼다, 다이어트하다	康复 kāngfù	건강을 회복하다
减轻 jiǎnqīng	감소하다, 경감하다	考上 kǎoshàng	시험에 합격하다
剪 jiǎn	자르다, 깎다	考试 kǎoshì	시험을 치다
见 jiàn	만나다, 보다	烤 kǎo	굽다
见面 jiànmiàn	만나다	咳嗽 késou	기침하다
健康 jiànkāng	건강하다	哭 kū	울다
讲究 jiǎngjiu	중요시하다	来 lái	오다
交 jiāo	건네주다, 제출하다	晾 liàng	말리다
交换 jiāohuàn	교환하다	聊天儿 liáotiānr	이야기하다
教 jiāo	가르치다	留下 liúxià	남기다
教训 jiàoxun	훈계하다, 꾸짖다	流 liú	(물·액체가) 흐르다
教育 jiàoyù	교육하다	录用 lùyòng	채용하다
叫 jiào	~하게 하다, (동물이) 짖다, ~(라고) 불리다, 부르다	路过 lùguò	지나다, 경유하다
		旅行 lǚxíng	여행하다
节约 jiéyuē	절약하다	旅游 lǚyóu	여행하다
结婚 jiéhūn	결혼하다	买 mǎi	사다
介绍 jièshào	소개하다, 설명하다	卖 mài	팔다
解决 jiějué	해결하다	没(有) méi(yǒu)	없다
解释 jiěshì	설명하다, 해명하다, 해석하다	面试 miànshì	면접시험 보다
		明白 míngbai	알다, 이해하다
借 jiè	빌리다, 빌려주다	拿 ná	(손으로) 쥐다, 잡다, 가지다
进 jìn	들다	努力 nǔlì	노력하다, 힘쓰다

爬山 páshān	등산하다
怕 pà	근심하다, 걱정하다
拍 pāi	(사진을) 찍다
拍照 pāizhào	사진을 찍다
派 pài	파견하다
跑步 pǎobù	달리다
培养 péiyǎng	양성하다, 기르다
配 pèi	~에 어울리다
批评 pīpíng	꾸짖다, 나무라다
品尝 pǐncháng	맛보다, 시식하다
骑 qí	(다리를 벌리고) 타다
起 qǐ	일어나다
起床 qǐchuáng	(잠자리에서) 일어나다
起风 qǐfēng	바람이 일기 시작하다
清楚 qīngchu	이해하다, 알다
请 qǐng	~하도록 청하다, 부탁하다
请问 qǐngwèn	실례합니다, 말씀 좀 여쭙겠습니다
庆祝 qìngzhù	경축하다
去 qù	가다
劝 quàn	권하다, 타이르다, 설득하다
让 ràng	~하게 하다, 시키다
认为 rènwéi	~라고 생각하다
认真 rènzhēn	진지하다, 착실하다
扔 rēng	버리다
洒 sǎ	뿌리다, 엎지르다
散步 sànbù	산책하다
伤心 shāngxīn	상심하다, 슬퍼하다
上 shàng	오르다, 타다, 가다
上班 shàngbān	출근하다
上车 shàngchē	차에 타다, 차에 오르다
上课 shàngkè	수업하다
上网 shàngwǎng	인터넷을 하다
上学 shàngxué	등교하다, 입학하다
烧 shāo	끓이다
射门 shèmén	슛하다
生 shēng	낳다, 태어나다
生气 shēngqì	화내다
剩 shèng	남다, 남기다
失望 shīwàng	실망하다
使 shǐ	(~에게) 시키다, ~하게 하다
使用 shǐyòng	사용하다
试穿 shìchuān	입어보다
适合 shìhé	적합하다, 알맞다, 어울리다
收拾 shōushi	치우다, 정리하다
受 shòu	받다, 받아들이다
输 shū	지다, 패하다
刷卡 shuākǎ	카드로 결제하다
摔 shuāi	넘어지다, 자빠지다
睡觉 shuìjiào	잠을 자다
说明 shuōmíng	설명하다
送 sòng	주다, 보내다, 선물하다
谈 tán	이야기하다
弹 tán	(악기를) 치다, 연주하다
躺 tǎng	눕다
踢 tī	(공을) 차다
提高 tígāo	(위치·수준·질·수량 등을) 향상시키다
提前 tíqián	(예정된 시간, 위치를) 앞당기다
跳舞 tiàowǔ	춤을 추다
听 tīng	듣다
听说 tīngshuō	듣자하니, ~라고 한다
停车 tíngchē	주차하다
偷 tōu	훔치다, 도둑질하다
退货 tuìhuò	반품하다
退钱 tuìqián	환불하다
退休 tuìxiū	퇴직하다, 은퇴하다
完 wán	끝마치다
玩儿 wánr	놀다, 즐기다
忘 wàng	잊다
问 wèn	묻다

污染 wūrǎn	오염되다, 오염시키다
洗 xǐ	빨다, 세탁하다
洗车 xǐchē	세차하다
洗碗 xǐwǎn	설거지를 하다
喜欢 xǐhuan	좋아하다
下 xià	내리다
下班 xiàbān	퇴근하다
下车 xiàchē	차에서 내리다
下课 xiàkè	수업을 마치다
下雪 xiàxuě	눈이 내리다
下雨 xiàyǔ	비가 내리다
相信 xiāngxìn	믿다
想 xiǎng	~라고 여기다, 추측하다, 예상하다
消除 xiāochú	없애다, 해소하다, 풀다
小心 xiǎoxīn	조심하다, 주의하다
写 xiě	쓰다
形成 xíngchéng	형성되다, 이루어지다
行 xíng	~해도 좋다
醒 xǐng	(잠에서) 깨다
修 xiū	수리하다
休息 xiūxi	쉬다, 휴식하다
选择 xuǎnzé	선택하다
学会 xuéhuì	습득하다, 배워서 알다
学习 xuéxí	공부하다, 배우다
养 yǎng	양육하다, 기르다
养成 yǎngchéng	기르다, 양성하다
邀请 yāoqǐng	초청하다, 초대하다
咬 yǎo	물다, 깨물다
要 yào	원하다, 필요하다 (시간이) 걸리다
以为 yǐwéi	~라고 여기다
影响 yǐngxiǎng	영향을 주다
营养 yíngyǎng	영양을 보충하다
游泳 yóuyǒng	수영하다
有关 yǒuguān	관계가 있다, 관련이 있다
有用 yǒuyòng	유용하다, 쓸모가 있다
约会 yuēhuì	만날 약속을 하다
运动 yùndòng	운동하다
在 zài	~에 있다
攒 zǎn	모으다, 저축하다
炸 zhá	튀기다
站 zhàn	바로 서다, 멈추다
长 zhǎng	생기다, 자라다
找 zhǎo	찾다
照顾 zhàogù	돌보다, 보살피다
整理 zhěnglǐ	정리하다
忠告 zhōnggào	충고하다
知道 zhīdào	알다, 이해하다
煮 zhǔ	삶다
住 zhù	살다, 거주하다
住院 zhùyuàn	입원하다
注意 zhùyì	주의하다
撞 zhuàng	부딪히다
追求 zhuīqiú	추구하다
准备 zhǔnbèi	준비하다
走路 zǒulù	걷다
坐 zuò	(탈것에) 타다
做 zuò	하다
做菜 zuòcài	요리를 하다
做饭 zuòfàn	밥을 하다

전치사

从 cóng	~로부터
对 duì	~에게, ~에 대하여
跟 gēn	~와/과
给 gěi	~에게
和 hé	~와/과
离 lí	~(기준점)으로 부터
为 wèi	~위하여, ~때문에
在 zài	~에(서)
作为 zuòwéi	~의 신분으로서

감탄사

喂	wéi	여보세요

수사

八	bā	8
多	duō	여, 남짓
二	èr	2
二十	èrshí	20
几	jǐ	몇
九	jiǔ	9
六	liù	6
七	qī	7
三	sān	3
三十	sānshí	30
十	shí	10
十二	shí'èr	12
十三	shísān	13
十四	shísì	14
十五	shíwǔ	15
四	sì	4
四十	sìshí	40
五	wǔ	5
五十	wǔshí	50
一	yī	1
一百	yìbǎi	100
一千	yìqiān	1000
一万	yíwàn	10000
一亿	yíyì	1억

양사

把	bǎ	[손잡이가 있는 물건을 세는 단위]
杯	bēi	잔
本	běn	권
遍	biàn	번, 차례, 회
部	bù	대, 편
次	cì	번
道	dào	[문제 등을 세는 단위]
点	diǎn	시
顶	dǐng	[꼭대기가 있는 것을 세는 단위]
度	dù	도
顿	dùn	번, 차례, 끼
分	fēn	분[시간을 가리킴]
副	fù	켤레, 쌍[장갑, 안경 등을 세는 단위]
个	gè	[사람이나 사물을 세는 단위]
公分	gōngfēn	센티미터(cm)
公斤	gōngjīn	킬로그램(kg)
公里	gōnglǐ	킬로미터(km)
盒	hé	[팩이나 초콜릿, 화장품 등 작은 상자를 세는 단위]
家	jiā	[주로 영리를 추구하는 기관을 세는 단위]
件	jiàn	[옷이나 일, 선물을 세는 단위]
斤	jīn	근
句	jù	마디, 구
克	kè	그램(g)
口	kǒu	식구
块	kuài	[덩어리를 세는 단위], 위안[중국 화폐 단위]
辆	liàng	대
厘米	límǐ	센티미터(cm)
米	mǐ	미터(m)
瓶	píng	[병을 세는 단위]
束	shù	다발
双	shuāng	쌍, 켤레
岁	suì	살, 세
台	tái	기계, 소설, 영화 등을 세는 단위
趟	tàng	차례, 번
听	tīng	[캔을 세는 단위]

条	tiáo	[가늘고 긴 것을 세는 단위]
位	wèi	분
页	yè	쪽, 페이지
只	zhī	마리[동물을 세는 단위]
支	zhī	자루
张	zhāng	[넓고 평평한 것을 세는 단위]
种	zhǒng	종류
座	zuò	[부피가 크거나 고정된 물체를 세는 단위]

조동사

得	děi	~해야 한다
会	huì	할 수 있다, ~할 것이다
可以	kěyǐ	~해도 된다, ~할 수 있다, 가능하다
能	néng	할 수 있다, ~해도 된다
想	xiǎng	~하고 싶다
要	yào	~하겠다, ~할 것이다, ~해야 한다
应该	yīnggāi	~하는 것이 마땅하다, ~해야 한다
愿意	yuànyì	~하기를 바라다, 희망하다

접속사

A是A，不过/可是/但是……
A shì A, búguò/kěshì/dànshì   A하긴 A한데, 그러나 ~하다

并   그리고, 게다가
bìng

不但/不仅……，而且……
búdàn/bùjǐn……, érqiě……   ~뿐만 아니라, 게다가 ~하다

不管/无论……都/也……
bùguǎn/wúlùn……dōu/yě……   ~를 막론하고 모두 ~하다

……，不过/可是/但是……
búguò/kěshì/dànshì……   ~하지만 ~하다

除了……，还也/都……
chúle……, hái/yě/dōu……   ~외에/~를 제외하고, ~도 모두 ~하다

如果/要是……的话，(就/那么)……
rúguǒ/yàoshi……de huà, (jiù/nàme)……
   …… 만약에 ~한다면, (그러면)

虽然……，不过/可是/但是……
suīrán……, búguò/kěshì/dànshì……
   비록 ~하지만, ~하다

先……，然后(再)……
xiān……, rán hòu(zài)……   우선 ~하고, 그 다음에 ~하다

……，要不然/否则……，
……yàoburán/fǒuzé……   ~해야지, 그렇지 않으면 ~하다

一……，就……
yī……, jiù……   ~하자마자 ~하다/~하기만 하면 ~하다

因为……，所以……
yīnwèi……, suǒyǐ……   왜냐하면 ~이기 때문에 ~하다

一边……，一边……
yìbiān……, yìbiān……   ~하면서 ~하다

又/既……，又……
yòu/jì……, yòu……   ~하기도 하고, ~하기도 하다

只要……，就……
zhǐyào……, jiù……   ~하기만 하면 ~하다

只有……，才……
zhǐyǒu……, cái……   ~해야만 비로소 ~하다

성어

一模一样	yìmúyíyàng	모양이(생김새가) 완전히 같다

다락원 홈페이지에서 MP3 파일
다운로드 및 실시간 재생 서비스

지은이 최정화
펴낸이 정규도
펴낸곳 (주)다락원

초판 1쇄 발행 2017년 3월 27일
초판 5쇄 발행 2024년 9월 16일

기획·편집 최숙영, 이지연, 이상윤
디자인 구수정, 최영란
일러스트 서춘경
녹음 曹红梅, 于海峰, 허강원

다락원 경기도 파주시 문발로 211
전화 (02)736-2031 (내선 250~252 / 내선430~437)
팩스 (02)732-2037
출판등록 1977년 9월 16일 제406-2008-000007호

Copyright ⓒ 2017, 최정화

저자 및 출판사의 허락 없이 이 책의 일부 또는 전부를 무단 복제·전재·
발췌할 수 없습니다. 구입 후 철회는 회사 내규에 부합하는
경우에 가능하므로 구입처에 문의하시기 바랍니다. 분실·파손 등에 따른
소비자 피해에 대해서는 공정거래위원회에서 고시한
소비자 분쟁 해결 기준에 따라 보상 가능합니다.
잘못된 책은 바꿔 드립니다.

ISBN 978-89-277-2203-8 13720

www.darakwon.co.kr
다락원 홈페이지를 방문하시면 상세한 출판 정보와 함께 동영상 강좌, MP3 자료 등
다양한 어학 정보를 얻으실 수 있습니다.